우리 역사의 수수께끼

3

KB191617

우리 역사의 수수께끼 3

저자_이덕일·김병기

1판 1쇄 발행_ 2004. 8. 20.
1판 10쇄 발행_ 2017. 8. 27.

발행처_ 김영사
발행인_ 김강유

등록번호_ 제406-2003-036호
등록일자_ 1979. 5. 17.

경기도 파주시 문발로 197(문발동) 우편번호 10881
마케팅부 031)955-3100, 편집부 031)955-3250, 팩시밀리 031)955-3111

글·사진 저작권자 ⓒ 2004, 이덕일·김병기·권태균
이 책은 저작권법에 의해 보호를 받는 저작물이므로 저자와 출판사의 허락 없이
내용의 일부를 인용하거나 발췌하는 것을 금합니다.

값은 뒤표지에 있습니다. ISBN 978-89-349-1654-3 04900

독자의견 전화 031)955-3200
홈페이지 www.gimmyoung.com | 카페 blog.naver.com/gybook
이메일 bestbook@gimmyoung.com | 이메일 bestbook@gimmyoung.com

좋은 독자가 좋은 책을 만듭니다.
김영사는 독자 여러분의 의견에 항상 귀 기울이고 있습니다.

우리 역사의 수수께끼 ❸

이덕일·김병기 지음

김영사

수수께끼 찾기로 복원되는
우리 역사의 대륙성과 해양성

『우리 역사의 수수께끼』 1권을 펴낸 것이 1999년 3월이니 벌써 5년이 지났다. 우리 역사에 숨겨진 수수께끼를 풀어가는 추리 형식의 『우리 역사의 수수께끼』는 출간되자마자 뜨거운 사랑을 받았다. 그 6개월 후에 발간한 『우리 역사의 수수께끼』 2권도 마찬가지였다. 그리고 5년이 지난 지금까지도 판을 거듭하고 있다. 이는 그만큼 우리 사회가 이런 역사서를 기다려왔다는 뜻이 된다. 문제는 이런 수수께끼들이 자연발생적이 아니라 우리 역사를 의도적으로 축소시키고 음해하려는 불순한 세력들의 조직적 왜곡 내지는 조작의 결과가 적지 않다는 점이다. 최근 동북공정에서 적나라하게 드러난 중국의 중화사관과 일제의 식민사관, 그리고 이에 기생해 온 국내 일부 세력들이 우리 역사를 수수께끼로 만든 주범들이다.

그간 『우리 역사의 수수께끼』 3권을 내라는 권유를 여러 차례 받았지만 이런 구조적 문제점에 대한 천착 없이 권수만 늘리는 것은 별 의미가 없다는 생각에서 선뜻 응하지 않았다. 물론 3권 역시 1, 2권의 성공에 기댈 수 있다는 사실은 알고 있었지만 타성이나 진부성을 거부하고 새로운 실험과 도전을 중시해 왔던 저자들로서 1, 2권에 기대어 그렇고 그런 3권을 세상에 내보내기는 싫었다. 기왕 세월이 흐른 만큼 3권은 1, 2권의 아류가 아니라 그 자신의 목소리로서 이 험한 바다를 헤쳐갈 수 있는 옥동자를 생산해야 한다고 믿었기 때문이다.

그간 우리 역사를 의도적으로 축소시키고 음해했던 불순한 세력들에 의해 한반도에 갇힌 우리 역사를 광활한 대륙성과 해양성의 역사로 복원시킬 자신이 있을 때 『우리 역사의 수수께끼』 3권은 세상에 나와야 했다. 그리고 그런 자신감이 일부나마 충족되었다는 판단에서 5년 만에 『우리 역사의 수수께끼』 3권을 세상에 내보내게 되었다. 그런 자신감의 확보를 위해 1~2권에서 기계적으로 통일했던 항목당 원고지 매수를 자유롭게 배분해 심층적인 접근이 요구되는 항목들은 좀더 자세하게 서술하고 그렇지 않은 항목들은 더 짧게 서술했다. 이로써 형식의 통일성은 다소 느슨해졌지만 주제의 완결성은 더욱 깊어졌다.

지난 2002년 월드컵 때 스탠드를 가득 메웠던 치우 깃발은 이 땅에서 역사하는 사람들에 대한 시위이기도 했다. 현장에서는 치우가 이미 민족의 상징으로 뒤덮여 있는데 정작 학계에서는 치우가 우리 민족과 어떤 관련이 있는지에 대해 관심조차 없었기 때문이다. '붉은악마의 공식 캐릭터, 치우천왕은 우리 민족의 조상인가?'는 이런 질문에 답변하기 위해 쓴 것이다. 중원의 패권을 두고 황제와 다투었던 치우에 관한 이 글은 하나의 시작에 불과하겠지만 우리 역사의 원초적인 대륙성을 살리는 첫걸음이 될 수 있을 것이다.

백제가 중국 요서 지역을 지배했다는 이야기도 마찬가지이다. 해상 왕국 백제가 만주 대륙을 지배했었다는 흥미로운 주제는 한국 고대사에 관심 있는 많은 사람들의 큰 관심사였지만 전문가적인 식견에서 제대로 된 답변이 나온 적이 거의 없었다. '백제는 중국 요서 지역을 지배했는가?'는 이런 질문에 대한 저자들의 답변이다.

연개소문이 패주하는 당 태종을 좇아 중국 내륙 깊숙이 진출했다는 이야기도 그렇다. '연개소문은 왜 칼을 다섯 자루씩 차고 다녔을까?'는 좁게는 단검이나 표창이 아니라 묵직한 칼을 던졌던 고구려의 전통무예 비도술(飛刀術)·비검술(飛劍術)을 1500여 년 만에 이 땅에 부활시킨 것이지만 넓게는 연개소문이 당 태종을 좇아 중국 대륙을 휘젓고 다녔던 승리의 역사를 재연한 것이다.

대륙성과 해양성의 광대한 역사를 복원하기 위해서는 단일민족이라는 허구의 이데올로기를 버려야 한다는 반성이 '금나라 태조는 고려인의 후예인가?'를 쓰게 했다. 중원을 장악했던 금나라의 태조가 우리 민족의 후예였다는 사실은 단일민족 이데올로기 때문에 전설이 되어 우리 역사에서 사라져버렸다. 그 결과 우리 역사의 대륙성의 중요한 한 부분을 스스로 상실했던 것이다. '조선군은 어떻게 러시아군을 꺾었는가?'는 조선시대 역사에서 드문 대륙성의 표본이다. 청나라를 꺾기 위해 길렀던 조선의 조총수들이 오히려 청나라의 요구에 따라 러시아군과 싸워야 했지만 그럼에도 만주 대륙에 남긴 조선 조총수들의 족적은 뚜렷했다. 그 족적은 동북공정에 분노하는 우리들이 가슴속에 간직해야 할 것이다.

'일본 대화개신은 백제계를 몰락시켰는가?'는 고대 일본을 지배했던 백제인들의 해양성에 대한 이야기이며, '장보고는 청해진을 왜 완도에 설치했는가?' 또한 우리 역사의 해양성을 되살리려는 취지의 글들이다.

『우리 역사의 수수께끼』 3권은 이처럼 우리 역사의 대륙성과 해양성의 복원이라는 커다란 주제의식 속에서 기획·집필되었지만 현실적인 요구가 있는 그 밖의 수수께끼들도 가능한 한 충실하게 다루었다.

'조광조의 개혁 정치는 왜 실패했나?'와 '임란 극복의 주역, 북인은 왜 정계에서 사라졌는가?'는 개혁의 시대에 역사를 통한 반성의 자료를 제공하기 위한 것이다. 가장 개혁적이었던 조광조와 북인의 사례는 개혁의 작용과 반작용, 그리고 역사 앞에서 겸허해야 함을 말해줄 것이다.

사회가 혼란스러울수록 참위설이 기승을 부리기 마련이다. '정감록의 십승지는 정말 명당인가?'는 이 혼란의 시대에 피안의 세계는 있는가를 찾아보기 위한 것이다.

때로 사회는 소수의 희생양을 만들어 문제를 해결하려는 잘못된 행태를 보이기도 한다. 조선 멸망의 책임을 왕족들에게 모조리 전가했던 그간의 움직임이 그것이다. '고종황제와 의친왕 탈출 사건'은 왕족들의 해외 망명사건을 추적했으며, '고종황제의 금괴 열두 개는 어디로 갔을까?'는 고종황제가 독립운동을 위해 내놓았다는 금괴의 행방을 추적한 독립운동의 이면사이다. '족보왕국, 성씨를 둘러싼 수수께끼들'은 모두가 양반의 후예인 우리 사회의 초상에 대한 보고서이다. '고려장은 있었는가?'는 충보다 효를 앞세웠던 우리 역사에서 어떻게 고려장 같은 것이 역사적 사실로 둔갑했는지를 추적한 것이다.

『우리 역사의 수수께끼』 1, 2권이 거두었던 빛나는 성과가 오히려 3권에는 부담이 될지도 모른다. 그러나 저자들은 『우리 역사의 수수께끼』 3권이 1, 2권에 기대지 않고 독자적으로 살아남기를 기대한다. 『우리 역사의 수수께끼』 3권이 얼마나 잘 클 수 있는지의 여부는 우리 역사를 사랑하는 사람들의 뜨거운 가슴을 얼마나 접할 수 있는가에 달렸을 것이다.

2004년 8월

저자 이덕일 · 김병기

차례

2부 고려

잊혀진 왕국, 고려사의 현장들

3부 조선
가깝고도 먼 나라, 조선의 진실

4부 근·현대
망국과 분단, 통일과 만주를 생각하며

고대

비밀에 싸인
한국 고대사를 찾아서

붉은악마의 공식 캐릭터,
치우천왕은 우리 민족의 조상인가

황제와 천하의 자웅을 겨뤘던 동이족 지도자의 이야기

사마천이 기록한 치우

4강 신화를 이룬 2002년 월드컵에서 붉은악마는 도깨비 비슷한 문양의 거대한 깃발을 공식 캐릭터로 사용했다. 그러나 스탠드를 메우는 그 깃발의 의미를 아는 사람은 별로 없었을 것이다. 점차 그 깃발의 문양이 치우천왕(蚩尤天王)이라는 사실이 알려졌지만 정작 치우천왕이 누구인지 아는 사람도 별로 없었다. 붉은악마는 왜 치우천왕을 공식 캐릭터로 사용했을까? 치우천왕은 누구일까?

치우천왕은 한국보다는 중국에서 더 널리 알려진 인물이다. 북경 서북쪽의 탁록(涿鹿)에 있는 탁록중화삼조문화연구회(涿鹿中華三祖文化研究會)는 1995년 귀근원(歸根苑)이라는 사원을 세웠다. 그 사원 내에 '삼조당(三祖堂)'이란 곳에서 세 명의 조상을 모시는데 그것이 바로 염제, 황제, 그리고 치우이다. 염제와 황제처럼 치우도 자신들의 조상이라는 것이다. 실제로 탁록은

16

우리 역사의 수수께끼 3

ⓖ 2002년 월드컵 때 유행했던 치우천왕 문양.

치우천왕과 밀접한 관련이 있는 지역이기도 하다.

치우천왕과 탁록 지역의 관계는 기원전 1세기경 전한(前漢)의 역사가 사마천이 쓴 『사기(史記)』 권1 「오제본기(五帝本紀)」에 등장한다. 중국의 역사는 흔히 삼황오제(三皇五帝)부터 시작하는데 정작 사마천은 복희씨, 수인(여와)씨, 신농씨를 일컫는 삼황시대는 역사 사실로 인정하지 않고, 오제시대를 기원으로 보았다. 오제란 1대 황제를 비롯해서 2대 전욱(顓頊), 3대 제곡(帝嚳), 4대 요(堯), 5대 순(舜)의 다섯 임금을 뜻한다. 현재 『사기』에 「삼황본기」가 수록되어 있는 것은 사마천이 아니라 당나라 때 사마정(司馬貞)이 추가한 것이다.

황제는 소전(少典)의 아들로서 성은 공손(公孫)이요 이름은 헌원(軒轅)이다. 헌원 때에 신농씨(염제)의 세력이 쇠퇴하자 여러 제후들이 서로 싸우고 백성들을 포학하게 다루었다. 그러나 신농씨는 이미 힘이 없어 이 제후들을 정벌하지 못했고 헌원이 신농씨를 대신해서 제후들을 정벌했다. 헌원이 모든 제후를 굴복시켰지만 유독 치우(蚩尤)만은 포악하여 끝내 그를 정벌하지 못했다. 포악한 치우는 난을 일으켜 헌원의 명을 듣지 않았다. 그러자 황제가 제후들에게 동원령을 내려 치우와 탁록의 들[涿鹿之野]에서 싸워 그를 사로잡아 죽였다. 이에 비로소 제후들이 헌원을 신농씨를 대신해 천자로 추대하니 이가 바로 황제(黃帝)이다.

『사기』「오제본기」

헌원이 여러 제후들을 굴복시키면서 황제가 된 과정을 기록한 것인데, 그와 맞섰던 인물이 바로 치우이다. 헌원은 치우와 싸워 이긴 후 비로소 황제가 된다. 사마천의 이 기록은 얼마나 신빙성이 있을까? 사마천 당대의 유학자들은 오제에 관한 기록도 삼황에 관한 기록처럼 허황한 전설로 믿었다. 그러나 사마천은 이런 유학자들의 주장을 말학(末學)이라 일축하며 비판했다. 사마천은 『사기』에서 자신의 견해를 직접 밝힐 때는 "태사공은 말한다〔太史公曰〕"라고 부기했는데, 이 부분은 문헌 사료를 근거로 했을 뿐만 아니라 직접 전투가 벌어졌던 '탁록' 등 여러 지역을 답사한 후 내린 결론이라고 덧붙였다. 현지 고로(古老)들의 증언을 듣고 여러 문헌 자료와 대조하여 사실 여부를 확인했다는 것이다.

사마천이 황제와 치우에 관한 글을 쓰기 위해 참고한 문헌 자료 가운데는 공자의 『상서(尚書: 송대에 와서 『서경(書經)』이라 불렀다)』가 있다. 『상서』는 요나라 이후의 기록으로, 그 이전인 황제와 치우 때의 역사는 본격적으로 기술되어 있지 않지만 『상서』「여형조(呂刑條)」에 치우에 관한 기록이 있다. 사마천은 이것을 그대로 썼으며, 『산해경(山海經)』에 나오는 치우에 관한 내용도 인용했다.

치우가 군사를 일으켜 황제를 토벌했다. 이에 황제는 물을 관장하는 응룡(應龍)에게 명하여 기주의 들[冀州之野]에서 치우를 공격하게 했다. 치우는 풍백, 우사를 불러 크게 바람을 일으키고 비를 퍼붓게 했다. 그러자 황제는 발(魃)이라는 천녀(天女)를 불러 비를 멈추게 했고 마침내 치우를 살해했다.

『산해경』

『산해경』에서 전하는 치우와 황제의 관계를 보면 「오제본기」와 시각이 다르다. 『산해경』에서는 황제가 아니라 치우가 황제를 먼저 토벌한 것으로 기록되어 있다. 사마천은 황제가 치우를 토벌했다는 『사기』와 치우가 황제를 토벌했다는 『산해경』을 모두 수록했다. 두 책 모두 치우가 황제에게 패배했다는 결과는 같지만 전자가 치우를 반역자로 보고 있다면 후자는 치우를 황제와 동등하게 바라보고 있다는 점이 다르다.

군신으로 변신한 치우

이는 고대부터 중국인들이 치우를 바라보는 데 이중성이 있었음을 시사해 준다. 치우가 단순한 반역자가 아니었다는 증거는 한둘이 아니다. 먼저 치우는 고대 중국에서부터 태산(泰山)에서 거행되는 천제(天祭)나 봉선(封禪)의 제신으로 추앙되었다. 천제는 천자가 하늘에 지내는 제사이고 봉선 역시 천자가 흙으로 단

(壇)을 만들어 하늘과 산천에 제사 지내는 것을 말하는데 치우는 이런 제사를 받는 대상이었다. 『사기』 「봉선서(封禪書)」에는 중국 최초의 통일황제 진시황이 치우의 묘에서 제사를 지내는 장면이 나오는데, 이때 치우는 팔신(八神) 중의 하나인 병주(兵主)로 모셔진다. 병주는 곧 군신(軍神)인데, 군사력으로 중원을 통일한 진시황이 치우를 군신으로 모실 만큼 중시했던 것이다.

진시황 이후에 다시 중원을 통일했던 전한(前漢)의 한고조(漢高祖:재위 기원전 206~195)도 마찬가지였다.

> 유계(劉季:한고조)는 패현(沛縣)의 관아에서 황제와 치우에게 제사를 올리고 산 제물을 잡아 그 피를 북과 깃발에 발라 신에게 제사를 지냈다. 군기의 색깔을 일률적으로 붉은색으로 삼았다.
>
> 『사기』 「고조본기」

한고조 유방(劉邦)은 서초패왕(西楚霸王) 항우(項羽)를 꺾고 중원을 통일한 인물인데 그가 통일 전쟁에 나서면서 치우에게 제사를 지냈던 것이다. 패현은 현재의 강소성(江蘇省) 풍현(豊縣)으로 유방의 고향이다.

중국 중세의 『송사(宋史)』에 따르면 송 태종은 서기 979년 송나라에 마지막까지 저항하던 북한(北漢)을 공격하러 하동(河東)으로 가면서 출경(出京)하기 하루 전에 돼지와 양을 잡아 치우에게 제사를 지냈다. 그리고 바로 그 전투에서 승리해 송의 천하 통일을 이룩한다.

이처럼 치우는 중원 통일의 영웅들이 군신으로 받든 인물이었다. 황제에게 저항하다가 패배한 패장을 군신으로 모시는 것은 확실히 이변이다.

바로 이점 때문에 치우가 과연 황제에게 패했는지에 대한 의문이 제기된다. 『진서(晉書)』「천문지(天文志)」에 "치우의 깃발을 닮은 혜성 꼬리의 구부러진 방향으로 가보면 적병이 반드시 있었다"라는 기록이 있고, 『한서(漢書)』「예문지(藝文志)」에는 '치우' 편이 두 편 있었고, 『수서(隋書)』「경적지(經籍志)」에는 '황제 치우 행군비서(黃帝蚩尤行軍秘書)' 2권이 있었다고 하는데 모두 전해지지 않지만 군사 활동과 관련 있는 기록이다.

『환단고기』의 치우 관련 기록

붉은악마가 치우를 공식 캐릭터로 삼은 이유는 그가 우리 민족의 조상이라는 이유 때문이다. 그러나 앞서 살펴본 중국 기록들에는 그런 언급이 없다. 치우는 과연 동이족의 임금인가? 치우천왕이 붉은악마의 캐릭터가 된 데는 『환단고기(桓檀古記:『한단고기』로도 읽는다)』나 『규원사화(揆園史話)』 같은 우리나라 역사서들의 영향이 있었을 것이다. 『환단고기』, 『규원사화』에는 치우에 관한 풍부한 이야기가 전한다. 그런데 『환단고기』와 『규원사화』는 모두 주류 사학계와 위서(僞書) 논쟁중인 책들이다. 『환단고기』는 그 서문에 따르면 평북 선천 출신의 대종교도(大倧敎道) 계연수(桂延壽)가 1911년 기존의 『삼성기(三聖記)』 상·하, 『단군세기(檀君世紀)』, 『북부여기(北夫餘紀)』, 『태백일사(太白逸史)』라는 각기 다른 네 종류의 책을 묶어 하나로 만든 다음 해학 이기(李沂)의 감수를 받아 묘향산 단굴암에서 필사했다는 책이다. 만주에서 독립운동을 하던 계연수는 1920년에 사망하면서 제자 이유립(李裕岦:1907~1986)에게 한 간지(干支) 후인 다음

❹ 붉은악마가 펼친 치우천왕기가 관중석을 뒤덮은 모습.

❺ 월드컵 때 붉은악마는 치우천왕을 공식 캐릭터로 사용했다.

경신년(1980)에 이 책을 발표하라고 유언했다는데, 우연의 일치인지는 몰라도 경신년 한 해 전인 1979년에 수십 부가 영인되었다. 일본인 가지마 노보루(鹿島昇)가 이 영인본을 일본으로 가져가서 1982년에 일역(日譯)과 원문(한문)을 함께 실어 출판했는데 이 책이 국내에 역수입되면서 커다란 반향이 일어났다.(『우리 역사의 수수께끼 1권』「환단고기는 후세의 위작인가」 참조)

위서 논쟁에 대해 민족주의 계열은 후세의 위작이 아니라고 주장하고 있다. 이들에 따르면 『환단고기』의 단군 이전 시대, 즉 한민족의 기원부터 단군조선의 건국까지를 저술한 「삼성기」는 신라 진평왕 때 안함로(安含老)가 지은 것과 원동중(元董仲)이 지은 두 종류가 있는데, 이것을 합한 것이 「삼성기전(三聖記全)」이라는 것이다. 단군시대의 연대기인 「단군세기」는 고려 공민왕 12년(1363)에 이암(李嵒)이 지었고, 「북부여기」도 고려시대 사람 범장(范樟)이 저술했으며, 단군시대 이전부터 고려시대에 이르는 연대기인 「태백일사」는 조선 중종 때 학자 이맥(李陌)이 저술했다는 것이다. 즉 후대의 위서가 아니라 신라시대 때부터 저술된 책을 계연수가 1911년에 필사했을 뿐이라는 주장이다.

일단 『환단고기』에 나오는 치우 관련 기록을 살펴보자. 『환단고기』「삼성기」 하편의 기록이다.

환웅천왕이 처음으로 하늘에 제사 지내고 백성을 낳아 교화를 베풀고 천경(天經)과 신고(神誥)를 가르치시니 무리들이 잘 따르게 되었다. 이후부터 치우천왕이 땅을 개간하고 구리와 쇠를 캐내서 군대를 조련하고 산업을 일으켰다……. 또 몇 대를 지나 자오지 환웅(치우천왕)이 나셨는데, 귀신같이 용맹이 뛰어났고 동두철액(銅頭鐵額:구리로 된 머리와 쇠로 된 이마)을 하고 능히 큰 안개를 일으키듯 온 누리를 다스릴 수 있었고, 광석을 캐고 철을 주조하여 병기를 만드니 천하가 모두 크게 두려워했다. 세상에서는 치우천왕이라고 불렀으니 치우란 속된 말로 우뢰와 비를 크게 일으켜 산하를 바꾼다는 뜻이다.

치우천왕은 염제신농의 나라가 쇠하는 것을 보고 마침내 큰 뜻을 품고 여러 차례 서쪽으로 천병(天兵)을 일으켰다. 색도(索度)로부터 병사를 진격시켜 회대(淮岱) 사이에서 웅거했다. 헌원(황제)이 일어나자 즉시 탁록의 벌판으로 나아가서 그를 사로잡아 신하로 삼았다……. 사마천이 『사기』에서 말하기를 "모든 제후가 와서 복종하여 따랐는데, 치우가 가장 포악하여 천하에 능히 이를 벌할 자가 없을 때 헌원이 섭정했다. 치우의 형제가 81인이 있었는데, 모두 몸은 짐승의 모습인데 사람의 말을 하며 동두철액을 하고 모래를 먹으며 오구장(五丘杖), 도극(刀戟 : 칼과 창), 태노(太弩 : 활쏘는 도구)를 만드니 그 위세가 천하에 떨쳐졌다. 치우는 옛 천자의 이름이다.

『환단고기』「삼성기」하편

사마천의 『사기』에는 탁록 전투에서 황제 헌원이 승리했다고 기록되어 있지만 『환단고기』에는 치우천왕이 황제 헌원을 사로잡아 신하로 만들었다고 씌어 있다. "치우천왕이 큰 뜻을 품고 여러 차례 서쪽으로 천병(天兵)을 일으켰다"는 구절은 그가 동쪽에 기반을 둔 인물임을 나타낸다. 동두철액은 사마천의 『사기』에도 나와 있는 표현인데, 치우로 대표되는 집단이 청동기나 철기 등의 금속문명을 소유했음을 말해 주는 것이다. 「태백일사」신시본기(神市本紀)에는 치우와 헌원의 다툼에 대해 보다 자세한 사항이 기록되어 있다.

이때에 공손헌원이란 자가 있었는데 토착민들의 우두머리였다. 치우천왕이 공상에 입성하여 새로운 정치를 편다는 말을 듣자 감히 천자가 되려는 뜻을 품고 크게 병마를 일으켜 공격해 왔다. 치우는 먼저 항복한 장수 소호를 탁록에 보내 헌원 군을 포위해 전멸시켰다. 헌원은 그래도 굴하지 않고 끝까지 싸우고자 했다. 치우천왕은 구군(九軍)에 명을 내려 네 길로 나누어 진격하게 하고 자신은 보병과 기병 3천을 거느리고 곧바로 쳐들어가 헌원과 탁록의 유웅(有熊)이란 들판에서 계속 싸웠다. 이때 군사를 풀어 사방으로 조여 들어가면서 베어 죽이기를 수없이 했다. 또 큰 안개를 일으켜 지척을 분간할 수 없게 하여 싸움을 독려했다. 적군은 두려움에 손을 떨며 목숨을 걸고 도망치니 100리 안에 병마의 그림자도 보이지 않았다.

이에 이르러 기주, 연주, 회대의 땅이 모두 손에 들어왔다. 탁록에 성을 쌓고 회대에 집을 짓자 헌원의 족속들이 모두 신하되기를 원하며 공물을 바쳤다. 당시 서토(西土) 사람들은 겨우 화살과 돌의 힘만 믿고 투구와 갑옷을 쓰는 법을 알지 못했는데 치우천왕의 높고 강한 법력을 만나자 마음은 떨리고 간담이 서늘하여 싸울 때마다 번번이 패했다. 『운급헌원기(雲笈軒轅記)』에 "치우가 처음으로 갑옷과 투구를 만들었는데 그때 사람들은 이를 알지 못하고 동두철액한 자"라고 한 것을 보면 갑옷과 투구를 몰랐던 그들의 낭패가 심했음을 알 수 있다.

『환단고기』 「태백일사」 신시본기

금속문명기에 접어든 치우 집단이 석기문명기에 불과했던 헌원 집단을 대파했다는 것이다. 이것은 동양 최초의 금속문명을 황제로 대표되는 중국인들이 아니라 치우로 대표되는 동이족이 먼저 발명했다는 기록인 셈이다.

『규원사화』의 치우 관련 기록들

『규원사화』에도 치우에 관한 기록이 등장한다. 『규원사화』는 고려 공민왕 때 이명(李茗)이 쓴「진역유기(震域遺記)」를 보고 조선 숙종 2년(1675)에 북애자(北崖子)라는 인물이 썼다는 책이다. 이 책의 저술 연대는 서문의 '상지(上之) 2년 을묘(乙卯)'라는 구절과 '때는 양란(兩亂)을 겪은 뒤'라는 구절로 추측하는데, '양란(임진왜란과 병자호란)'을 겪은 뒤의 을묘 2년이면 숙종 2년이 된다. 민족주의 계통에서는 이를 근거로 숙종 2년에 쓴 책이라고 주장하는데 주류 역사학계에서는 17세기 중엽이 아니라 한말 또는 일제시대 때 대종교 계통에서 저술한 위서라고 보고 있다. 『규원사화』 「태시기(太始紀)」에는 치우의 활동상이 『환단고기』보다 훨씬 자세하게 묘사되어 있다. 이에 따르면 당초 세상은 동과 서로 갈려 있었는데 서는 수인(燧人), 동은 환웅(桓雄)이 다스렸다. 치우는 환웅의 신하였으나 서방 세계에 내분이 일어나자 서쪽으로 진출하기 시작했다. 『규원사화』 「태시기」의 기록을 요약해 보자.

이때 치우씨가 그 백성과 함께 먼저 황하 이북에 자리잡고 안으로는 용감한 군사를 기르고, 밖으로는 세상의 변화를 바라보다가 유망이 쇠약해지는 것을 보고 군사를 일으켜 출정했다……. 1년 만에 아홉 제후의 땅을 빼앗고…… 다시 1년 만에 열두 제후국을 얻으니 시체가 온 들을 메웠고 간담이 서늘해진 중국의 백성들은 도망가거나 숨어버렸다.

이때 유망은 소호에게 치우씨를 막게 했으나 크게 패하여 소호는 유망과 함께 탁록으로 도망갔다. 치우씨는 공상에서 황제로 즉

우리 역사의 수수께끼 3

위했으며 이어 탁록으로 출정하여 유망을 쳐부수었다.

치우가 이처럼 천하를 제패하려 하자 헌원이 이를 막기 위해 전쟁에 나선다. 『규원사화』 「태시기」는 뒤이어 금속문명의 치우 집단이 석기문명기에 불과한 헌원 집단을 대파했다는 사실을 보다 자세하게 기록한 후 헌원이 금속문명을 모방해 가면서 전황이 달라지는 과정을 묘사하고 있다.

헌원은 이미 여러 번 패했으나 다시 병마를 일으키고 치우를 본받아 널리 병갑을 만들게 하고 새로이 지남차(指南車)를 제작하여 싸움을 거니 치우는 하늘을 우러러보고 탄식했다. 중토의 왕기가 점점 성하고 염제의 백성들이 굳게 단결하고 있으니 이들을 모두 죽일 수는 없다는 사실을 깨달았다. 더욱이 각각 그 임금을 섬기니 부질없이 무고한 백성을 죽일 수는 없다며 되돌아서기로 결심했다.

치우가 더 이상의 살상을 피하기 위해 스스로 물러난 것으로, 이 역시 황제에게 잡혀 죽었다는 중국 기록과는 다르다. 치우의 세력은 물러난 후에도 계속 유지되었다.

치우씨는 그후에도 계속 동쪽의 회남, 산동 땅에 웅거하면서 헌원의 동진을 막았으며 마침내 그가 죽자 점점 뒤로 물러났다. 『한서』 지리지에 의하면 치우의 묘는 동평군 수장현 감향성 안에 있으며 높이가 다섯 장이라 한다. 진한(秦漢) 때 주민들은 10월이면 제사를 지냈는데 그때마다 비단 폭과 같은 붉은 기운이 일어나 이를 치우기(蚩尤旗)라 했다고 한다……. 이때부터 헌원이 중국의 주인이 되어 황제(黃帝)가 되었다. 그러나 치우씨의 여러 형제가 오래

도록 유주(幽洲), 청국(靑國)에 살아 그 명성과 위엄이 줄지 않으니
황제는 편안하지 못했다. 황제가 세상을 떠날 때까지 베개 한번 높
이 베고 눕지 못했다고 하니 『사기』에 이른바 "산을 헤쳐 길을 만들
어도 편안하게 살지 못하고 탁록하(涿鹿河)에 도읍을 정하고도 이
리저리 쫓겨다니느라 한 곳에 오래 머물지 못했으며, 군사와 병졸
들로 하여금 영문(營門)을 지키게 했다"고 한 것을 보면 그가 얼마
나 두려워하고 겁냈었는가를 알 수 있다.

이 외에도 『규원사화』는 탁록 전투에서 치우가 헌원에게 잡혀
죽었다는 『사기』의 기록을 부인하면서, "이때 (치우의) 부장 중
에 불행하게도 공을 서둘러 세우려 하다가 진(陣) 안에서 죽은
자가 있었는데, 『사기』에 드디어 치우씨를 사로잡았다고 한 것
은 이것을 말한다"라고 설명하고 있다. 치우가 아니라 그 부장이
죽었다는 것이다. 치우천왕은 물러나 동이족의 강역을 굳게 지
켰다는 내용이다. 『환단고기』는 치우천왕이 우리 민족의 조상이
라고 주장하는데 「삼성기」 하편의 신시역대기에 의하면 1세는
환웅천왕이고, 치우는 "14세 자오지(慈烏支) 환웅인데 세상에서
는 치우천왕이라 하며 청구국으로 도읍을 옮겨서 재위 109년에
151세까지 사셨다"라고 적고 있다.

치우천왕은 동이족의 조상인가?

이처럼 치우천왕에 관한 중국과 우리의 기록은 서로 다르다.
문제는 중국의 기록이 의심할 여지없는 고대사로 인정받고 있는
것에 반해 우리의 기록은 후대의 위서로 의심받고 있다는 점이

다. 이런 차이를 인정하면서 치우천왕이 동이족의 조상인지 여부를 알아보려면 동북아시아의 상고시대를 살펴봐야 할 것이다.

상고시대에 동북아시아에는 대체로 세 개의 부족 집단이 있었는데, 화하족(華夏族), 묘만족(苗蠻族), 동이족(東夷族)이 그것이다. 중국사 연구가들에 따르면 화하족은 지금의 섬서성(陝西省) 황토고원을 중심으로, 묘만족은 지금의 중국 남부를 중심으로, 동이족은 지금의 산동성 일대에 거주하고 있었다.

상고시대에 대한 중국 학자들의 견해는 치우가 남방 묘만족의 지도자였다는 것이 주류였다. 이들 주장대로 치우가 동이족이 아니라 남방 묘만족의 지도자라면 치우를 우리 민족의 조상으로 보는 견해는 설득력을 잃는다. 그러나 중국의 서욱생(徐旭生) 교수는 1940년대에 이미 이런 견해가 틀렸다고 주장했다. 그는 1940년대 출간한 『중국고대사적 전통시대(中國古代史的傳統時代)』라는 책에서 치우는 남방 묘만족의 영수가 아니라 동이족의 영수라고 주장했다. 그는 이를 위해 여러 가지 근거를 제시했다.

그중 하나는 산동성에 있던 제(齊)나라에서 치우가 팔신(八神) 중의 하나로 존숭되었다는 점이다. 치우총(蚩尤冢)은 산동성 동평현(東平縣)에 있고, 치우의 견비총(肩髀冢:어깨와 넓적다리 무덤)은 산동성 거야현(巨野縣)에 있는데, 전설에 따르면 황제는 치우를 죽인 후 시신을 이 두 지역에 나누어 분장했다는 것이다. 서욱생 교수는 치우의 무덤이 있는 이 지역을 과거 동이족이 살던 지역으로 보았다. 이 지역에 치우의 무덤이 있는 것이 『사기』의 기록대로 황제에게 패배한 결과인지 아니면 『규원사화』에서 말하듯이 스스로 물러난 결과인지는 더 연구해야 하겠지만 산동성에 치우의 무덤이 있다면 치우를 동이족으로 보는 것이 자연스럽다. 치우가 남방 묘만족이라면 이 먼 동북방까지

와서 헌원과 싸웠을 리는 없기 때문이다. 『사기』의 기록처럼 황제가 먼저 치우를 공격하기 위해 출정했다면 싸움터는 치우의 본거지가 되는 것이다.

서 교수가 치우를 동이족이라고 보는 다른 근거는 치우가 구려족(九黎族)의 대표라는 데 있다. 『서경』「공전(孔傳)」에 "구려족의 임금을 치우라 한다"고 씌어 있으며, 『사기』에도 "공안국(孔安國)이 말하기를 구려(九黎) 임금의 호가 치우이다"라는 기록이 있는데, 구려족은 지금의 산동성, 하남성, 하북성에 거주했던 부족이다. 서 교수는 중국 고대 한(漢)나라 때 여현(黎縣), 여양현(黎陽縣), 여산(黎山), 여수(黎水) 등의 지명이 있었는데, 여현은 지금의 산동성 운성현(鄆城縣) 경내이며, 여양현은 지금의 하남성 준현(浚縣) 경내라는 것이다. 즉 구려족의 거주지가 동이족의 거주지와 일치하기 때문에 구려족의 임금 치우는 곧 동이족이라는 것이다.

세 번째 근거로 서 교수는 『일주서(逸周書)』「상맥(嘗麥)」편에 "치우가 소호에게 주거를 명했다〔命蚩尤于宇少昊〕"는 구절이 있는데, 소호족의 거주지는 산동성 곡부(曲阜)였고 이 역시 동이족의 근거지였다.

네 번째로 서 교수는 『염철론(鹽鐵論)』「결화(結和)」편에 "황제가 탁록 전투에서 양택(兩曎)과 소호를 죽이고 황제가 되었다"라는 구절이 있는데, 여기에서 양택(兩曎)은 양호(兩昊)의 오기(誤記)라며 양호는 대호(大昊)와 소호(少昊)를 뜻한다고 보았다. 이 구절은 황제가 탁록 전투에서 대호, 소호, 치우를 꺾고 염족(炎族)과 황족(黃族)의 우두머리가 된 것을 뜻한다는 것이다. 대호와 소호는 모두 동이족의 우두머리이다.

그럼 왜 치우가 남방 묘만족의 우두머리로 알려지게 되었을까? 서욱생 교수는 과거에 화하족(華夏族)과 남방 묘만족(苗蠻族) 사이의 투쟁은 잘 알려졌지만 동이족이 화하족과 격렬하게 다툰 것은 잘 알려지지 않았기 때문이라고 보았다. 그러나 1920년대 이래 출토된 금석(金石)이나 갑골문을 연구한 결과 동이족이 화하족과 크게 싸운 사실들이 드러났다며 이런 정황으로 볼 때 치우를 동이족의 우두머리로 보는 것이 타당하다는 것이다. 서 교수의 이런 견해는 치우를 동이족의 조상으로 볼 만한 충분한 근거가 된다.

이 외에 근래의 주목할 만한 연구 결과로 치우는 동방 구려족의 우두머리이자 동이족의 우두머리라는 주장도 있다. 황제와 탁록대전을 벌인 이후 치우 계열의 몇 개 씨족이 남하해 남방 삼묘족(三苗族)이 되었는데 이들이 바로 구려족의 후예라는 것이다. 이에 따르면 치우는 남방 묘족의 조상도 되는 것이다. 실제로 묘족의 주 거주지역인 귀주성(貴州省)에서 간행한 『낭대현방책(郞垈縣訪冊)』에는 "묘인(苗人)……은 옛날의 삼묘족이다. 탁록대전 이후 점차 남하했다"는 기록이 있다.

이것은 상당히 흥미로운 사실인데, 탁록대전 이후 치우 세력의 일부는 산동성 등 동이족 지역에 남아 있거나 만주와 한반도 지역으로 갔고, 다른 일부는 중국 남방으로 갔다는 것이기 때문이다. 이것이 사실이라면 중국 남방의 묘족과 동이족인 우리 민족은 치우를 공통 조상으로 하는 같은 지류가 된다. 이런 견해들은 상당히 합리적이어서 쉽게 부정할 수는 없다. 이 주장대로 치우가 동이족의 조상이라면 붉은악마가 치우를 공식 캐릭터로 삼은 것은 역사적인 근거가 있다고 할 수 있다.

일본 벽화에 고구려 하늘이 그려진 이유

일본 기토라 천문도가 그린 고구려 하늘

1998년 3월 일본 나라(奈良) 현 아스카(飛鳥)에 있는 기토라 고분의 천장에서 수많은 별들이 그려진 벽화가 발견되었다. 조사 결과 이 벽화는 7세기 말에서 8세기 초에 그린 것으로 밝혀졌다. 무려 1300여 년 전에 그려진 별자리로서 일본뿐만 아니라 전 세계가 열광해야 할 발견이었다. 이게 사실이라면 기토라 고분의 별자리는 현존하는 세계 최고의 천문도가 되기 때문이다. 〈기토라 천문도〉가 발견되기 이전에 세계에서 가장 오래된 것으로 인정받던 천문도는 중국 남송(南宋) 때인 1247년 소주에서 만든 〈순우(淳祐) 천문도〉였다. 기토라 고분의 천문도는 이보다도 무려 500여 년이나 앞선 것이다.

비단 '세계 최초'라는 수식어가 아니더라도 기토라 천문도는 일본인들을 열광시키기에 충분했다. 1300여 년 전 일본인의 조상들이 하늘과 우주를 어떻게 생각했는지를 알게 해주는 자료이

◎ 기토라 천문도. 고구려의 밤하늘이 그려져 있다.

기 때문이다. 그 조상들이 정교한 별자리 그림을 그릴 만큼 하늘의 질서에 대해 체계적인 지식을 갖고 있었다는 증거였던 것이다.

그럼에도 불구하고 일본인들은 이 천문도의 발견을 두고 그리 열광하지 않았다. 심지어 '세계 최고의 천문도는 일본인이 만든 것이었다'는 식의 선전도 하지 않았다. 왜 그랬을까?

기토라 천문도에 그려진 별자리는 일본의 하늘이 아니었기 때문이다. 일본의 미야지마(宮島) 교수는 면밀한 컴퓨터 작업 끝에 기토라 고분벽화의 별자리는 일본의 밤하늘을 그린 천문도가 아니라 고구려 수도 평양의 밤하늘을 그린 천문도라는 사실을 밝혀냈다. 즉 기토라 천문도는 고구려의 수도 평양에서 관측한 별자리를 그린 것이라는 놀라운 사실이었다. 30여 개의 별자리에 550개의 별이 그려진 기토라 천문도는 7세기 평양에서 관측된 별자리였던 것이다.

이것은 기토라 천문도가 일본인들의 작품이 아니라는 사실을

한국 고대사를 찾아서

비밀에 싸인

말해 준다. 기토라 천문도는 고구려가 멸망하기 직전인 7세기 경에 고구려인들이 직접 일본으로 가서 그렸거나 멸망한 후인 8세기에 일본으로 건너간 고구려 유민이 자신이 갖고 있던 고구려 천문도를 보고 그렸음을 시사해 준다.

현재 고구려인이 직접 그린 천문도가 남아 있지 않은 현실에서 무엇을 가지고 기토라 천문도가 고구려의 하늘을 그린 것이라는 사실을 알 수 있었을까? 그것은 현재 대한민국의 국보 228호로 지정되어 있는 〈천상열차분야지도(天象列次分野之圖)〉의 드라마틱한 사연에서 비롯된다.

천상열차분야지도의 드라마틱한 사연

기토라 천문도는 조선 개국 직후인 태조 4년(1395)에 만들어진 천상열차분야지도의 별자리 그림과 흡사하다. 7~8세기 경에 그려진 일본의 기토라 고분 천문도가 어떻게 14세기 말 조선에서 만들어진 천상열차분야지도와 비슷할 수 있었을까? 혹시 조선에서 일본의 기토라 고분벽화를 보고 천상열차분야지도를 만든

🌑 천상열차분야지도. 고구려의 별자리그림을 바탕으로 조선시대 만들어졌다.

것은 아닐까? 그러나 일본 나라 현의 기토라 고분벽화가 발견된
것은 1998년이므로 1395년 조선에서 이를 베낄 수는 없다.

그러면 어떻게 기토라 천문도가 고구려 천문도라는 사실을 말
해 주는 것일까? 조선시대 때 만들어진 천상열차분야지도와 닮
았다는 것이 고구려 천문도라는 사실을 입증하는 것일까? 이 수
수께끼는 천상열차분야지도가 고구려의 별자리 그림을 바탕으
로 제작된 것이라는 사실을 알게 되면 해결의 실마리를 찾을 수
있다.

먼저 조선의 천상열차분야지도의 제작 경위를 살펴보자. 조선
건국 초기 천상열차분야지도 제작에 직접 관여했던 권근(權近)
은 자신의 저서 『양촌집(陽村集)』에서 이 천문도를 만들게 된 경
위를 다음과 같이 설명하고 있다.

> 고구려가 망할 때 천문도 석각본(돌에 새긴 것)이 전란으로 인해
> 서 대동강 물에 빠져버렸다는 말이 조선 초에도 전해지고 있었다.
> 그런데 고구려 천문도 석각본의 인본(印本:인쇄본)은 남아서 고려
> 에 계승되었다.
> 조선 왕조를 세운 태조는 즉위하자마자 새로운 천문도를 갖기를
> 바랐는데 얼마 안 되어 그 인본을 바친 사람이 있었고 태조는 그것
> 을 중각(重刻:돌에 다시 새긴다)하라 명했다. 그러나 서운관(書雲觀:
> 천문관측을 담당한 기관)에서는 그 연대가 오래되어 성도(星度:별자
> 리의 각도)에 오차가 생겼으므로 다시 관측해 오차를 교정한 새 천
> 문도를 작성하기로 했다.

고구려는 자체적으로 천문도를 제작할 수 있었던 나라로, 천
문도를 갖는다는 것은 독자적인 천하관을 갖고 있음을 의미했

다. 고구려 천문도 석각본은 고당 전쟁 때 대동강에 빠져버렸다. 이것은 당나라에서 의도적으로 석각본을 수장시켰을 가능성이 큼을 말해 준다. 고구려의 독자적인 천하관을 인정하지 않겠다는 의도일 것이다. 패전의 결과 고구려 천문도 석각본은 대동강 물에 잠겼으나 다행히 그 인본이 남아서 고려 왕조로 계승되었고, 다시 조선왕조에 전해졌다.

예로부터 제왕이 천문도를 얻는다는 것은 천명(天命)을 받는 것으로 해석해 왔다. 태조 이성계는 "이것은 하늘이 자신에게 국가를 세우고 백성을 잘 다스리라는 천명이 내린 것"이라고 크게 기뻐하면서 이 천문도의 석각본을 만들어 세우라고 명령했다. 이때 태조의 명을 받은 권근 등 당대의 학자들은 고구려 천문도를 토대로 높이 211센티미터, 너비 122.7센티미터, 두께 11.8센티미터의 흑요석에 새긴 천상열차분야지도를 만들었다. 조선의 서운관, 관상감에서 간행한 『서운관지(書雲觀志)』제3권에도 이 과정이 기록되어 있다.

태조 임신년(壬申年:1392)에 '기도구본천문도(箕都舊本天文圖: 고구려 천문도)'를 바친 자가 있었는데, 본관(本觀:서운관)에서 아뢰기를 "이 그림은 세월이 오래되어 성도(星度)가 차이가 나니 마땅히 추보(推步)하여 사중(四仲)의 저녁과 새벽의 중성(中星)을 정해야 하겠습니다" 하니 임금이 윤허했다.

『서운관지』 제3권

이렇게 권근 등의 학자들이 서운관 등의 천문담당 국가기관과 함께 만든 것이 천상열차분야지도이다. 고구려의 밤하늘을 바탕으로 만들어진 천상열차분야지도가 일본의 기토라 천문도와 흡

사해서 기토라 천문도가 고구려의 밤하늘을 그린 것이라는 사실
을 알 수 있게 되었다.

일본에 전해 준 천문관측 지식

'천상열차분야지도' 라는
어려운 이름은 천상도, 열차
도, 분야도의 세 지도가 하나
로 합쳐진 지도를 뜻한다. 천
상도는 북반구에서 육안으로
볼 수 있는 290좌 1천 467개
의 별을 그린 천문도이고, 열
차도는 하늘을 지상의 열두
개의 구역으로 나누어 나타낸
것이다. 분야도는 하늘을 구
분하던 방법의 하나로 차와
분야에 따라서 하늘의 모습을
새긴 것을 뜻한다.

◉ 덕화리(평남 대동군) 2호분 천장벽화의 성수.

이 별자리 그림을 통해 보
면 고구려 사람들은 4세기 무
렵에 이미 1천 467개의 별을
관측하여 그것들을 상대적 위
치에 따라 정확히 그림으로
옮겨놓았음을 알 수 있다. 그
리고 고구려 사람들은 별자리

◉ 덕화리 고분 천장의 북두칠성.

를 돌에 새겼는데, 그 시기에 그러한 석각(石刻) 천문도를 가졌다는 사실은 고구려의 독자적인 우주관을 보여주는 것이다. 천문학이 예로부터 '제왕의 학'으로 불린 데서 알 수 있는 것처럼 역대 왕조는 왕조의 운명과 앞날을 내다보기 위해서 천체의 움직임과 변화에 비상한 관심을 가졌다. 하늘에서 일어나는 현상이 왕조와 통치자의 운명과 직결된다고 생각했기 때문이다.

우리 선조들은 천체의 움직임과 하늘에서 일어나는 여러 현상에 민감했다. 또 오랜 관측과 정확한 계산을 통해 천체의 움직임을 정확히 기록하는 학문적 전통을 세웠다. 『삼국사기』나 『삼국유사』를 보면 우리 선조들은 일찍부터 하늘의 별자리에 관심을 가졌음을 알 수 있다. 이미 기원전 54년 4월에 있었던 일식을 비롯해 월식과 혜성, 태양 흑점 등에 관한 관찰 기록을 남기고 있다. 『삼국사기』등에 나타나는 이런 기록들은 세계에서 가장 오래된 것이다.

『일본서기』에는 백제 성왕이 재위 23년(554) 역박사(曆博士) 고덕왕손(固德王孫)을 일본으로 보냈다는 기록과 무왕이 재위 3년(602) 관륵(觀勒)을 보내 역본(曆本)과 천문서(天文書)를 전했다는 기록이 있다. 이것은 고구려뿐만 아니라 백제 역시 천문에 상당한 지식을 갖고 있었고, 이를 일본으로 전해 주었음을 말해 준다.

삼국의 이런 전통은 고려·조선조에도 꾸준히 이어져왔다. 『고려사』「천문지」에 요약된 고려시대의 관측 기록은 그 시기 아랍인들의 천문관측 기록과 함께 세계에서 가장 정밀한 기록으로 평가되고 있다. 『고려사』「오윤부(伍允孚) 열전」에는 그가 천문도를 작성했다는 기록이 있는데, 비록 그 천문도는 오늘날까지 전해지지 않지만 고려 왕조 역시 천문에 대해 상당한 지식과 관심을 갖고 있었음을 말해 준다.

고려 때의 이런 전통이 조선으로 이어져 천상열차분야지도를 만들 수 있었던 것이다. 천상열차분야지도의 글은 권근이 짓고 설경수가 썼는데, 대략 가로로 이등분한 선 가까이 지름 76센티미터의 원을 그리고 그 안에 별자리 그림을 그렸다. 그 원의 중앙에 북극이 있고 그것을 중심으로 적도 및 황도권을 비롯해 많은 별자리가 그려져 있다. 1천 467개의 별이 그려져 있는 원의 둘레에는 28수(宿:별을 뜻할 때는 '수'로 읽는다)의 이름과 적도, 수도(宿度)를 기록했다. 그리고 각 수의 거성(距星)과 북극을 연결하는 선으로 모든 별의 입수도를 정확하게 읽어나갈 수 있게 눈금이 그어져 있다. 기사에는 24절기의 혼(昏), 효(曉)에 자오선을 지나는 별에 대한 천상(天象) 기사, 12국(國) 분야 및 성수분도(星宿分度), 일수(日宿)와 월수(月宿)에 관한 내용 등이 씌어 있다.

이와 같이 14세기 말 조선 천문학의 정수를 모은 천상열차분야지도는 고구려시대부터 우리 민족 전통의 천문관측 지식을 계승해 작성한 것으로 한국 고대 천문학의 높은 수준을 알 수 있게 해주는 귀중한 자료이다. 고구려 천문도의 제작 시기는 대략 4세기 후반에서 6세기 초로 추정하고 있다.

천문도 각석의 수난

그러나 기토라 천문도를 제외하면 송나라 때의 순우 천문도에 이어 세계에서 두 번째로 오래된 천문도인 천상열차분야지도는 우리 민족의 수난사만큼 많은 수난을 겪었다.

수난의 시작은 임진왜란으로, 궁궐이 불타면서 경복궁에 있던 이 천문도 각석도 그대로 방치되어 심하게 닳아버렸다. 병자호란에 이어 조선이 계속 어려움에 처하면서 이 버려진 천문도를 주목하는 군왕은 없었다. 뒤늦게 이를 주목한 임금이 영조였는데 그가 경복궁 마당에 방치되어 있던 천상열차분야지도 각석을 보고 흠경각을 짓고 보존하게 했다. 그러나 1910년 조선 왕조가 망하면서 흠경각도 헐려 천문도 각석은 다시 왕실의 비참한 운명처럼 이리저리 떠도는 신세가 되었다.

이러는 동안 천상열차분야지도의 가치를 먼저 알아본 것은 외국인 학자들이었다. 1930년대에서 1950년대에 루퍼스(W.C. Rufus)와 니덤(J. Needham) 같은 저명한 서양 학자들이 이를 높이 평가했던 것이다. 그러나 그때만 해도 우리나라에서는 그 가치를 알아보고 기념할 만한 여유가 없었다. 떠돌던 이 천문도 각석이 안식할 수 있었던 것은 1970년대 홍릉의 세종대왕기념관 과학전시실에 보존되면서부터였다. 그후 많은 연구가 진행되면서 덕수궁의 궁중유물전시관으로 옮겨져 보관되고 국보 228호로 지정되면서 이제는 우리 조상들의 뛰어났던 천문관측 지식을 나타내는 증거가 되었다. 그야말로 우리 민족의 수난과 영광을 함께 한 증거인 것이다.

중국 대륙에 남아 있는 고구려 전통의 비도술

연개소문에 대한 부정적 기록들

연개소문(淵蓋蘇文)에 대해서는 아직까지도 국왕을 살해한 반역자가 아니냐는 부정적인 시각을 가진 사람들이 많다. 그런 인식은 『삼국사기』에서 출발한다.

그 부친인 동부(東部) 대인(大人) 대대로(大對盧)가 죽자 개소문이 마땅히 그 자리를 잇게 되었는데, 나라 사람들이 그 성품이 잔인하고 모질다고 미워하여 그 자리를 얻지 못했다. 소문(蘇文)은 여러 사람들에게 머리를 조아리며 사죄하고 그 자리에 임시로 있어 보아서 만일 불가한 일이 생기면 그때 폐하여도 후회하지 않겠다고 간청했다. 여러 사람들이 이를 가엾게 여겨 허락했다……. 개소문이 동부 군사를 모아 마치 열병하는 것처럼 하면서 성의 남쪽에 술과 음식을 성대히 베풀어놓고 모든 대신들을 초청해 함께 관람하자고 했다. 손님들이 오자 개소문은 그들을 모조리 죽여버렸는데 그때에 피살

된 사람이 100여 명이나 되었다. 개소문은 이어 궁중으로 달려가 왕을 시해한 다음 그 몸을 몇 도막으로 잘라 개천 속에 버렸다.

『삼국사기』 「개소문 열전」

이 기록에는 연개소문이 왕을 시해한 데다 왕의 몸을 몇 도막으로 잘라 개천 속에 버린 희대의 악한으로 묘사되어 있다.

『삼국사기』 편찬자들은 무슨 근거로 이렇게 기술했을까? 문제는 『삼국사기』 편찬자들이 연개소문을 묘사할 때 이용했던 거의 모든 자료가 『수서(隋書)』, 『구당서(舊唐書)』[1], 『신당서(新唐書)』, 『자치통감(資治通鑑)』 등 중국측 자료라는 점이다. 문제는 중국 자료들의 시각을 검증하는 사료 비판을 거의 수행하지 않았다는 점이다.

『삼국사기』 「개소문 열전」은, "개소문(혹은 개금(蓋金)이라 한다)의 성(姓)은 천씨(泉氏)인데, 자칭 수중(水中)에서 출생했다고 하여 여러 사람들을 미혹하게 했다"고 성마저 천씨(泉氏)로 바꾸어놓았는데, 이는 당 고조(高祖) 이연(李淵)의 이름 '연(淵)'을 휘(諱)한 중국측 기록을 그대로 인용했기 때문이다.

'수중(水中)에서 출생했다고 하여 여러 사람들을 미혹하게 했다'는 기록도 『신당서』를 그대로 베낀

● 창을 휘두르는 연개소문. 등 뒤에 다섯 자루의 칼을 차고 있다. 중국 경극의 한 장면. 신경섭 제공.

것이다.

즉 『삼국사기』에 그려진 연개소문의 모습은 그에게 패한 당나라 지배층들이 증오로 묘사한 연개소문의 모습이다. 여기에는 집권한 이후 연개소문의 모습도 부정적으로 서술되어 있다.

스스로 막리지가 되니, 그 벼슬이 당의 병부상서와 중서령의 직을 겸한 것과 같았다. 이에 원근을 호령하고 국사를 전제하여 매우 위엄이 있었으며, 몸에 칼 다섯 자루를 차고 있었는데 좌우의 사람들이 감히 쳐다보지 못했다. 말에 오르고 내릴 때마다 항상 귀인 무장을 땅에 엎드리게 하여 디디는 발판을 삼았으며, 출행할 때에는 반드시 대오(隊伍)를 베풀고 갔다. 앞에서 인도하는 자가 긴 소리로 외치면 사람들이 구렁텅이라도 피하지 않고 달아났으니, 국인(國人)들이 아주 괴롭게 여겼다.

『삼국사기』「개소문 열전」

이는 『구당서』에서 묘사한 연개소문의 모습과 비슷하다.

(연개소문은) 스스로 막리지가 되었는데, 중국의 병부상서와 중서령의 직을 겸한 것과 같았으며 국정을 전제했다. 소문의 성은 전(錢)씨인데, 수염 난 얼굴이 아주 위엄이 있었으며 신체가 괴걸(魁傑)스러웠다. 몸에 칼 다섯 자루를 차고 있었는데 좌우의 사람들이 감히 쳐다보지 못했다. 항상 영을 내려 그 속관(屬官)들을 땅에 부복하게 하여 밟고 말에 오르고 내렸다. 출행할 때에는 대오를 먼저 베풀고 엎드리게 했는데, 인도하는 자가 길게 호령하면 행인들이

---

1) 『구당서』 어람본(御覽本)에는 전(錢)씨로 되어 있고, 경인본(景仁本)에는 천(泉)씨로 되어 있다. 『신당서』도 천(泉)씨로 되어 있다.

피했으며, 백성들은 두려운 나머지 구렁텅이라도 피하지 않고 스스로 들어갔다.

『구당서』열전 149

『삼국사기』와 『구당서』를 비교해 보면 『구당서』에서 연개소문의 용모를 "수염 난 얼굴이 아주 위엄이 있었으며 신체가 괴걸(魁傑)스러웠다"라고 묘사한 부분은 빠진 반면 『구당서』에는 없는 "국인(國人)들이 아주 괴롭게 여겼다"라는 부분이 첨가되었다. 『신당서』는 연개소문의 관복(冠服)이 금으로 장식되었으며, 말에 오르내릴 때 '속관'이 아니라 '귀인'들을 발판으로 삼았다고 되어 있는 점이 다를 뿐 나머지는 『구당서』와 같다.

연개소문이 등장하는 중국의 경극

연개소문의 모습 중 『삼국사기』, 『구당서』, 『신당서』에서 빠지지 않는 것이 '칼 다섯 자루〔五刀〕'를 차고 있다는 묘사이다. 중국인들이 볼 때 연개소문이 칼을 다섯 자루씩 차고 다니는 것이 아주 이상하게 보였던 것이다. 이는 중국인들뿐만 아니라 현재의 우리들에게도 이상하게 보일 모습이다. 자고로 양팔을 쓰는 쌍검무사는 있어도 칼을 다섯 자루씩 쓰는 오검무사는 없기 때문이다. 이 때문인지 연개소문의 칼 다섯 자루는 전투용이 아닌 전시용으로 해석해 왔다. '위엄을 보이기 위해서' 다섯 자루의 칼을 찼다는 것이다. 그리고 이것이 현재까지 정설이었다. 말에 오르내릴 때 사람들을 발판으로 삼거나 출행할 때 먼저 대오를 베푸는 것 등은 극도의 위엄을 나타낸다. 이런 분위기 속에서

우리 역사의 수수께끼 3

'칼 다섯 자루' 역시 위엄을 나타내기 위한 장치로 해석되었던 것이다. 역사상 어느 장군도 위엄을 나타내기 위해 다섯 자루의 칼을 차지는 않았다는 사실은 무시되었다. 『삼국사기』와 『구당서』 모두 "좌우의 사람들이 감히 쳐다보지 못했다"고 적지 않았는가? 좌우의 사람들이 감히 쳐다보지도 못했는데 무엇 때문에 무겁게 칼을 다섯 자루씩이나 차고 다녔을까 하는 의문은 제기되지 않았다.

이에 대해 어떤 전통무예 연구가는 다섯 자루의 칼은 위엄용이 아니라 실전용이라고 반박하기도 했다. 이것은 칼을 던지는 고구려의 검법에서 비롯된 것으로 고구려 고유의 비검술(飛劍術)이라고 주장했다. 그러나 그는 사석에서 이런 견해를 폈을 뿐 이를 뒷받침할 수 있는 근거는 제시하지 못했다.

비록 근거는 제시하지 못했지만 그 추론은 개연성이 있다고 판단한 필자가 중국의 경극(京劇)에서 그 근거를 찾았다. 중국 희곡 중 하나인 경극은 대극(大劇), 국극(國劇)으로도 불리는데, 한의학(漢醫學), 중국화(中國畵)와 함께 중국의 3대 국수(國粹)로 여겨질 정도로 중국인들에게 자부심이 높은 창극 예술이다. '경(京)' 자가 붙은 데서 알 수 있듯 북경을 중심으로 발달했기 때문에 '베이징 오페라'라고도 불리는 경극은 음악과 춤, 연극이 합쳐진 종합예술이다. 천카이거(陳凱歌) 감독의 〈패왕별희(覇王別姬)〉는 가장 유명한 경극을 소재로 한 영화이다. 〈패왕별희〉는 「역발산기개세(力拔山氣蓋世)」라는 한시로도 유명한 초패왕 항우(項羽)와 그 애첩 우희(虞姬) 사이의 애절한 사랑을 그린 중국의 대표적 고전 경극인데, 제목 그대로 '초패왕과 우희의 이별'이란 뜻이다. 〈패왕별희〉는 중국의 경극이 역사성 짙은 소재를 대상으로 창작된다는 사실을 말해 준다.

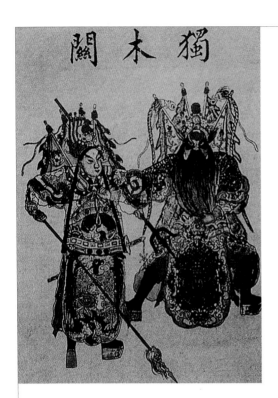

연개소문이 등장하는 경극은 여러 종류이다. 〈독목관(獨木關)〉, 〈분하만(汾河灣)〉, 〈살사문(殺四門)〉, 〈어니하(淤泥河)〉 등 확인된 것만 네 종류나 된다. 이 경극들에서 연개소문은 고구려 장수가 아니라 소수 민족 장수로 등장하는데, 이 때문에 1965년 북한에서 이런 경극들의 공연을 중지해 달라고 요청한 것으로 추측된다. 북한의 요구로 이 경극들은 공연이 중지되면서 그 자취를 찾기가 어려워졌는데 의상연구가인 신경섭 박사가 유일하게 남

🌀 중국 경극 〈독목관〉의 대본 표지. 오른쪽이 연개소문이고 왼쪽이 설인귀이다. 신경섭 제공.

아 있는 〈독목관〉의 대본을 찾아내 소개하기도 했다. 「경극 〈독목관〉의 연개소문 무대의상 디자인 연구(1997, 이화여대)」라는 의류직물학과 박사학위 논문이 그것이다.

나머지 경극들은 대강의 내용만 알려져 있는데, 〈어니하〉와 〈분하만〉은 〈독목관〉과 대강의 줄거리가 비슷하다. 당 태종 이세민이 연개소문에게 쫓겨 위기에 처하자 설인귀(薛仁貴)가 구해 준다는 이야기로 연개소문과 설인귀가 주연이고, 당 태종이 조연이다.

그중 가장 많이 공연된 것은 〈독목관〉인데, 그 내용을 살펴보자.

우리 역사의 수수께끼 3

당 태종 이세민은 봉황산(鳳凰山)에서 연개소문에게 쫓겨 도망간
다. 그가 위기에 처했을 때 백포(白袍)를 입은 설인귀가 등장한다.
연개소문은 특유의 비도(飛刀)를 사용해 대항하지만 설인귀에게 패
해 죽는다. 당 태종은 울지공(尉遲恭)에게 설인귀를 찾게 하는데,
설인귀를 시기하는 상관 장사귀(張士貴)는 그를 만나는 것을 방해한
다. 설인귀는 산신묘(山神廟)에서 달을 보며 신세 한탄을 하다가 위
지공이 몰래와 끌어안자 놀라서 도망가다가 병을 얻고 만다.
　　당(唐)나라 군사들이 고구려 군사들로부터 독목관을 빼앗으려
공격했으나 오히려 고구려 장군 안전보(安殿寶)에게 장사귀의 아들
과 사위가 포로로 잡힌다. 장사귀는 할 수 없이 설인귀에게 출전 명
령을 내렸는데, 먼저 설인귀의 부하 주청(周靑) 등이 안전보와 싸웠
으나 상대가 되지 못하자, 설인귀가 병든 몸을 이끌고 출전해 안전
보를 죽이고 독목관을 탈환한다.

〈어니하〉의 내용은 조금 다르다. 당 태종 이세민이 사냥 나갔
다가 연개소문을 만나자 도망간다. 그러나 어니하에 이르러 말
이 진흙에 빠지자 당 태종은 어쩔 줄 몰라 한다. 연개소문은 당
태종에게 항복문서를 쓰라고 요구하는데 이때 설인귀가 나타나
연개소문을 죽이고 이세민을 구한다는 내용이다.

〈분하만〉은 설인귀가 전쟁에서 공을 세우고 돌아가는 길에 일
어난 사건을 다루고 있는데, 연개소문은 설인귀의 이전 행적을
알리기 위해 잠시 영혼으로 등장한다. 자신은 본래 청룡(靑龍)
으로서 하늘에서 잠시 내려왔다는 이야기를 한 후 물러간다는
내용이다.

중국 문화 속에서의 연개소문과 맞수 설인귀

연개소문이 한국에서는 오히려 잊혀졌지만 중국 문화 속에서는 경극뿐만 아니라 문학에서도 활발하게 전승되어 왔다. 그만큼 중국인들의 뇌리에 연개소문이 큰 충격을 주었다는 이야기이다. 최초의 전승은 평화(平話) 형태로 나타났는데 평화란 송대(宋代)에 성행했던 구어 형식의 민간문학을 뜻한다. 송원(宋元) 시기의 평화 「설인귀정료사략(薛仁貴征遼事略:이하 『사략』이라 약칭한다)」이 그것으로서 이 역시 연개소문과 당 태종, 설인귀가 주인공이다. '설인귀가 요동을 정벌할 때의 일들'이란 뜻의 『사략』은 정관 18년(645) 당 태종의 고구려 침공에서 모티프를 따왔다.

당 태종은 연개소문이 도전해 오자 직접 출정했는데, 그 전날 밤 연개소문에게 포위되었다가 흰색 포(袍)를 입은 소년에게 구출되는 꿈을 꾼다. 당 태종은 실제 전쟁에서 연개소문에게 포위되어 위기에 빠지는데 흰옷을 입은 설인귀가 나타나 구해 준다는 내용이다.

『사략』에서 주목되는 점은 송원 때 이야기이므로 상당히 이른 시기의 작품이라는 점이다. 이 시기에 민간전승으로 당 태종이 연개소문에게 위기를 겪는 이야기가 만들어졌다는 것은 실제 역사 사실이 반영되었다는 증거이다. 그렇지 않으면 당 태종을 역대 제일의 황제로 치는 중국인들이 이런 민간전승을 만들어낼 이유가 없다.

설인귀가 주인공으로 등장하는 것도 예사롭지 않다. 설인귀(613~682)는 중국의 평민들이 좋아할 만한 요소를 갖춘 인물이다. 『신당서』에 따르면 설인귀는 강주(絳州) 용문(龍門) 출생의 빈천(貧賤)한 인물이었다. 고향에서 농사를 짓던 설인귀는 당

🌀 중국 경극 〈독목관〉의 장면들. 아래 왼쪽은 연개소문과 설인귀가 싸우는 모습이고 나머지는 모두 연개소문이다. 신경섭 제공.

태종이 고구려 정벌을 위해 인재를 모집한다는 사실을 알게 된 부인의 권유로 장군 장사귀의 휘하로 참전한다. 회랑장(會郞將) 유군앙(劉君印)이 고구려군에 포위되었을 때 달려가 고구려 장수를 베고 구출한 것으로 이름을 얻기 시작한 설인귀는 안시성 싸움 때 백의를 입고 출전해 공을 세워 태종으로부터 금백(金帛)과 구마(口馬)와 유격장군(遊擊將軍)을 제수받았다. 그러나 당나라는 끝내 안시성을 함락시키지 못하고 물러갔다. 설인귀는 안동도호부(安東都護府)의 총독으로 있던 659년 다시 고구려를 공격했지만 횡산(橫山)에서 고구려 장군 온사문(溫沙門)에게 패하여 돌아갔다. 연개소문 사후 형제들 사이의 내분으로 그 장남 남생(男生)이 당나라의 도움을 청하자 다시 고구려를 공격했으며, 668년 나당연합군에게 고구려가 망하자 고구려 옛땅에 세운 안동도호부(安東都護府)의 검교안동도호(檢校安東都護)가 되었던 인물이다.

그후 나당전쟁 때인 문무왕 11년(671) 계림도행군총관(鷄林道行軍總管)으로 신라를 공격한 것을 비롯해 여러 차례 신라를 공격했으나 675년에 신라의 천성(泉城)을 공격하다가 실패하고, 이듬해 기벌포(伎伐浦)에서 패한 것을 비롯해 그리 큰 전과를 올리지는 못했다. 그는 오히려 돌궐정벌전에서는 공을 세웠다.

이런 설인귀가 연개소문의 맞수로 등장하며 끝내 승리하는 영웅으로 그려지는 것은 민간에서 굴신(屈伸)한 그의 이력이 중국 민중들의 사랑을 받았기 때문일 것이다. 또한 남의 눈에 띄기 위해 일부러 흰옷을 입고 출전한 용기도 민중들의 사랑을 받을 만했기 때문에 그간 민간소설의 주인공으로 인기를 끌었다.

고구려 정벌을 소재로 삼은『설인귀정동(薛仁貴征東)』과 돌궐정벌을 소재로 삼은『설정산정서(薛丁山征西)』등이 그것인데,

『설인귀정동』은 조선 후기인 18세기 중엽 『백포소장 설인귀전
(白袍小將薛仁貴傳)』으로 소개되고, 『설정산정서』는 『서정기(西
征記)』, 『설정산실기(薛丁山實記)』, 『번이화정서전(樊梨花征西
傳)』으로 조선에 번역되기도 했다. 이런 문학 작품들이 훗날 경
극의 소재가 되는데, 『백포소장 설인귀전』의 내용을 살펴보면
동쪽 정벌에 나선 당 태종이 부여국 장수 합소문(연개소문)에게
사로잡혔다가 백포를 입은 설인귀에 의해서 구출된다는 이야기
로서 경극의 내용과 비슷하다.

연개소문의 비도와 설인귀의 신전

이런 문학 작품에도 어김없이 등장하는 것이 연개소문의 '다
섯 자루의 칼'이다. 특이한 점은 그냥 칼이 아니라 '비도', 즉 날
아다니는 칼로 등장한다는 점이다. 바로 여기에 연개소문이 지
녔다는 다섯 자루 칼의 비밀이 담겨 있다.

송원 때의 『사략』에는 연개소문이 "등에 다섯 자루의 비도를
둘러맸다〔身背五口飛刀〕"라고 기
록되어 있는데, 이는 『신·구당
서』 등에 나오는 그의 생전 모습을
형상화한 것이자 중국인들을 공포
에 떨게 했던 전장에서의 실제 모
습일 것이다. '날아다니는 칼'을 사
용하는 연개소문과 맞붙는 설인귀
의 무기는 '신통력 있는 화살', 즉
'신전(神箭)'으로 경극 〈독목관〉에

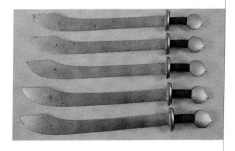

🌀 〈독목관〉에서 연개소문이 사용하는 다섯
자루의 칼. 신경섭 제공.

◎ 1967년 상해 명 선성왕 묘에서 출토된 『신간 전상당 설인귀 과해정료 고사』에 실린 연개 소문과 설인귀의 전투 장면. 연개소문이 다섯 자루의 칼을 던지는 비도술을 사용하는 모습 이 그려져 있다. 하성봉 제공.

서도 무기를 통해 이런 대결 구 도를 상징적으로 보여준다.

설인귀의 활솜씨는 『신당서』 에 구체적으로 기록되어 있듯이 실제 무공이다. 태종 앞에서 설 인귀는 한 방에 목표물을 관통 해 태종을 크게 놀라게 했으며, 실제 전투에서도 화살 세 대로 고구려군을 제압하기도 했다. 그러자 3인의 군사가 군중에 돌 아와 "장군이 화살 세 대로 천산 을 평정하니, 장사들이 노래 부 르며 한관에 들어간다〔將軍三箭 定天山, 壯士長歌入漢關〕"라고 할 정도로 설인귀는 활의 명수 였다.

이것은 연개소문의 '비도' 또한 권위용이 아니라 실전용이었 음을 시사해 준다. 『사략』은 연개소문에 대해 "키는 열 척인데, 진홍색 사복(獅服)을 입고 적규마(赤虬馬)를 타고, 허리에는 두 개의 활집을 매고, 등에 다섯 자루의 비도를 둘러맸으니, 바로 고려 장군 갈소문(曷蘇文)이다"라고 기록하고 있다. 이것은 실 전에 나섰을 때의 모습으로 여차하면 목숨을 잃는 전장에 나서 면서 거추장스런 권위용 칼을 다섯 자루씩 지고 나갈 장수가 있 을 수 없기 때문이다.

연개소문의 '다섯 자루의 칼'이 실전용이라는 것은 이 칼이 '비도'라는 데서 알 수 있다. 경극에서는 날아다니는 칼이란 뜻

우리 역사의 수수께끼 3

으로 쓰이지만 자유자재로 날아다니는 칼이라면 한 자루면 충분하지 다섯 자루일 이유가 없다. 비도는 고구려 고유의 '비도술(飛刀術)', 또는 '비검술(飛劍術)'을 위한 무기인 것이다. 그 근거는 중국의 전통 문학 형식 중의 하나인 사화(詞話)에 나와 있다. 사화는 산문 속에 운문 형식의 말과 노래〔說唱〕가 섞여 있는 것으로 장회소설(章回小說)의 전신이다. 이중 1967년 상해의 명 선성왕 묘에서 출토된『신간전상당 설인귀 과해정료 고사(新刊全相唐薛仁貴跨海征遼故事)』(이하『고사』라 약칭한다)는 명(明) 성화(成化) 7~14년(1471~1478) 사이에 북경에서 간행된 사화이다.『고사』에 실려 있는〈막리지 비도대전(莫利支飛刀對箭)〉이란 그림은 연개소문이 사용했던 비도술의 실상을 잘 보여주고 있다. 우측 위쪽에 '천자'라고 쓴 당 태종이 있고, 아래측 좌측에 신전을 든 설인귀, 우측에 비도를 든 막리지 연개소문이 있다. 연개소문은 설인귀의 화살에 맞서 칼을 던지고 있다. 연개소문은 이미 네 자루의 칼을 던졌고 마지막 한 자루의 칼을 던지려 하고 있다.

공포의 고구려 비도술

이것이 바로 일부 전통무예 연구가들 사이에서 전설처럼 전하던 검이나 도를 던지는 고구려 특유의 비도술, 또는 비검술의 실상이다. 그림에서 연개소문이 던지는 칼은 신통력으로 날아다니는 게 아니라 그의 무술 실력 때문이다. 그것도 작은 단도가 아니라 웬만한 사람 같으면 한손으로 들기도 어려울 묵직한 칼이다.

고구려를 침략했던 수·당군은 고구려 장수들의 '비도술' 또는 '비검술'에 혼이 빠졌을 것이다. 옛 싸움에서 장수의 무예 실력은 대단히 중요했다. 장수끼리 맞서 싸우다 승부가 나면 그것으로 전투가 끝나는 경우가 아주 많았다. 창이나 칼을 가지고 덤빈 중국 장수들은 열이면 열 고구려 장수에게 패할 수밖에 없었다. 왜냐하면 창이나 칼이 닿기도 전에 묵직한 칼이 번개처럼 목을 관통했거나 갑옷도 뚫었을 것이기 때문이다.

당 태종은 연개소문의 비도술에 혼쭐이 났으며, 그 어느 장수도 그에 맞설 수 없었다. 비도술은 비단 연개소문만의 것이 아니라 고구려 장수나 전사들의 검술이었다. 연개소문은 비도술에 가장 정통한 무장이었을 것이다.

연개소문과 고구려 전사들의 비도술, 비검술에 연전연패한 중국인들이 나중에 생각해 낸 것이 '신전'이었다. 그래서 화살의 명수인 설인귀가 연개소문과 싸워 이긴다는 허구를 창작해 낸 것이다. 그러나 나는 화살이 나는 칼과 싸워 이길 수는 없었다. 고구려 장수의 갑옷은 화살 따위로 뚫리지 않았기 때문이다. 황해도 안악군의 안악 3호 무덤의 고구려 벽화는 전사들이 투구와 갑옷으로 완전무장했을 뿐만 아니라 말까지도 갑옷을 입혔음을 보여준다. 완전무장한 고구려 전사들이 던지는 칼은 중국 장수들의 갑옷을 관통해 목숨을 앗아가고 말았다. 당나라 군사들은 고구려 대륙에 뼈를 묻을 수밖에 없었다. 『고사』에는 연개소문의 비도와 설인귀의 신전이 싸우는 장면이 잘 묘사되어 있다.

비도가 일어나 공중에서 춤을 추네	飛刀起在空中舞
화살과 비도가 먼지를 일으키며 대적하네	箭射飛刀對在塵
비도가 화살을 대적하니 노을빛이 찬란하네	飛刀對箭霞光艶
화살이 비도를 대적하니 화염이 일어나네	箭對飛刀火焰生

공중에서 두 보배가 대적하니   空中二寶雙對定
두 장수 모두 신통력으로 겨루네   兩員良將賽神通

 특이한 점은 연개소문의 복장을 홍포(紅袍)로 묘사한다는 점
이다. 앞의 『사략』에서 연개소문의 복장을 '진홍색 사복(獅服)'
으로 묘사한 것이나 『설인귀과해정동백포기(薛仁貴跨海征東白袍
記)』에서 연개소문을 '문무에 능한 홍포 장군〔能文能武紅袍將〕'
이라고 묘사하는 것이 그런 예이다. 중국인들은 광적일 정도로
붉은색을 좋아하는 민족이다. 경극에서도 붉은색은 긍정적인 인
물을 가리키고, 검은색은 지혜로운 인물, 푸른색과 녹색은 민간
의 영웅호걸, 금색과 은색은 신이나 귀신을 나타내는데, 연개소
문이 홍포로 묘사되었다는 것은 설인귀가 백포를 입고 있기 때
문이라고 해도 예사롭지 않다.
 〈분하만〉의 서두에서 연개소문은 영혼으로 등장해 "나는 본래
청룡으로서 세상에 내려온 것이다"라며 자신을 청룡으로 소개하
고 있는데, 여기에 설인귀는 백호(白虎)로 등장한다. 청룡과 백
호는 풍수나 고대 천문학의 사상(四象)에서 동쪽과 서쪽을 의미
한다. 고구려가 중국의 동쪽에 있다는 점에서 이는 중국인들이
연개소문을 동쪽을 지키는 무장으로 승화시켰음을 의미한다.
『고사』에는 이런 중국인들의 마음을 전하는 구절이 있다.

 온 군영에서 두 장군을 환호하니, 온 세상이 두 사람을 강하게 하
네 / 당조(唐朝)가 이 두 장군을 얻는다면 천하가 태평치 않은들 무
슨 근심이 있겠는가?

중국인들은 연개소문의 강한 무예에 경탄한 나머지 그를 중국

의 장수로 회유하고 싶었던 것이고, 이런 마음이 동쪽을 지키는
청룡으로 형상화된 것이다.

연개소문은 당나라 내륙까지 진출했었는가?

중국의 여러 기록들에서 주목할 것은 연개소문이 등장하는 경
극에 나오는 '분하' 나 '어니하' 라는 지명이다. 분하는 오늘날 산
서성 태원(太原)을 가로지르는 강인데, 태원은 당 태종 이세민
의 부친이 중원을 장악하기 전 태원유수로 있으며 당 제국 건국
의 바탕이 되었던 고향이기도 하다. 어니하는 황토강, 즉 황하를
뜻하는 것으로 추측할 수 있다. 분하나 어니하가 중요한 것은 연
개소문이 패주하는 당 태종을 당나라 내륙 깊은 지역까지 추격
했다는 사실을 말해 주기 때문이다.

연개소문이 당나라 깊숙한 곳까지 가서 당 태종 이세민을 만
났다는 이야기는 많았다. 단재 신채호(申采浩)는 당나라 때 소설
「규염객(虯髯客)전」의 주인공을 연개소문으로 인식했는데, 그가
쓴 『조선상고사』에 나온 내용을 요약하면 다음과 같다.

규염객은 부여국 사람〔夫餘國人〕인데, 중국에 와서 태원(太原)에
이르러 장수 이정(李靖)과 교결(交結)하고, 이정의 처(妻) 홍불지(紅
拂枝)와는 남매의 의를 맺었는데, 그 목적은 중국의 제왕(帝王)이
되려는 것이었다. 그러나 당공(唐公 : 당 고조) 이연(李淵)의 아들 이
세민을 만나보고는 그 영기(英氣)에 눌리어, 이정에게 중국의 제왕
이 되려는 계획을 단념했음을 고하고 귀국해서 난을 일으켜 부여국
왕이 되었다.

신채호는 "선배들이 '부여국'은 곧 고구려요, '규염객'은 곧 연개소문이라 한다……. 연개소문이 지나(중국)를 침략하려 하여 그 국정을 탐지하기 위하여 일차 서유(西遊)한 것은 사실인가 한다"라면서 연개소문이 당 태종을 만났다고 유추하고 있다. 단재는 「규염객전」 외에 「갓쉰동전」의 갓쉰동도 연개소문으로 파악하고 있다. 『조선상고사』에 따르면 연국혜의 아들 갓쉰동 역시 적국 달딸국으로 잠입해 달딸국왕과 그 아들 등을 만나는데, 단재는 달딸국은 당나라이며 국왕의 아들은 이세민이라는 것이다.

신채호는 『조선상고사』에서 연개소문이 패주하는 당 태종을 좇아 당나라 깊숙한 곳까지 들어갔다고 기록하고 있다. 그는 북경 조양문 외 7리(里) 지역의 황량대(謊糧臺)를 비롯해 산해관부터 북경까지 10여 군데 황량대란 이름이 남아 있는 것을 근거로 들었는데, 황량대는 당 태종이 모래를 쌓아 양저(糧儲)라고 속이고 고구려 군사가 내습하면 요격하던 곳이다. 결국 황량대가 북경까지 있다는 것은 연개소문이 당 태종을 북경까지 추격한 증거라는 것이다.

신채호는 산동(山東), 직예(直隷) 등의 지역에 남아 있는 '고려'라는 지명도 연개소문이 점령했던 지역이라고 보았다. 또한 북경 정안문 외 60리 지역에 '고려진(高麗鎭)'과 하간현(河間縣) 서북 12리에 고려성(高麗城)이 있는데 이는 모두 고구려의 연개소문이 중국 내륙 깊숙한 곳까지 점령했었다는 증거라는 것이다. 실제로 아직도 북경시 북부에는 고려진과 고려영이란 행정 구역이 남아 있어서 신채호의 주장을 뒷받침하고 있다.

당 태종은 고구려를 침략할 때 "내가 지금 동정(東征)함은 중국을 위하여 자제(子弟)의 원수를 갚고, 고구려를 위하여 군부

(君父 : 영류왕)의 치욕을 씻으려 함이다"라는 명분을 댔다. '중국을 위하여 자제의 원수를 갚고'는 고수대전 때 죽은 수나라 군사들의 원수를 갚는다는 말로써 이 한마디는 오늘날 고구려가 왜 중국 역사가 아닌지를 웅변해 주고 있다.

신채호는 「독사신론(讀史新論)」에서 우리 민족사에 있어서 연개소문의 위상을 재정립하고 있다.

살펴보건대 연개소문은 우리 4000년 역사에서 첫째로 꼽을 수 있는 영웅이다……. 아, 우리 연개소문은 광개토왕의 자손이며, 을지문덕의 어진 동생이요, 만세의 후손들에게 모범이 되거늘 이제 삼국사기를 읽으매 첫째는 흉악한 사람이라 하며, 둘째는 역적이라 하여 구절구절마다 오직 연개소문을 저주하는 말뿐이다. 이것은 무슨 까닭인가. 아, 나는 이것으로써 후세 역사가들의 어리석음을 꾸짖는 바이다…….

해상 왕국 백제의 대륙성

해상 강국 백제

백제는 흔히 해상 강국으로 불리며 동방의 로마제국이란 수식어가 붙기도 한다. 그런데 백제가 해상 강국일 뿐만 아니라 요하(遼河) 서쪽 요서 지역을 일정 기간 통치한 대륙 강국이란 주장도 있다. 이것을 백제의 '요서경략설(遼西經略說)'이라고 하는데, 주류 사학계는 부정하고 있지만 이에 관한 적지 않은 사료들이 현존하기 때문에 논쟁이 끊이지 않는다. 한반도 남서쪽에 있던 백제가 만주 서쪽의 요서 지역을 통치했다는 주장은 상상하는 것만으로도 흥미롭다. 백제는 정말 바다 건너 요서 지역을 공략하고 일정 기간 통치했을까?

백제의 요서경략설에 대해 우리 역사를 무조건 미화하려는 국수주의 사관측의 일방적 주장이라고 부정하기도 하지만 그렇게 쉽게 부정할 수 없는 이유는 그 근거들이 다름 아닌 중국 역사서들이라는 점에 있다. 그것도 이른바 야사(野史)가 아니라 정사

(正史)에 실려 있는 내용들이다. 중국 역사서들은 자고로 자신들에게 불리한 내용은 싣지 않는 전통이 있다. 중화(中華)사상에 입각해 다른 나라 역사를 기술할 때는 '무슨 국(國) 역사'가 아니라 중국의 신하를 뜻하는 '열전'에 넣어서 처리해 왔다. 「백제전」, 「신라전」, 「흉노전」 같은 항목이 그런 예들인데, 다른 나라 역사는 모두 제후국의 역사로 규정하는 판국에 중화사상에 불리한 내용은 되도록 기술하지 않거나 축소하는 것이 상례였다.

백제의 요서경략설은 그런 중국의 정사인 『송서(宋書)』, 『양서(梁書)』, 『남제서(南齊書)』의 「백제전」에 실려 있는 내용들이다. 『남사(南史)』, 『통전(通典)』 등의 다른 역사서는 이 내용을 그대로 인용해 싣기도 했다. 그만큼 중국 역사가들은 백제의 요서경략을 사실로 기술했다.

🏵 북경 북동쪽의 고북구. 백제가 지배했다는 요서군 지역으로 추정되고 있다.

백제 요서경략설에 대한 부정과 긍정 논리들

그러나 백제의 요서경략설에 대해 우리나라 역사학자들은 주목하기는커녕 부인하기 바빴다. 한반도 남서쪽에 있던 백제가 어떻게 바다 건너 중국의 요서 지역을 점령했겠느냐는 선입견 때문이었다. 실학자 한진서(韓鎭書)는 『해동역사(海東繹史)』「지리고(地理考)」에 이 내용을 처음 언급하면서 "삼가 생각해 보건대 (백제가)

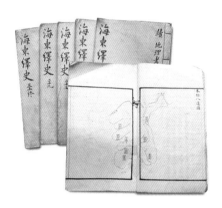

● 한진서의 『해동역사』. 그는 요서경략설이 이치에 맞지 않는다고 주장했다.

바다 건너 만 리 지역에 있는 요서의 여러 군을 점거했다는 것은 이치에 맞지 않다. 이는 (애초) 『송서』가 틀린 것이며 『양서』와 『문헌통고』는 이러한 『송서』를 고증하여 비판 없이 받아들였다"고 비난했다. 그러나 그는 요서경략설을 부정하는 자신의 견해를 뒷받침할 다른 근거 문헌을 제시하지 않고 무조건 『송서』가 틀렸다고 주장했다. 아무런 근거 없이 '그냥 믿을 수 없다'는 것이었다. 문제는 그런 비학문적 주장이 현재도 그대로 통용된다는 점이다. 중국 역사서에 나오는 백제 요서경략설을 한마디로 정리하면 대체로 "진대(晉代)에 백제가 요서를 차지해 진평군(晉平郡)과 진평현(晉平縣)을 두었다"는 내용이다.

이를 부정하는 쪽에서는 나름대로 정황 근거를 제시했다. 하나는 백제가 요서에 진출했다는 진나라 말에 요서 지역을 장악하고 있던 것은 모용씨(慕容氏)였다는 것이다. 또 『삼국사기』에

비밀에 싸인 한국 고대사를 찾아서

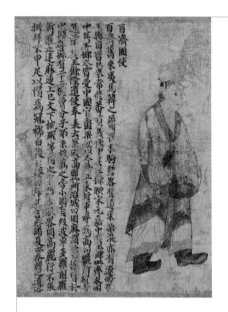
🔴『양직공도』의 〈백제국사도〉.

이런 내용이 없다고 한다. 중국에서
도 남조(南朝)측 사서에만 보일 뿐 북
조(北朝)측의 사서에는 기록이 없다
는 사실도 부정하는 근거가 되었다.

이런 것들을 분석하기 위해서는 먼
저 당시의 시대 상황을 살펴보아야
한다. 후한이 멸망한 후 중국은 서진
(西晉)과 동진(東晉)으로 이어지다가
양자강 남쪽에는 송(宋), 양(梁), 남
제(南齊) 등이 일어서고, 북쪽에는 북
위(北魏), 북주(北周) 등이 등장하는
남북조시대로 분열된다. 백제의 요서
경략설을 언급한『송서』,『양서』등의 역사서들은 남조에 속했던
왕조의 역사서들이다. 고구려, 백제에 대해 자세하게 기록한 북
조의 역사서에는 정작 백제의 요서경략설이 기록되어 있지 않
다. 또한『양직공도(梁職貢圖)』[1] 의 〈백제국사도(百濟國使圖)〉도
백제의 요서경략설을 부인하는 근거로 사용된다.

그러나 남조의 사서에만 보일 뿐 북조의 사서에는 보이지 않기
때문에 믿을 수 없다는 주장은 중화사상으로 볼 때 남조가 한족
(漢族)이 세운 정통 왕조이고 북조가 비한족이 세운 비정통 왕조

1) 중국 양(梁)나라 원제 소역(蕭繹)의 사신도(使臣圖)로서 526∼536년 무렵 양나라에 파견된
외국인 사절에 대해 그림과 글로 해설한 것인데, 13개국에 대한 기록이 전해진다. 그림과 서술
내용은『양서(梁書)』제이전(諸夷傳)의 서술과 부합되는데, 특히 〈백제국사도〉는 귀중한 자료
로서 사신도와 7행 160여 자로 구성되어 있다.『양서』의 기록과 대체로 비슷하나 요서경략설의
주체를 달리 기술하기도 했다. 즉 "백제는 예부터 내려오는 동이의 마한에 속한다. 진(晉) 말기
에 구려(句麗)가 요동을 차지하니, 낙랑(樂浪) 역시 요서 진평현을 차지했다〔百濟舊來夷馬韓
之屬 晋末駒麗略有遼東 樂浪亦有遼西晋平縣〕"라고 백제 대신 낙랑을 적어놓은 것이다. 중
국 난징박물원(南京博物阮) 소장.

라는 점에서 그 근거가 미약하다. 중화사상에 입각한 춘추필법으로 역사를 서술한 남조의 역사서들이 사실이 아닌데 쓸 이유는 없는 것이다. 오히려 남조의 역사서들이 백제의 요서경략설을 기록하고 있다면 이는 사실이라는 강력한 근거인 셈이다.

이 때문에 우리나라에서도 이를 사실로 보는 견해가 일부 있다. 실학자 신경준(申景濬)이 "중국과 한국의 사료에 근거해 판단할 때 백제가 한때 요서와 월주 땅을 차지했다는 것은 의심할 여지가 없다"고 주장한 것이 긍정론의 시작이었다. 뒤이어 단재 신채호나 정인보(鄭寅普) 같은 민족주의 역사가들도 백제의 요서경략설을 사실로 받아들였다. 그중 신채호는 백제가 근구수왕(재위 375~384) 때 요서 지역을 경략했다면서 그 위치를 요서, 산동, 강소, 절강 등의 지역으로 추정했다. 그는 백제의 요서경략설이 북조계 역사서에는 기록되지 않은 이유는 후대의 중국 사관들이 백제가 요서를 경략했다는 사실을 수치스럽게 여겨서 일부러 삭제한 것이라고 판단했다.

중국 역사서에 나타난 백제의 요서경략설

그러면 요서경략설의 구체적인 내용을 역사서를 중심으로 살펴보자. 백제의 요서경략설을 최초로 기록한 사서는 중국 남조시대의 『송서』 「백제전」이다.

백제는 본래 고구려와 함께 요동의 동쪽 천 리에 있었다. 그후 고구려가 요동을 점거하자 백제는 요서를 공략하여 점령했다. 백제가 다스리는 곳을 진평군 진평현이라 한다.〔百濟國本與高驪俱在遼

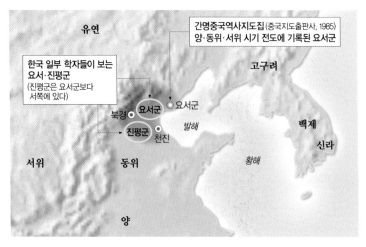

⊙ 요서군·진평군 위치.

東之東千餘里 其後高驪經略有遼東 百濟經略遼西 百濟所治謂晉平郡
晉平縣)

『송서』「백제전」

　　송나라는 479년에 남제에게 멸망하는데, 남제의 무제는 487년
심약(沈約)에게 칙명을 내려 송나라(420~478)의 정사를 편찬할
것을 명령한다. 이렇게 편찬된 『송서』는 중국 25사 중의 하나로
꼽히는 정사이다. 게다가 『송서』는 남제 때 처음 편찬이 시작된
것이 아니라 462년 송나라 효무제(孝武帝)의 칙명으로 서원(徐
爰) 등이 이미 편찬했던 것을 보충해 완성한 역사서이다. 송나라
당대에 편찬이 시작되었고, 송나라가 멸망한 지 채 10년이 안 된
시기에 완성된 『송서』는 그 어느 중국 정사보다 높은 사료적 가
치를 지니고 있다. 또한 송나라는 백제와 활발하게 교류했던 나
라였다. 따라서 『송서』「백제전」은 백제와 송나라 사이에 활발한

사신 외교를 통해서 얻어진 당대의 생생한 경험이 응축된 것이라고 보아야 할 것이다. 다만『송서』「백제전」은 백제가 진평군 진평현을 설치한 시기를 분명하게 밝히지 않아서 설치 시기를 둘러싸고 논란이 벌어지는 빌미를 제공하기는 했다.

『양서』「백제전」의 요서경략설을 보자.

> 백제는 원래 고구려와 함께 요동 동쪽에 있었는데, 진 나라 때 고구려는 이미 요동을 공략하여 소유했고, 백제는 요서와 진평 2군의 땅을 점거하고 백제군을 설치했다.〔基國本與句驪在遼東之東 晋世句驪旣略有遼東 百濟亦據有遼西晋平二郡之矣 自置百濟郡〕
>
> 『양서』「백제전」

『양서(梁書)』는 629년 당나라 요사렴(姚思廉)이 편찬한 양(梁)나라의 정사(正史)인데,『송서』에 "백제가 요서를 공격했다"는 모호한 내용이 "요서와 진평 2군의 땅을 점거했다"고 구체화되어 있다. 이는『양서』를 편찬한 요사렴이『송서』외에 백제의 요서경략설을 기록한 다른 문헌을 보았음을 뜻한다.

당나라 두우(杜佑)가 편찬한『통전』은 상고시대부터 당나라 현종(玄宗) 때까지 중국 역대 제도와 지리에 관해 기술한 책인데, 외국의 일을 기록한 변방전(邊防典)이 포함되어 있다.『통전』「변방전」의 '동이 상, 백제조'에 "진나라 때 고구려가 이미 요동을 공략하여 소유했고, 백제도 요서, 진평 두 군(郡)에 웅거했다.〔晉時句麗旣略有遼東 百濟亦據有遼西晉平二郡〕"라면서 요서군과 진평군이 오늘의 유성과 북평(북경) 사이라고 주까지 달아 놓았다. 후대로 갈수록 요서군과 진평군에 대해서 점점 자세하게 기록된다는 것은『송서』,『양서』이 외에도 백제의 요서경략설을 기록한 문헌들이 있었음을 말해 준다.

　이를 부인하는 근거 중의 하나는 백제가 진나라(265~420) 때 요서를 경략했다면서도 정작 진나라의 역사서인 『진서』에는 이런 내용이 없다는 점이다. 그러나 이는 『진서』라는 역사서의 특징을 알면 손쉽게 이해된다. 중국 사학사를 연구하는 학자들은 『진서』를 중국 역사상 가장 왜곡이 심한 역사서의 하나로 판단해 사실로 받아들이기를 꺼려하고 있다. 『진서』는 당 태종이 고구려에 뼈아픈 일격을 당한 직후인 648년에 편찬되었는데, 태종이 직접 편찬을 명령했을 뿐만 아니라 「선제기(宣帝紀)」, 「무제기(武帝紀)」 등 일부 사론(史論)은 태종 자신이 직접 저술했다. 따라서 이 책은 태종의 뜻에 따라 역사 왜곡이 심했는데 그중에서도 고구려, 백제, 신라를 주로 기록한 「동이(東夷) 열전」은 정도가 심해서 심지어 백제나 신라 대신에 마한과 진한을 집어넣기도 했다. 당시 한반도 남부에는 백제, 신라가 아니라 마한, 진한이 있었다고 주장할 만큼 당 태종은 고구려의 연개소문에게 당한 패배가 뼈아팠던 것이다. 그러나 『진서』의 이런 기술은 그 책의 다른 구절에 의해 스스로 부정된다. 『진서』 본기(本紀)인 「제기(帝紀)」에는 백제와 진 사이에 사신이 왕래했던 기록들이 적지 않기 때문이다. 진나라 간문제(簡文帝) 2년(372)에 백제가 진나라에 사신을 보낸 것을 비롯해 진의 효무제 1년(373)과 9년(384), 11년(386)에도 사신을 보냈으며, 안제(安帝) 12년(416)에는 진나라에서 백제에 사신을 보낸 기록이 있다. 본기에는 백제와 사신 왕래한 사실을 적어놓고 열전에서는 백제를 말살했던 역사서가 『진서』였다. 백제를 부인하고 싶었던 당 태종의 의도가 반영된 『진서』에 요서경략설이 누락되어 있다는 것은 역으로 백제의 요서경략설이 사실임을 말해 주는 근거로 사용될 수 있다.

우리 역사의 수수께끼 3

만주 서쪽에서 북위와 싸운 백제

『삼국사기』에 요서경략설이 나오지 않는 것은 어떻게 해석해야 할 것인가? 그러나 『삼국사기』에도 이런 사실을 추정할 수 있는 근거가 있다. 『삼국사기』「최치원 열전」에는 최치원이 당나라의 태사시중(太師侍中)에게 쓴 편지가 실려 있는데, 여기에 요서경략설의 단초가 기록되어 있다.

> 동해 밖에 삼국이 있었으니, 그 이름은 마한, 변한, 진한인데, 마한은 고구려요, 변한은 백제, 진한은 신라입니다. 고(구)려와 백제는 전성기에 강병(强兵)이 100만 명이나 되어 남으로는 오·월(吳·越)을 침공하고, 북으로는 유·연·제·노(幽·燕·濟·魯) 등의 지역을 흔들어서 중국의 큰 두통거리가 되었으며, 수(隋)나라 황제가 세력을 잃은 것은 저 요동 정벌로 말미암은 것입니다.
>
> 『삼국사기』「최치원 열전」

유·연·제·노 지역을 중국의 근대 석학 귀모뤄(郭沫若)가 편찬한 『중국사고지도집(中國史稿地圖集)』에서 찾아보면, 유·연(幽·燕)은 북경 북쪽에서 만주에 이르는 지역이며, 제·노(濟·魯)는 산동성 일대이다. 고구려와 백제가 만주 일대는 물론 북경과 산동성 일대까지 지배하고 있었음을 당시 세계적인 석학 최치원은 알고 있었던 것이다. 그렇지 않다면 당나라 태사시중에게 감히 이런 글을 쓸 수 없었을 것이다.

그럼 백제의 요서경략은 어느 시기에 있었던 일일까? 중국 진나라 시기 때의 백제사를 살펴보자. 진나라 때의 백제 임금은 8대 고이왕(재위 234~286)부터 18대 전지왕(재위 405~420)까지 열한

🌀만주 심양 근교. 중국 기록과 『삼국사기』 등에는 백제가 만주에서 싸우는 장면이
여러 차례 등장한다.

명이다. 중국 기록들은 정확한 시기를 적고 있지 않지만 대략 13
대 근초고왕(재위 346~375) 말부터 시작되어 24대 동성왕(재위
479~501) 때까지의 사실로 이해하는 것이 합리적일 것이다. 이
는 막연한 추측이 아니라 중국과 한국의 문헌 사료들을 분석한
결과이다. 『삼국사기』에는 백제 동성왕 10년(488)조의 기록으
로, 이 해 "위(魏)나라가 군사를 보내 침입했으나 우리 군사에게
패했다"는 짧은 구절이 있다. 이 기사는 중국측 사료인 『자치통
감』의 "영명 6년(488) 위병(魏兵)이 백제를 침략했으나 백제에게
패했다"라는 기록에 의해 사실임을 알 수 있다. 이때의 위나라는
북위를 말하는데, 지금의 만주 서쪽부터 양자강 북쪽 회수(淮水)
를 경계로 남쪽의 남제와 경쟁하고 있던 강국이었다. 그래서 이
시기를 북위·남제 시기라고 부르는데, 이때 북위가 공격한 백
제가 한반도 남서쪽의 백제라면 북위는 서해를 건너 백제를 공

우리 역사의 수수께끼 3

격한 셈이다.

　실제 『삼국사기』에 주를 달은 이병도 박사는 이 기록에 대해 "해로로 군사를 보내 내공하다가 패한 것이라고 해석된다"라고 했다. 그러나 이런 해석은 『남제서』「백제전」의 "이 해(490) 위나라는 또한 기병 수십만 명을 일으켜 백제를 공격했으나, 모대(동성왕)가 장군 사법명(沙法名), 찬수류(贊首流), 해례곤(解禮昆), 목간나(木干那)를 보내 습격해 대파했다"는 구절에 의해 부정된다. 이때의 백제가 한반도의 백제라면 '기병 수십만 명'은 어디로 왔을까? 이병도 박사의 해석처럼 해로로 왔을 수도 있지만 기마민족인 선비족이 세운 북위 군사들로서 이는 불가능한 일이었다. 기마민족인 선비족은 수전(水戰)을 할 줄 모르는 것이 결정적인 약점이었다. 남쪽의 남제가 군사력으로는 약체였음에도 불구하고 북위와 대립할 수 있었던 이유는 북위의 군사가 양자강을 건너지 못하기 때문이었다. 양자강도 건너지 못하는 위나라 군대가 바다를 건너 백제를 침공할 수는 없다. 그것도 기병 수십만 명이라면 수천 척의 배가 동원되어야 하는데 이는 불가능한 일이었다.

　그럼 위나라의 기마병이 육로를 통해 백제에 침입했다고 해석할 수는 없을까? 이 경우 북위의 수십만 기마병은 만주를 거쳐 고구려의 수도인 평양을 통과해 백제에 들어가야 한다. 그러나 당시 고구려 국왕이었던 장수왕이 수십만 기마병의 강역 통과를 허락해 주었을 리 없다.

　또다른 기록들도 있다. 『남제서』에는 백제 동성왕이 건무 2년(495)에 보낸 국서가 실려 있는데, 여기에도 북위와 싸운 사실이 기록되어 있다.

지난번 저근 등이 나란히 관작을 제수받는 은총을 입어 신과 백성들이 함께 기뻐했습니다. 지난 경오년(490)에 험윤이 회개하지 않고 병사를 일으켜 깊숙이 핍박하여 들어왔습니다. 신이 사법명 등을 보내 군대를 거느리고 그들을 맞아 토벌했는데, 밤중에 불시에 공격하여 번개같이 들이치니, 흉노의 선우가 당황하여 무너지는 것이 마치 바닷물에 쓸려 내려가는 것 같았습니다. 적이 패주하는 틈을 타서 추격해 머리를 베니 들녘은 엎어진 주검으로 붉게 물들었습니다.

『남제서』 건무 2년

동성왕이 북위의 경쟁국인 남제에 보낸 이 국서는 두 가지 중요한 사실을 알려준다. '지난번 저근 등이 관작을 제수받은 은총을 입어'라는 구절과 '험윤이 회개하지 않고 병사를 일으켜'라는 구절은 백제와 북위의 전쟁이 일회성이 아니라 연속선상에 있음을 말해 준다. 남제(479~502)는 백제 동성왕의 즉위(479) 때 건국되어 사망(501) 다음해 멸망한 나라인데, 남제에서 저근 등에게 관작을 제수한 것은 488년 백제가 북위의 군사를 대파한 것과 관련이 있다. 동성왕이 국서에서 자신을 신(臣)이라고 부른 것, 즉 '칭신(稱臣)'은 외국에서 온 모든 국서를 칭신으로 해석하는 중국인들의 특이한 역사 서술 방식일 뿐이다.

'험윤이 회개하지 않고'라는 구절은 488년에 북위가 패배했음에도 불구하고 반성하지 않고 다시 침입을 강행했음을 뜻한다. 『삼국사기』와 『남제서』는 위나라가 488년과 490년 두 차례에 걸쳐 백제를 공격했음을 말해 준다. 이때 공격을 당한 백제의 땅은 요서 지역이거나 더 나아가서 중국 화북 지역으로 해석해야 할 것이다.

● 산동반도 영성시. 산동반도는 예부터 한반도로 연결되는 통로였다.

　이 시기 중국은 남조와 북조를 막론하고 수많은 나라들이 건국되었다가 소멸을 거듭하던 혼란기였다. 백제는 이런 중국 정세를 틈타 뛰어난 해양 능력으로 중국 대륙에 대거 진출할 수 있었던 것이다. 훗날 고구려의 유민 이정기(李正己)가 한때 산동 지역에 치청번진(淄青藩鎭)을 설치하여 당과 맞섰던 것이나 그 뒤를 이어 장보고가 이 지역을 차지하고 해상권을 장악했던 것 등은 그이전에 백제가 이 지역에 진출하여 지배했던 것과 무관하지 않을 것이다.

　이처럼 백제의 요서경략설은 여러 문헌과 그 시대의 정황 등이 사실로 전하는 역사적 진실이다. 사대주의 사관과 일제의 황국사관(식민사관)에 의해 부인되었을 뿐이다. 이제 이런 그릇된 외피를 벗어던지고 우리 역사를 있는 그대로 바라본다면 백제가 요서 지역을 장악했던 사실을 부인할 수 없을 것이다. 백제는 해상 강국이었을 뿐만 아니라 대륙 강국이었던 나라이다.

일본 고대사와 백제의 미스터리

일황의 한반도 발언

2001년 겨울, 아키히토(明仁) 일황은 "나 자신은 간무(桓武:재위 781~806) 천황의 생모가 백제 무령왕(武寧王)의 자손이라고 『속(續)일본기』에 기록돼 있는 사실에 한국과의 연(緣)을 느낀다"라고 말해 충격을 주었다. 일 왕가가 백제와 관련 있다는 오랜 주장을 일황이 인정했기 때문이다. 그간 일본은 이런 주장에 대해 침묵해 왔던 것이다. 고대 일본과 백제는 무슨 관계였을까?

간무천황의 어머니 다카노 니이가사(高野新笠)는 고닌(光仁: 재위 770~781) 천황의 황후였다. 간무천황의 명으로 편찬한 『속일본기』에는 그가 재위중인 789년 12월 어머니가 사망하자 다음 해인 790년 1월에 장례를 치렀는데 그와 관련된 기사 말미에 황태후가 백제 무령왕의 아들인 순타(純陀)태자의 후손이라고 씌어 있다. 순타태자는 505년에 사아군(斯我君)이라는 이름으로 백제에서 왜국에 파견되어 오랫동안 체류하다가 513년에 죽었는데, 이때 낳은 아들이 야마토노키미(倭君)의 선조가 된다. 이 야마토씨는 770년 다카노(高野)씨로 성을 바꾸었기 때문에 간무천황의 생모가 다카노씨가 된 것이다. 505년 백제에서 왜국으로 건너온 무령왕의 후손은 270여 년 후인 770여 년에도 일본 황실을 좌지우지했던 것이다.

아키히토 일황은 또 "무령왕은 일본과 관계가 깊어 이때부터 오경박사(五經博士)가 대대로 일본에 초빙됐다. 또 무령왕의 아들 성명왕(聖明王:성왕)은 일본에 불교를 전달해 준 것으로 알려져 있다"라고 말했다. 이는 『일본서기』에 기록된 내용인데, 긴메이(欽明)천황 13년(552) 10월 백제의 성명왕이 불상과 경론을 보냈다고 적고 있다. 백제 성왕이 노리사치계를 통해 "(불교를) 기내(畿內)에 유통시켜 부처

⊙ 무령왕릉 묘지석. 일황은 무령왕과 일본과의 관계에 대해서 직접 언급했다.

님이 '내 법은 동쪽에 전해질 것이다'라고 말씀하신 것을 실현시키려 한다"며 불교를 전해 주었다는 것이다.

『삼국사기』에도 왜(倭)는 110회나 등장하는데, 일정한 원칙이 있다. 백제와는 우호적인 반면 신라와는 시종 적대적인 기사 일색이라는 점이다. 『삼국사기』「신라본기」에는 혁거세왕 8년(서기전 50)부터 소지왕 22년(500)까지 약 52차례에 걸쳐 왜 관련 기사가 나오는데 대부분이 침략이나 전투 기사이다. 반면 백제와는 아신왕 6년 5월 "왕이 왜국과 우호 관계를 맺고 태자 전지(腆支)를 볼모로 삼았다"는 내용 등 신라보다 빈도는 작지만 대부분 우호적인 내용이다.

불교 수용 전쟁

백제에서 전해 준 불교는 그 수용을 둘러싸고 왜국 조정에 큰 소용돌이를 몰고 온다. 긴메이천황과 호족 소가노 이나메(蘇我稻目)는 수용하려 했으나 또다른 호족 모노노베노 오코시(物部尾興)와 나카토미노 가마코(中臣鎌子)가 반대했다.

> 그래서 (천황은) 군신 하나하나에게, "서쪽 나라에서 바친 불상(佛像)의 얼굴은 일찍이 본 일이 없을 정도로 단엄하다. 예배할 것인가, 말 것인가"라고 물었다. 소가노 이나메 대신은 주상하여 "서쪽의 여러 나라가 다같이 예배하고 있습니다. 일본이 어찌 혼자 배반할 수 있습니까?"라고 말했다. 모노노베노 오코시 대련(大連)과 나카토미노 가마코가 함께 주상해서 "우리나라가 천하에 왕 노릇하게 된 것은 항상 천지사직의 108신(神)에게 춘하추동 제사 지내는 것을 중시했기 때문입니다. 지금 그것을 고쳐서 번신(蕃神)을 예배한다면 국신의 노여움을 살 것입니다"라고 말했다. 천황이 "자원한 소가노 이나메에게 주어서 시험 삼아 예배하도록 하자"라고 말했다. (소가노 이나메) 대신이 무릎을 꿇고 기쁜 마음으로 불상을 받아 오와리다(小治田)의 집에 안치하고 삼가 불도를 닦는 인연으로 했다. 또한 향원사(向原寺:무쿠하라지)라는 절로 삼았다.
>
> 『일본서기』 긴메이천황 13년조

불교 수용을 주장한 호족 소가노 이나메는 백제계였다. 모노노베노 오코시의 반대에도 불구하고 긴메이천황이 사실상 소가노 이나메의 손을 들어준 것은 그가 장인이었기 때문이다. 소가노 이나메는 두 딸 기타시히메(堅鹽媛)와 오아네기미(小妹君)를 긴메이천황에게 출가시킨 국구(國舅:임금의 장인)였다. 사위의 중재로 불상을 받은 소가노 이나메가 오와리다의 집에 불상을 안치하고 향원사라는 절로 삼았는데 그것이 일본 최초의 불교 사찰이었다. 백제에서 전파한 불교는 천황과 백제계 호족 소가 가의 적극적인 수용으로 왜국에 첫발을 내딛게 되었지만 곧 시련에 부딪힌다.

　　그후 나라에 역병이 유행하여 백성이 요절하는 자가 많았다. 오래되자 더욱 많아져 치료조차 할 수 없었다. 모노노베노 오코시와 나카토미노 가마코가 같이 주상하여, "옛날에 신들의 의견을 듣지 않으셔서 이 병과 주검을 불러왔습니다. 지금이라도 본래대로 되돌리면 경사가 있을 것입니다. 빨리 불(佛)을 던져버려서 훗날의 복을 비소서"라고 말했다. 천황이 "주상한 대로 하라"고 말하자 유사가 불상을 난파(難波)의 굴강(堀江)에 던져버렸다. 또 가람에 불을 놓아 남김없이 태워버렸다. 그러자 이때, 하늘에 풍운이 없는데도 갑자기 대전(大殿)에 화재가 났다.

『일본서기』 긴메이천황 13년조

역병이 창궐해 백성들이 죽어가자 불교 수용을 반대한 모노노베노 오코시는 불교 때문에 전통신(傳統神)이 노해 역병이 퍼졌다고 주장했고, 긴메이천황도 이를 거부할 수 없어 백제 성왕이 보내준 불상은 난파의 굴강에 던져지고, 일본 최초의 가람은 불태워진 것이다. 이처럼 불교 전파를 둘러싼 제1차 전쟁은 반백제계 모노노베 가의 승리로 돌아갔다.

제2차 불교 수용 전쟁

이것으로 끝이 아니었다. 약 30여 년 후인 비다쓰(敏達) 천황 13년(584)에 백제의 위덕왕(威德王)은 다시 왜국에 불상 1구와 미륵상 1구를 보냈다. 이때 대신으로 있던 소가노 이나메의 아들 소가노 우마코(蘇我馬子)도 부친처럼 이 불상을 받아들이려 했다. 소가노 우마코는 아버지로부터 불교를 수용하라는 유언을 받은 터였다. 소가노 우마코는 사방으로 사람을 보내 승려를 찾은 결과 파마국(播磨國)이란 곳에 숨어 있던 고구려 출신 승려 혜편(惠便)을 찾았다. 그는 혜편을 스승으로 삼고, 니시카와(石川)의 집에 불전을 지어 불법을 전파했는데, 공교롭게도 역병이 또다시 창궐했다.

> 모노노베와 나카토미가 주상하여, "어찌하여 신의 말을 듣지 않으십니까. 긴메이 천황 때부터 폐하에 이르기까지 역병이 유행하여 국민이 다 죽을 것 같습니다. 역시 소가 대신이 불법(佛法)을 일으켰기 때문에 이렇게 된 것이 아닙니까"라고 말했다. 비다쓰 천황은 조칙을 내려 "극히 명백한 사실이므로 불법을 그만두게 하라"고 말했다. 모노노베가 몸소 절에 가서 걸상에 걸터앉아 지시했다. 탑을 잘라 허물고 불을 붙여 태워버렸으며, 아울러 불상과 불전을 불태웠다. 또한 타다 남은 불상을 거두어 난파의 굴강에 던지게 했다. 이날 구름이 없는데도 바람이 불고 비가 왔다.
>
> 『일본서기』 비다쓰 천황 14년조

백성들이 다수 병사하고 천황까지 병에 걸리자 모노노베 가와 나카토미 가는 이를 다시 불교의 탓으로 돌렸고, 불교는 다시 억압받는 신세가 되었다. 모노노베 가의 반대 때문에 불교 수용이 거듭 좌절되자 소가노 우마코는 비상 수단을 사용하기로 결심한다.

불교 수용은 단지 종교의 문제가 아니라 왜국의 정치 권력을 누가 장악하느냐의 문제였다. 백제계 소가 가는 친백제계 세력들을 모아 모노노베 가를 섬멸하기로 결심했다. 비다쓰천황의 뒤를 이은 요메이천황이 재위 2년 만에 사망하고 스순(崇峻)천황이 뒤를 잇는데, 즉위년(587)에 소가노 우마코는 우마야도(厩戶)황자와 하쓰세베(泊瀬部)황자 등 황실 인물들과 함께 모노노베 가를 기습했다.

모노노베 가의 거센 저항으로 위기를 맞자 우마야도황자는 백교목(白膠木)을 급히 잘라 사천왕상(四天王像)을 만들어 "적을 이기게 해주면 반드시 호세사왕(護世四王:사천왕)을 위해 사탑을 건립하겠다"고 기도했고, 소가노 우마코도 "모든 제천왕(諸天王)과 대신왕(大神王) 등이 나를 도와 이기게 해주시면 제천왕과 대신왕을 위하여 사탑을 건립하여 불법을 크게 펴겠습니다"라고 기도했다. 결국 전투는 소가 가의 승리로 끝나고 모노노베 가는 멸망하고 말았다.

이 2차 불교 전쟁의 승리로 소가 가는 명실상부한 왜국의 중심이 되었다. 이전에도 막강한 호족이었지만 모노노베 가와 나카토미 가라는 반대파가 있었다. 이 두 가문을 제거한 것은 왜국 내 소가 가의 견제 세력이 사라졌음을 뜻했다.

아스카문화의 주역 소가 가

스순천황이 소가노 우마코의 전횡에 불만을 느끼자 소가노 우

ⓐ 쇼토쿠태자. 스이코시대 3두 마차
체제를 이끌던 한 명이었다.

마코는 심복 야마토노아야노아
타이 고마(東漢直駒)를 시켜 천
황을 암살하고 30대 비다쓰천황
의 부인이자 자신의 질녀인 도요
미케가시키야히메(炊屋姬) 황후
를 즉위시켰다. 그녀가 제33세
스이코(推古) 여제인데, 소가노
우마코는 2차 불교 전쟁에 적극
가담했던 우마야도황자를 황태
자로 삼았다. 소가노 우마코의
손자뻘이었던 우마야도황자가
그 유명한 쇼토쿠(聖德) 태자였
다. 스이코여제 시대는 표면상 그녀와 대신 소가노 우마코, 쇼토
쿠태자의 3두 마차 체제였으나 모든 실권은 소가노 우마코에게
있었다. 스이코여제는 명목상 천황이었고 정치는 소가노 우마코
의 몫이었다. 쇼토쿠태자는 불교를 중흥시키는 역할을 담당했다.
　소가 가가 장악한 왜국에서 불교 중흥 정책에 반대할 세력은
아무도 없었다. 일본이 세계에 자랑하는 비조(飛鳥)문화, 즉 아
스카문화는 이런 시대적 산물이었다. 592년부터 628년까지 계속
된 스이코시대는 곧 백제의 시대요, 아스카문화는 곧 백제의 문
화이기도 했다.
　스순천황 1년(588)에 백제 위덕왕은 사신과 승려 혜총(惠總),
은솔(恩率), 수신(首信) 등을 왜국에 보내는데, 『일본서기』에는
이때 백제 사신과 승려들이 사공(寺工)과 노반박사(鑪盤博士),
와박사(瓦博士)와 화공(畵工)을 데리고 왔다고 기록되어 있다.
사공은 사찰 건축가이고 노반박사는 금속 전문가, 와박사는 기

와 전문가이고 화공은 화가이다. 백제에서 온 이 장인들이 일본이 세계에 자랑하는 아스카문화를 창출한 주역들인 것이다. 스이코여제 4년(596) 낙성한 법흥사(法興寺), 즉 아스카 사는 백제에서 건너간 장인들에 의해 건축되었다.

『부상약기』 권3 「추고기(推古紀)」에는 "법흥사 탑에 사리(舍利)를 묻을 때 소가노 우마코 이하 대관들이 모여 의식을 치렀는데 여기에 참가한 100여 명의 사람들이 모두 백제 옷을 입으니 보는 사람들이 한결같이 기뻐했다"는 기록이 있다. 이는 왜국 지배층의 백제에 대한 인식을 잘 말해 준다. 스이코여제 15년(607)에 완성된 법륭사(法隆寺 : 호류지)도 마찬가지로 백제계 소가 가의 주도로 만들어진 아스카문화의 금자탑이었다. 쇼토쿠태자는 모노노베 가를 이기면 사탑을 건립하겠다는 약속을 지키기 위해 593년부터 사천왕사(四天王寺)를 짓기 시작했는데 7세기 중엽에 이르러서야 완성되었다.

그런데 아스카문화를 주도한 소가 가가 백제계라는 데는 큰

● 법륭사 금당.

이견이 없지만 막상 그가 누구인가에 대해서는 아직도 정확한 정설이 없다. 일본 교토부립대(京都府立大) 교수였던 가도와키(門脇禎二)는 소가 가의 가계를 『삼국사기』에서 찾았다. 고구려의 남하에 따른 백제의 남천(南遷)과 관련이 있다는 주장이다. 고구려 장수왕이 475년 대군을 거느리고 남하하자 서울을 빼앗긴 백제의 개로왕은 아들 문주(文周)와 목협만치(木劦滿致), 조미걸취(祖彌傑取) 등을 남쪽으로 이주시킨다. 이들은 공주에 도읍을 정하고 문주를 즉위시켜 조직을 재정비했는데 이 가운데 목협만치가 일본 열도로 건너와 소가 가의 선조인 소가노 마치(蘇我滿智)가 된다는 것이 가도와키 교수의 주장이다.

스이코여제 시대의 트로이카 체제는 스이코여제 29년(621) 쇼토쿠태자가 세상을 떠나고, 스이코여제 34년(626)에 소가노 우마코마저 죽으면서 변화를 겪는다. 소가노 우마코의 아들 소가노 에미시(蘇我蝦夷)가 부친을 이어 정권을 장악했으나 그는 부친에 비해 정치력이 부족했다.

소가노 우마코는 절대적인 권력자였지만 스이코여제와 쇼토쿠태자의 지위를 인정하면서 권력을 운용했으나 소가노 에미시는 전횡했다. 그나마 스이코여제가 살아 있을 때는 지배층 사이에 직접적인 충돌이 발생하지는 않았으나 여제가 재위 36년(628) 만에 세상을 떠나자 후임 천황 추대부터 파란을 일으켰다. 대다수의 지배층은 소가노 에미시가 조카이자 쇼토쿠태자의 아들인 야마시로노 오에(山背大兄)를 추대하리라고 예상했으나 그는 다무라(田村)황자를 추대했는데 그가 바로 34세 조메이(舒明)천황이다. 소가노 에미시는 자신의 숙부 사카이베노 마리세(境部摩理勢)가 이에 반대하자 숙부뿐만 아니라 야마시로노 오에 일가까지 주살해 버렸다.

이런 유혈참극 끝에 즉위한 조메이천황은 재위 2년 정월 보황녀(寶皇女)를 황후로 맞이하는데 두 사람 사이에서 태어난 장남 나카노오에(中大兄:훗날의 덴지천황)가 소가 가의 전횡에 불만을 품으면서 일본 고대사에 격랑이 인다.

대화개신의 주역 나카노오에황자

소가노 에미시는 641년 조메이천황이 사망하자 황후 보황녀를 즉위시켰는데 그녀가 바로 고교쿠(皇極)여제이다. 이 무렵 소가노 에미시는 아들 소가노 이루카(蘇我入鹿)에게 국정을 맡겼는데 그는 부친보다 더한 전횡을 일삼았다.

소가노 에미시 부자는 자신의 조묘(祖廟)를 갈성(葛城)의 고궁(高宮)에 세우고 팔일무(八佾舞)를 추게 했는데 팔일무는 황제만이 즐길 수 있는 춤이었다. 일개 호족이 팔일무를 추었다는 사실은 자신이 국왕보다 우위에 있음을 공개적으로 선언한 것이다. 나아가 소가노 에미시 부자는 미리 쌍묘(雙墓)를 만들어 대릉(大陵)을 소가노 에미시의 묘, 소릉(小陵)을 소가노 이루카의 묘로 삼았는데, 이를 조성하며 180부곡(部曲)의 백성들을 징발해 황실의 불만을 샀다. 이때 황실에 소속된 상궁(上宮)의 유부(乳部) 백성들까지 동원했는데, 나카노오에황자는 이런 전횡에 불만을 품고 소가 가에 맞서기로 결심했다.

나카노오에황자는 고교쿠천황 4년(645) 6월을 거사일로 잡았다. 그날은 삼한의 사신을 맞이하는 날이었다. 나카노오에황자는 배우(俳優)를 시켜 익살을 부려 소가노 이루카의 칼을 풀게 한 후 그를 주살했는데, 그 장소가 태극전이었기 때문에 '태극전의 참변', 또는 '대화개신'이라고 불린다.

　나카노오에황자가 소가노 아루카의 주살을 결심한 이유는 개인적인 감정뿐만이 아니라 급변하고 있는 동북아 정세 변화에 대응할 수 있는 천황 중심의 정치 체제를 만들기 위해서이기도 했다. 641년 즉위한 백제의 의자왕은 호족들을 숙청한 후 신라와 전면전에 돌입했으며, 644년에는 당 태종이 고구려를 공격하는 여당대전(麗唐大戰)이 벌어지고 있었다. 이 정변으로 고교쿠 여제는 퇴위당하고 나카노오에황자의 숙부인 고토쿠(孝德) 천황이 즉위한다.

　일본에서는 메이지유신(明治維新) 이후 이를 '천황을 능멸하던 호족을 제거한 것'이라며 막부(幕府)를 장악했던 도쿠가와(德川) 가를 제거하고 천황 친정을 단행한 것과 같은 성격의 사건이라고 높게 평가했다. 이후 대화개신 붐이 일기도 했다.

　그럼 이로써 왜국에 백제계는 몰락하고 다른 세력이 정권을 장악한 것일까? 대화개신 이듬해(646년) 김춘추가 왜국에 간 이유는 반백제계 정권이 수립된 것으로 생각하고 백제를 칠 군사를 빌리기 위해서였다. 『일본서기』에는 "신라가 상신(上臣) 대아찬 김춘추 등을 사신으로 파견하여…… 춘추를 인질로 삼았다. 춘추는 용모가 아름다웠고 쾌활하게 담소했다"고 기록되어 있다. 김춘추는 인질이 아니라 642년 딸 고타소랑(古陀炤娘) 부부를 전사시킨 백제를 칠 군사를 빌리기 위해 현해탄을 건너 왜국을 찾아갔으나 군사를 빌리는 데 실패했다.

나카노오에황자의 친백제 회귀

　태극전의 참변으로 황태자가 된 나카노오에는 정변 후 소가 가의 세력 기반인 아스카를 떠나 나니와(難波:지금의 오사카)로 천도했으나 막상 난파궁이 완성된 653년에는 다시 아스카로 돌아왔다. 아스카는 백제계 소가 가 세력의 기반이란 점에서 재천도는 나카노오에가 친백제계로 돌아섰음을 의미하는 것이다. 고토쿠천황과 호족 나카토미노 가마타리가 재천도를 거부하자 나카노오에는 자신이 퇴위시킨 어머니 고교쿠여제와 고토쿠천황의 부인인 하시히토노 히메미코(間人皇后)까지 데리고 아스카로 돌아왔는데 하시히토황후는 고교쿠여제의 딸이자 나카노오에의

🌀 옛 오사카 모습. 『일본역사관』에서 인용.

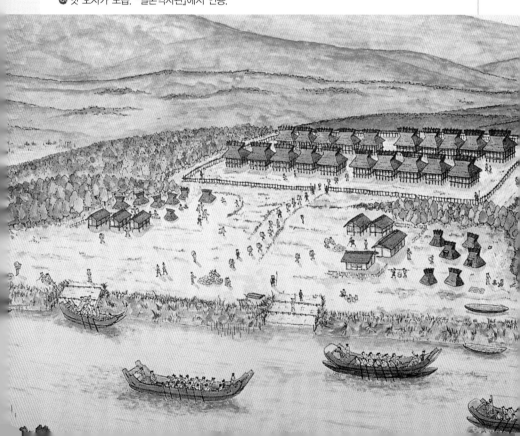

동생이었다.

654년 고토쿠천황이 사망한 자리를 메운 인물은 퇴위당했던 고교쿠여제였다. 시호는 사이메이(齊明)로 바뀌었으나 같은 인물이다. 황태자는 여전히 아들 나카노오에였다. 이런 행보는 왜 황실과 백제와의 관계를 떠나서는 이해할 수 없다. 결국 나카노오에황자는 자신이 백제계라는 사실을 명확히 깨달았던 것이다. 고교쿠여제가 다시 즉위하자 백제는 150명이란 대규모 사절단을 보내 이를 축하한 반면 신라는 655년과 656년을 끝으로 사신 왕래를 단절했다.

나카노오에황자는 비록 백제계 소가 가를 제거했으나 백제 자체에 적대적은 아니었다. 김춘추의 군사 지원 요청을 거부한 것은 이런 이유 때문이다. 나카노오에에게 거부당한 김춘추는 648년 당 태종을 찾아가 나당연합군 결성에 성공한다. 나당연합군에 의해 부여성이 함락되고 의자왕 등이 당나라에 끌려가자 사이메이여제와 나카노오에황자는 백제를 부흥시키기 위해 전 국력을 기울인다.(『우리 역사의 수수께끼 2권』「일본은 왜 백제구원군을 보냈을까」 참조)

662년 5월 왜국에 와 있던 의자왕의 아들 풍(豊)을 환국시켜 백제부흥군의 임금이 되게 하고, 663년에는 400여 척의 배에 2만 7천여 명의 대군을 보내 백강(白江:금강) 하구에서 나당연합군과 결전하게 한다. 이 전투에서 구원군이 참패함으로써 백제는 완전히 멸

◉ 일본 규슈 지역에 남아 있는 백제식 산성.

망하게 되었다. 그러자 사이메이여제의 뒤를 이어 즉위한 나카
노오에황자, 즉 덴지(天智)천황은 664년 한반도와 가까운 쓰시
마(對馬)와 이키도(壹岐島:이키), 그리고 쓰쿠시(筑紫) 등에 병력
을 주둔시키고 봉화를 설치한다. 그리고 한반도와 가까운 사가
(佐賀) 현과 후쿠오카(福岡) 현, 그리고 에히메(愛媛) 현 등에 산
성을 쌓는데 이 산성들이 바로 백제식 산성이다. 현재는 조선식
산성, 또는 한식(韓式) 산성이라고 불리는데 일본 역사상 이런
유형의 산성들이 존재했던 때는 이때가 처음이자 마지막이다.

이는 나당연합군의 침략에 대비하기 위한 것으로 백제가 멸망
함으로써 왜국은 싫어도 이제 홀로서기를 해야 했다. 이런 사정
은 왜국의 국호 변화에서도 나타난다. 『삼국사기』「신라본기」문
무왕 10년(670)조에 "왜국이 국호를 고치어 일본이라 하고 스스
로 말하기를 해 뜨는 곳에 가깝기 때문에 이렇게 이름 지은 것이
라 했다"는 구절과 『일본서기』 덴지천황 7년(668)조에 "일본의
고구려를 돕는 장군들이 백제의 가파리빈(加巴利濱)에 묵으면서
불을 피웠다"는 구절들이 나오는데 '왜국'이 '일본'으로 이름을
바꾸는 때가 신라의 삼국통일과 맞닿아 있다는 점이 주목된다.
훗날 『일본서기』에 의도적으로 삽입된 '일본'이란 국명을 제외
하면 왜국이 백제와 독립된 국가라는 의미로 '일본'이란 용어를
사용한 때는 백제 멸망 이후였다.

이처럼 일본 고대사는 한반도, 특히 백제를 떠나서는 존재할
수 없다. 둘은 아키히토천황의 말처럼 혈통으로 맺어진 것이자
불교 수용과 그 발전에서 보여주듯이 문화로 승화되었다. 적어
도 백제가 멸망하기 이전까지 왜국의 역사는 우리 역사의 틀 속
에서 보아야 할 것이다.

신라 왕족들은 왜 근친혼을 했을까

근친혼이 '신국의 도'였던 신라인의 풍습

도굴꾼이 가르쳐준 진성여왕과 위홍의 숙질 관계

신라의 멸망을 그리는 소설이나 드라마에서 공통적으로 등장하는 소재는 51대 진성여왕과 삼촌 각간(角干) 위홍(魏弘)의 불륜 이야기이다. 둘의 불륜이 신라를 멸망시킨 한 요인이라는 것이다. 그러나 막상 진성여왕과 위홍의 불륜 관계에 대한『삼국사기』의 해당 기록은 소략하다.

진성왕이 전부터 각간 위홍과 좋아 지내더니 이때에 이르러서는 항상 궁중에 들어와 일을 보게 했다. 그에게 대구화상(大矩和尙)과 함께 향가를 수집 편찬케 했는데, 그 책을『삼대목(三代目)』이라고 했다. 위홍이 죽으니 시호를 추증하여 혜성대왕(惠成大王)이라고 했다.

『삼국사기』「신라본기」진성왕조

진성여왕과 위홍이 비판받은 것은 둘이 삼촌과 조카 사이이기 때문인데, 위의 『삼국사기』 기록만 가지고는 둘이 정말 숙질(叔姪) 사이인지조차 분명치 않다. 둘 사이에 대한 비판은 오래되었지만 그들이 숙질 사이로 밝혀진 때는 1964년이었다. 서기 645년 건립된 황룡사구층목탑의 조성 경위를 말해 주는 「황룡사구층목탑찰주본기(刹柱本記)」가 1964년 12월 도굴되었다가 되찾았는데, 이때 위홍이 진성여왕의 아버지인 경문왕의 친제(親弟)라는 사실이 알려졌다. 그러자 역시 진성여왕의 황음(荒淫) 때문에 신라가 망했다는 통설은 확고부동한 진실이 되었다. 그러나 신라 사회에서 숙질 사이의 근친혼이 비판받을 일이었는지에 대해서는 별다른 검토가 없었다.

신라는 우리 역사상 유일하게 여왕이 존재했던 나라로, 제27대 선덕, 제28대 진덕, 제51대 진성이 여성으로서 왕위에 오를 수 있었던 이유는 남녀평등주의 사회이기 때문이 아니다. 신라 사회에서는 남녀라는 성별보다 중요한 것이 '뼈다귀〔骨〕'로 불리는 신분이었다. 성골(聖骨)과 진골(眞骨)이라는 이름 자체가 신라의 극심한 신분 구분을 보여준다. 이 때문에 신분이 높은 여성들이 남성을 제치고 임금이 될 수 있었던 것이다.

진성여왕이 그다지 뛰어난 업적을 남기지는 못했지만 그녀에게 가해지는 비난이 과도한 것만은 분명하다. 진성여왕은 겨우 11년 동안 재위하다가 세상을 떴지만 그 뒤를 이은 다섯 임금의 평균 재위 기간과 비슷하다. 그럼에도 유독 그녀만이 집중적인 비난의 대상이 된 이유는 『삼국사기』의 다음 기록이 잘 보여준다.

위홍이 죽은 후에는 비밀리에 미소년 두세 명을 불러들여 관계를 갖고 그들에게 요직을 주고 국정을 맡기기까지 하니 이로 인해

 『삼국사기』.

> 임금의 총애를 받는 자들이 방자해지고 뇌물이 공공연히 행해지고
> 상벌이 공정하지 못하여 기강이 문란해졌다.
>
> 『삼국사기』 「신라본기」 진성왕조

신라의 기강이 문란해진 이유가 진성여왕의 황음에 있는 듯이
묘사한 것이다. 그러나 이것은 남성 우월주의에 기반한 김부식
의 유교적 가치관이 강하게 반영된 결과일 뿐이다. 김부식은 잘
알려져 있듯이 유교적 사관에 의해 『삼국사기』를 편찬했다. 김
부식은 신라의 역대 임금 중에서 어느 남성 못지않게 출중했던
선덕여왕에 대해 평가하면서도 "신라는 여자를 세워 왕위를 이
었으니 진실로 난세(亂世)의 일이며 이러고서 나라가 망하지 않
은 것이 다행이었다. 『서경』에 '암탉이 새벽에 운다' 했고, 『역경
(易經)』에 '암퇘지가 뛰어다닌다' 했으니 어찌 경계할 일이 아니
겠는가?(『삼국사기』 「신라본기」 선덕왕조)"라고 평가했을 정도였
다. 조선의 유학자들은 김부식보다 더 가혹하게 진성여왕을 비
판했다. 조선 성종 때 완성된 『동국통감(東國通鑑)』에는 권근(權

우리 역사의 수수께끼 3

近)이 이렇게 말했다고 전한다.

　　정강왕은 죽음이 임박하자 선덕왕과 진덕왕의 고사를 핑계로 만(曼:진성)을 세워서 군왕으로 삼게 했다. 그런데 그의 신하 준흥은 배운 것이 없고 꾀가 없으므로 전대(前代)에 두 임금(선덕, 진덕)이 왕위에 있으면서 이치를 배반하고 윤리를 어지럽혀 법으로 취할 만한 것이 아님을 모르고 도리어 그 허물을 본받고 힘써 난명(亂命)을 좇아 음란하고 더러운 행동을 자행케 하니 군도(群盜)가 아울러 일어나 나라가 망하게 되었다. 이것이 곧 임금은 있으되 없는 것〔君不君〕이고 신하는 있으되 없는 것〔臣不臣〕이다. 아, 애석하다.

김부식은 여성이 임금이 되고도 나라가 망하지 않은 것이 다행이라고 했고, 권근은 '임금은 있으되 없는 것'이라고 여왕들을 비판했지만 실제로 신라는 선덕왕의 뒤를 또다른 여성인 진덕이었음에도 불구하고 망하기는커녕 불과 10여 년 후 삼국을 통일하는 기염을 토했다. 선덕여왕과 진덕여왕이 재위했던 632년부터 654년까지는 약소국이었던 신라가 비약적으로 발전해 삼국통일의 토대를 이룬 기간이었다.

개방적이었던 신라의 결혼 풍습

"위홍이 죽으니 시호를 추증하여 혜성대왕이라고 했다"는 『삼국사기』의 기록은 진성여왕과 위홍의 관계가 비밀이 아니었다는 사실을 시사한다. 따라서 둘의 근친혼을 비난하기 전에 신라 지배층의 혼인 풍습을 살펴볼 필요가 있다.

● 무열왕릉.

　먼저 우리에게 잘 알려진 삼국통일의 영웅 김유신과 태종무열왕 김춘추를 통해 신라 지배층의 혼인 풍습을 알아보자. 태종무열왕의 부인이 『삼국사기』에는 "서현(舒玄) 각찬(角湌)의 딸"이라고 적혀 있고 『삼국유사』에는 "왕비는 문명왕후 문희니, 즉 유신공의 막내 누이다"라고 기록되어 있다. 김춘추의 부인이 김유신의 막내누이란 말이다. 언니에게 오줌 누는 꿈을 산 문희는 김춘추와 결혼한 후 제30대 문무왕과 인문(仁問), 문왕(文王), 노차(老且), 지경(智鏡), 개원(愷元) 등의 아들을 낳았다. 그런데 김춘추와 문희 사이에서 낳은 딸이 훗날 김유신의 지소부인이 된다. 김춘추는 김유신의 매제이자 장인이 되는 것이다. 이런 예는 김유신과 김춘추에만 국한되는 게 아니다.

　신라 통일의 기초를 열었던 진흥왕의 아버지는 법흥왕의 아우인 갈문왕 입종이었다. 갈문왕 입종의 부인은 법흥왕의 딸이다. 즉 법흥왕의 딸이 숙부와 결혼하여 낳은 아들이 바로 진흥왕이다. 그러므로 진흥왕에게 그 모친은 사촌누님이기도 하다.

문무왕의 뒤를 이은 제31대 신문왕(681~692)의 부인은 당초 김흠돌(金欽突)의 딸이었으나 아들이 없는데다 아버지 김흠돌이 반란으로 쫓겨났다. 새 왕비는 김흠운(金欽運)의 딸이었는데 그는 바로 태종무열왕의 사위였으니 이 역시 족내혼의 한 모습이었다.

　또 진흥왕의 태자 동륜의 부인은 갈문왕 입종의 딸이었다. 갈문왕 입종은 진흥왕의 아버지였으므로 동륜은 자신의 고모와 혼인한 셈이다. 그리고 동륜의 아들 진평왕이 혼인한 마야부인 김씨는 갈문왕 복승(福勝)의 딸이었다. 갈문왕은 보통 임금의 동생이 임명될 수 있는 최고위직이었으니 진평왕은 첩첩으로 족내혼을 이룬 셈이다.

정략 결혼의 산물, 족내혼

　우리의 시각으로는 '견(犬)족보' 운운하는 소리가 나올 법하지만 신라 귀족층들, 특히 김씨들이 이런 족내혼을 맺은 데에는 나름대로 이유가 있었다. 혈통의 신성함을 배타적으로 유지해 권력을 독점하려는 의도였다. 신라에만 여왕이 존재했던 이유나 족내혼이 많은 것은 그 때문이다.

　김춘추가 문희를 받아들이기까지 우여곡절이 있었던 것도 이와 관련 있다. 김춘추는 문희를 임신시킨 후 외면했는데 이에 분개한 김유신은 문희를 장작에 올려놓고 불을 지르려 했다. 남산에 놀러 나왔던 선덕공주가 이 광경을 보고 김춘추에게 책임질 것을 명함으로써 문희를 맞아들이게 된 것이다. 『삼국유사』에는 김춘추와 문희가 선덕여왕 때 관계를 맺은 것처럼 적혀 있지만 자식들의 나이를 계산해 보면 선덕이 즉위하기 이전의 일임을 알 수 있다.

당초 김춘추가 문희와 관계하고도 외면한 이유는 김유신의 집안이 성골이 아닌 것은 물론 서라벌 출신의 정통 진골도 아니었기 때문이다. 게다가 김유신은 문희를 첩으로 데려가 달라고 요구했다. 『삼국사기』에 따르면 김춘추의 아버지는 진지왕의 아들 이찬 용춘(龍春)이었고, 어머니는 진평왕의 딸인 천명(天明)부인이었다. 김춘추는 조부와 외조부가 모두 임금인 반면 김유신은 멸망한 금관가야의 왕족 출신으로서 서라벌 출신의 정통 진골과는 거리가 있었다.

김유신의 아버지 김서현(金舒玄)의 결혼도 우여곡절이 많았는데 『삼국사기』에 나오는 다음 기록을 보자.

처음 서현이 길에서 갈문왕 입종의 아들 숙흘종(肅訖宗)의 딸 만명(萬明)을 보고 마음에 들어 눈짓으로 꾀어내어 중매도 없이 결합했다. 서현이 만노군(萬弩郡·충북 진천) 대수(大守)가 되어 함께 떠

🌀 김유신 집터의 재매정.

ⓒ 김유신 초상화.

나려 하니, 숙흘종이 그제야 딸이 서현
과 야합한 것을 알고 미워해서 딴 집에
가두고 사람을 시켜 지켰는데, 갑자기
벼락이 그 집 문간을 때리어…….

『삼국사기』 「김유신 열전」

　금관가야 출신의 방계 진골 김서현은 진
흥왕의 형제인 숙흘종의 딸을 취함으로써 신분을 상승시키려 했
으나 숙흘종의 강한 반대에 부딪혔다. 둘은 끝내 결혼했고 김유
신과 문희는 진흥왕과 사촌인 어머니를 둠으로써 서라벌 사회의
중심에 한발 더 다가갔지만 정통 진골과는 차이가 있었다. 김춘
추와 김유신은 서로 다른 신분 관계로 어렵게 맺어진 사이지만
둘의 결합은 역사상 유례를 찾아보기 힘들 정도로 큰 성공을 거
두게 된다.
　『삼국사기』에는 "나라 사람들이 시조 혁거세로부터 진덕왕에
이르기까지 28대왕을 성골이라 하고, 무열왕부터 마지막 임금까
지를 진골이라 한다"고 적혀 있다. 일반적으로 성골은 부계와 모
계가 모두 왕족, 즉 박(朴)·석(昔)·김(金)임을 뜻하고 진골은 부
계나 모계 중 어느 한쪽이 왕족임을 말한다. 그런데 김춘추의 경
우는 부모 모두가 왕족이므로 성골이어야 하는데 진골로 분류되
었다. 그 이유는 그의 조부 진지왕이 폐위당했기 때문이거나 부
인이 성골이 아니기 때문으로 보는데 이는 성골 신분 획득에 후
천적인 요소도 작용했음을 말해 준다.
　그러나 진골로서 처음 왕위에 오른 태종무열왕 김춘추는 역대
어느 임금도 누리지 못했던 절대 권력을 갖게 된다. 그의 즉위는
김유신이 지닌 군사력 덕분이었다. 진덕여왕이 사망했을 때 당초

군신(群臣)들이 섭정을 청한 인물은 이찬(伊飡) 알천(閼川)이었다. 『삼국사기』는 이때 알천이 "나는 나이 늙고 이렇다 할 덕행도 없으나, 지금 덕망이 높기는 춘추공만한 이가 없으니 그는 실로 세상을 구할 영웅이라 할 수 있다"라며 거절했기 때문에 김춘추가 여러 번 사양하다가 왕위에 올랐다고 기록하고 있다. 그러나 『삼국사기』「김유신 열전」에는 그 상황을 좀 다르게 전하고 있다.

> 진덕왕이 돌아가고 후사가 없었다. 김유신이 재상인 이찬 알천
> 과 의논하여 이찬 춘추를 맞아 즉위케 하니 이가 태종대왕이었다.

당초 알천을 추대하려던 군신의 의지를 좌절시킨 것은 바로 김유신이었다. 김춘추는 군사권을 장악한 처남 김유신의 추대로 임금이 된 것이다. 이 모든 것이 김유신의 시나리오였고 그 결과 정략 결혼이 완성되었다.

언제부터 근친혼이 비난받았나

신라 왕실의 근친혼은 이후로도 계속되었는데 대부분 권력의 향배와 맞물려 진행되었다. 이러한 사실은 34대 효성왕(재위 737~742)의 혼인 관계를 보면 더 분명해진다. 효성왕이 즉위했을 때 당나라의 책봉을 받은 왕비는 박씨였다. 김춘추 이후 대부분의 왕비는 김씨였는데 이때 박씨 왕비가 등장하자 많은 정치적 문제가 발생했다. 효성왕은 이런 정치적 혼란을 극복하기 위해 재위 3년 만에 이찬 김순원의 딸을 왕비로 맞아들임으로써 김씨 왕비가 다시 등장했다. 그런데 장인 김순원은 효성왕의 아버지

성덕왕의 장인이기도 했다. 효성왕은 결국 이모와 혼인함으로써 정치적 위기를 타개한 것이다. 이는 신라의 근친혼이 권력의 문제와 깊숙이 관련되어 있어 단순히 윤리적인 관점에서 바라볼 수 없음을 보여준다. 게다가 신라인들은 근친혼에 자부심을 갖고 있었다. 『화랑세기』에는 신라인들이 근친혼을 '신국(神國)의 도'라고 불렀다는 기록이 있다. 진평왕과 보명 사이에서 출생한 양명공주는 자신의 아들 양도를 아비가 다른 자신의 딸 보량과 혼인시키려 했으나 양도가 탐탁찮게 생각하자 섭섭해한다.

(양도)공이 동기간에 결합하는 풍습을 싫어하여 따르지 않자 보량이 병이 생겼다. (양도의 어머니 양명)공주가 책망하니 (양도)공이 부득이 말하기를 "저는 누나를 사랑하지 않는 것은 아니나 사람들이 나무랄까 걱정이 됩니다. 제가 오랑캐(夷狄)의 풍속을 따르면 아버지와 어머니 그리고 사랑하는 누나 모두 좋아하겠지만, 중국의 예를 따르면 모두가 원망할 것입니다. 저는 오랑캐가 되겠습니다" 라고 했다. 공주는 이에…… 공을 감싸안으며 말하기를 "참으로 내 아들이다. 신국에는 신국의 도가 있다. 어찌 중국의 도를 따르겠느냐"라고 했다. 이에 보량을 처로 삼아 아들 양효(良孝)를 낳았다.

『화랑세기』 22세 양도공조

이부동복(異父同腹) 남매 사이의 결혼을 '신국의 도'라고 인식했던 나라가 신라였다. 양도가 '누나를 사랑하지 않는 것은 아니나 사람들이 나무랄까 걱정된다'는 말은 신라가 당나라와 교류하면서 타성끼리만 결혼하는 당나라의 풍습이 신라 지배층 사이에 번져가는 모습을 보여준다.

『화랑세기』의 20세 풍월주 예원공이 중국의 결혼 풍습을 받아들이려 한 대표적인 인물이다.

> 예원공은 우리나라의 혼도(婚道)를 부끄럽게 여겨…… 고치려
> 했으나 관습이 오래되어 고치기 어려우니 항상 걱정했다. 그리고
> 자손들에게 다시는 나쁜 풍습을 따르지 말라고 훈계했다. 그런데
> 공의 아들 오기공이 사촌 누이 운명(雲明)을 아내로 맞이하자 공이
> 노하여 보지 않았다.
>
> 『화랑세기』 20세 예원공조

예원은 당나라에 갔다 온 인물로서 이때의 경험으로 신라의 족
내혼을 비판적으로 바라보게 되었을 가능성이 높다. 그러나 그
아들 오기는 족내혼이 왜 잘못인지 알 수 없었기에 부친의 반대
를 무릅쓰고 사촌 누이와 혼인을 강행한 것이다. 양명공주의 '신
국에는 신국의 도가 있다. 어찌 중국의 도를 따르겠느냐'라는 말
처럼 중국식 결혼 풍습에 대한 저항이 만만찮았음을 보여준다.
신라의 근친혼, 족내혼에 대한 비판은 계속되었지만 고려시대
에도 근절되지 않았다. 고려 태조 왕건의 혼인 관계는 족내혼의
전형적인 모습이다. 왕건은 결혼 정책에 따라 무려 6명의 왕비
와 23명의 부인을 두었는데, 다섯 번째 왕후인 신성(神成)왕후
김씨는 경순왕의 백부인 김억렴(金億廉)의 딸이었다. 왕건은 자
신의 두 딸을 경순왕에게 출가시켰는데, 한 남자에게 두 딸을 준
자체가 족내혼의 전형적인 모습으로, 경순왕은 왕건의 사위가
되고 왕건은 경순왕의 조카사위가 되었다.
태조 왕건의 장남으로 고려의 제2대 왕위에 오른 혜종도 족내
혼이었다. 그의 장인은 경기 지역의 유력한 호족인 왕규(王規)
였는데 그는 태조 왕건에게도 제15비(妃)와 제16비를 들인 왕건

의 장인이자 사돈이기도 했다. 왕규는 사위 혜종을 몰아내고 왕건의 제16비에게서 난 아들, 즉 외손자를 즉위시키려고 하다가 제거되었는데, 이 정변은 고려 왕실의 족내혼이 낳은 산물이기도 했다. 이런 이유 때문인지 유교주의적 사관을 가진 김부식도 신라의 족내혼에 대해 비판할 수 없었다. 『삼국사기』에 정작 진성여왕과 위홍이 근친혼이라고 비난하지 못한 것은 이 때문일 것이다. 『삼국사기』에서 김부식은 신라의 족내혼을 이렇게 평가했다.

처를 취함에 동성(同姓)을 얻지 않는 것은 남녀가 다름을 두터이 하려 한 것이다. 그러므로 노공(魯公)이 성이 같은 오(吳)에 장가들고, 진후(晉侯)가 성이 같은 네 첩을 가지자 진(陳)의 사패(司敗)와 정(鄭)의 자산(子産)이 크게 나무랐다. 신라와 같은 나라는 동성과 혼인할 뿐만 아니라 형제의 소생과 고종, 이종 사촌 누이들까지 데려다 아내로 삼았다. 비록 외국의 풍속이 서로 다르다 할지라도 중국의 예속으로써 이를 나무란다면 크게 잘못된 일이다. 흉노가 어미 자식간에 붙는 것은 이보다 더 심한 일이다.

『삼국사기』 「신라본기」 내물왕조

근친혼에 대한 김부식의 시각은 '중국의 예속으로써 이를 나무란다면 크게 잘못된 일'이라는 것이다. '우리의 예속'이 아니라 '중국의 예속'으로 비판한다면 잘못된 일이라고 관대하게 평가한 이유는 고려 왕실도 족내혼의 온상이었기 때문이다. 고려 충선왕 즉위년(1308)의 하교는 고려 왕실의 족내혼 실상을 잘 말해 준다.

지금부터 만약 종친으로서 동성(同姓)과 혼인하는 자는 (원나라 세조의) 성지(聖旨)를 어긴 것으로 논죄할 터인즉, 마땅히 종친은 누세(累世) 재상(宰相)을 지낸 집안의 딸을 아내로 맞고, 재상 집안의 아들은 종실의 딸에게 장가들 것이다. 만약에 가세(家世)가 낮고 한미한 자는 여기에 구애받지 않는다……. 문무 양반가도 동성 간에는 결혼하지 못하나 외가 4촌간의 구혼을 허락한다.

『고려사』 권33, 충선왕 즉위년 11월

김부식이 『삼국사기』를 편찬한 고려 인종 23년(1145) 이후 163년이 지나고 나서도 이런 하교가 나왔다는 것은 이때까지도 고려 지배층 사이에 족내혼이 성행했음을 말해 주는 것이다. 종친끼리의 족내혼은 세조의 성지를 어긴 것으로 논죄하겠다는 말은 이 하교가 원나라의 명령으로 나오게 되었음을 시사한다. 즉 그때까지도 고려 지배층은 족내혼에 대한 커다란 문제 의식이 없었다는 뜻이다.

이런 사실은 『삼국유사』를 저술한 일연의 시각에서도 볼 수 있다. 『삼국사기』보다 40여 년 후에 쓴 『삼국유사』의 왕력 진성여왕조는, "(진성여왕의) 성은 김씨요, 이름은 만헌(曼憲)이니 정강왕의 동복누이이다. 왕의 배필은 위홍 대각간, 추봉(追封)한 혜성대왕이다"라고 기술하고 있다. 일연이 보기에 위홍은 진성여왕의 남편이었던 것이다. 『삼국유사』 왕력은 또 선덕의 남편은 음갈문왕(飮葛文王)이라고 적고 있다. 남성 성골이 없기 때문에 왕위에 오를 수 있었던 여왕들은 정식으로 국혼을 치르지는 않았어도 공인받은 남편을 갖고 있었는데, 그 대상은 가까운 친족이었다. 고려 후기까지도 우리 민족은 근친혼, 족내혼에 대해 부정적인 인식을 갖고 있지 않았다. 현재 우리 사회가 동성동본의 결혼에 부정적 관념을 갖고 있는 것은 커다란 아이러니가 아닐 수 없다.

장보고는 어디 출신인가

장보고가 전남 완도 출신이라는 것은 어느덧 상식이 되었다. 그가 청해진을 완도에 설치한 것이 고향이기 때문이라는 것이 주요 논거이다. 그러나 『삼국사기』 장보고 · 정연(張保皐 · 鄭連)조는 "고향과 부조(父祖)를 알지 못한다"고 기록하고 있다. 『삼국사기』 문성왕조에는 문성왕이 장보고의 딸을 차비(次妃:둘째 왕비)로 삼으려 하자 "궁복(弓福:장보고)은 해도인(海島人)인데 어찌 그 여식을 왕실의 배필을 삼을 수 있겠는가?"라고 반대하는 장면이 나온다. 이 역시 막연하게 해도인이라고 적고 있을 뿐이다. 장보고가 청해진을 완도에 설치한 이유는 과연 고향이기 때문일까?

그렇게 단정 짓기에는 그에 대한 자료가 너무 부족하다. 사실 장보고란 이름조차 그의 본명이 아니다. 그의 본명은 궁복(弓福) 혹은 궁파(弓巴)이었는데, '활 잘 쏘는 사람'이라는 뜻이다. 당나라에서 성공한 후 장씨라는 성을 가졌다는 것은 신라 시절 그는 성도 갖지 못할 정도로 한미했음을 시사한다. 이 때문인지 그가 중국으로 건너가기 전의 초년 시절에 대해서는 거의 알려져 있지 않다. 그에 관한 기초 자료의 하나인『삼국사기』를 살펴보자.

> 장보고와 정연은…… 모두 싸움을 잘했는데 (정)연은 그 외에도 바다 밑으로 들어가 50리를 (걸어)가면서도 물을 내뿜지 않았다. 그 용맹과 씩씩함을 비교하면 장보고가 정연에게 좀 미치지 못했으나 연이 보고를 형으로 불렀다. 보고는 나이로, 연은 기예로 항상 맞서 서로 지지 않았다. 두 사람이 모두 당에 가서 무령군 소장이 되어 말을 타고 창을 썼는데 대적할 자가 없었다.
>
> 『삼국사기』「장보고 · 정연조」

 완도 청해진.

섬에서 물질하면서 자라던 두 소년의 모습을 그린 것이다. 재당신라인들이 많이 살았던 강회 지역의 절도사를 역임했던 당나라의 문인 두목(杜牧 : 803~852)이 자신의 『번천문집(樊川文集)』에 「장보고 · 정연전(張保皐 · 鄭年傳)」을 남겼는데, 이것이 장보고에 대한 최초의 기록이다.

> 장보고는 신라로 귀국하여 그 나라 왕(흥덕왕)을 배알하고 중국 도처에서 신라인이 노예가 되고 있으니 원컨대 청해진에 진을 설치하여 해적들이 사람을 탈취해서 서쪽으로 도망가지 못하게 하겠다고 하자 왕은 그의 요청을 받아들여 군사 1만 명을 주었다. 이로써 태화년간(827~835) 이후 해상에서 신라인을 파는 일이 없어졌다.
>
> 『번천문집』 「장보고 · 정연전」

이 내용은 『신당서』 권220 신라조와 『삼국사기』 권44 장보고 · 정연조에도 수록되어 있는데, 이는 장보고에 관한 기록들이 두목의 글을 근거로 작성되었음을 말해 준다. 이 외에 『삼국유사』 권2의 신무대왕 · 염장 · 궁파조에 장보고에 관한 기록이 일부 있고, 두목처럼 장보고와 같은 시대 인물이었던 일본의 구법승 엔닌(圓仁)이 쓴 『입당구법순례행기(入唐求法巡禮行記)』에도 있다. 엔닌의 글에는 장보고를 비롯한 재당신라인들의 행적이 비교적 소상히 기록되어 있으나

❸ 중국 산동성 법화원에 있는 장보고 초상.

🔵 중국 산동성 법화원.

장보고의 출신지에 대한 언급은 없다.

장보고에 관한 후대의 기록인 『해암입당순례기(海庵入唐巡禮記)』에는 그가 애장왕 2년(801) 현재의 완도읍 장좌리에서 덕수장씨 장백익(張伯翼)의 아들로 태어났다고 기록되어 있고, 인동장씨 족보인 『인동장씨대동보』나 『장씨연원보감』에는 그의 아버지 백익이 중국 절강성 소주부 용흥촌 출생의 중국인으로 신라를 여러 차례 내왕하다가 귀화한 인물이라고 적혀 있다. 그러나 후대에 만들어진 이런 기록들을 무작정 사실로 받아들이기는 어렵다.

이상 장보고에 대해 확실한 사항만 받아들이면 신라의 한미한 가문에서 태어난 장보고는 무술 실력이 뛰어났으나 골품제 때문에 출세하기 어렵자 당나라로 건너갔다. 때마침 당나라는 안녹산(安祿山)의 난 때문에 어지러웠으므로 능력만 있으면 출세하기 좋은 환경이었다. 장보고와 정연은 곧 두각을 나타내어 서주(徐州) 왕지흥이 이끄는 무령군의 군중소장으로 진급했다. 이

우리 역사의 수수께끼 3

무렵 고구려 유민 이정기(李正己)와 그의 손자 이사도가 대를 이어 산동 지방을 장악하고 당나라를 위협하자 장보고는 진압에 나서 공을 세우기도 했다.

이런 활동으로 기반을 잡은 장보고는 재당신라인들을 세력화하는 작업에 나서게 되었다. 그가 산동성 문등현에 건립한 적산촌 법화원은 상주한 승려만 30여 명에 연간 500석을 추수하는 장전(莊田)을 소유했으며, 법회 때는 250여 명이 참석했다고 전한다. 재당신라인의 중심 인물이 된 장보고는 신라인이 노예로 매매되는 것을 보고 흥덕왕 3년(828) 귀국해 청해진 대사로서 해적을 소탕하는 한편 일본·신라·당의 무역권을 독점하여 해상왕국을 건설했다.

이런 그의 출신에 대해 농업경제학자이자 사학자인 김성호 박사는 『중국 진출 백제인의 해상 활동 1500년』에서 장보고의 "고향과 부조를 알지 못한다"는 기록을 신라의 한미한 가문 출신이 아니라 재당신라인의 후예일 수도 있다고 추측했다. 흥미로운 점은 장보고를 백제 유민 출신으로 본다는 사실이다. 지금까지 '재당신라인'이라면 모두 신라 출신으로 인식했으나 백제계와 고구려계도 모두 재당신라인의 범주에 든다는 점에서 의미 있는 추측이다.

재당신라인들은 고구려·백제 유민들

재당신라인들은 산동반도 연해안과 회수와 대운하 지역, 그리고 장강하류와 남중국의 연해안에 마을을 이루며 살았다. 『구당서』권 199 신라조와 『삼국사기』권10 헌덕왕조에는 "신라 헌덕

한국 고대사를 찾아서

비밀에 싸인

왕 8년(816)에 흉년과 기근이 들자 당의 절동(절강성 동쪽)에 건너가 먹을 것을 구하는 자가 170인이었다"는 기록이 있는데 이는 재당신라인이 형성되는 한 과정을 설명해 준다. 그리고 신라에서 건너간 상인들이나 유학생, 구법승들도 재당신라인의 구성요소였다.

그러나 재당신라인의 주축은 삼국통일 전쟁 때 백제와 고구려에서 끌려온 전쟁 포로들이었다. 재당신라인이란 신라 출신만이 아니라 고구려·백제 후예까지 포함하는 개념이었다. 그들은 중국에서 상업으로 자리잡았는데 이것은 통일신라와 밀접한 연관 속에 이루어진 업적이었다. 8세기경 신라인들은 신라·중국·일본에 이르는 동아시아 3국간의 교역뿐만 아니라 당나라의 광주(廣州)와 양주(楊洲) 등을 중심으로 아라비아·페르시아 상인들과도 활발하게 교역했는데, 이런 국제 무역은 중국의 동·남쪽 연안과 대운하 주변에 산재해 있던 재당신라인들이 있었기 때문에 가능했다. 산동반도 연해안에서 대운하 연변, 그리고 회수(淮水)·양자강 하구, 양주·초주·명주·천주·복주·광주에 이르는 지역에서 신라인들은 아라비아·페르시아 상인들과 교역하고 당·일본·신라를 잇는 삼각 무역을 전개했다.

일본의 구법승 엔닌은 838년 7월부터 847년까지 9년 반 동안 당의 동해안 일대와 광대한 내륙 등지를 여행하면서 『입당구법순례행기』를 남겼는데, 이 책의 절반 이상은 신라사람들 이야기이다. 이 책에는 당나라에 설치되었던 신라방, 신라소를 비롯하여 장보고의 적산 법화원 창건과 재당신라인들의 무역 활동에 대해 많은 내용들이 실려 있는데, 여기에 등장하는 신라인들을 모두 신라에서 건너간 재당신라인들이라고 보기는 어렵다. 이들이 중국 산동반도와 남중국 연안에서 해상 활동에 종사한 기간

● 청해진을 중심으로 한 해상무역도.

은 몇 대에 걸친 것으로 당대의 성취물이 아니었다. 엔닌의 일기에는 "일본의 조공사절 일행이 초주(楚州) 신라방에서 신라 선박 9척과 바닷길에 익숙한 신라 선원 60여 명을 고용하여 귀국했다."(『입당구법순례행기』 839년 3월 17일)는 기록이 있는데 중국에서 일본으로 가는데 신라인들을 활용했다는 기사는 일본의 조공사절까지도 재당신라인들의 도움이 없으면 당나라로 가기 어려웠음을 말해 준다.

그런데 여기서 간과하면 안 될 요소는 신라가 통일 이후 일본과 사이가 좋지 않았다는 점이다. 신라가 통일하자 왜국은 한반도와 가까운 쓰시마, 이키도, 쓰쿠시 등 한반도와 가까운 지역에 병력을 주둔시키고, 사가 현과 후쿠오카 현, 에히메 현 등에 백제식 산성을 쌓아 나당연합군의 공격에 대비할 정도였다.

이런 일본이 '신라 선박 9척과 바닷길에 익숙한 신라 선원 60여 명'을 자국 조공사절의 운송자로 삼았다는 사실은 재당신라인의 출신에 대해 의문을 갖게 한다. 신라 출신일 수도 있겠지만 전쟁 포로로 끌려왔거나 망국 후 망명하여 정착했던 고구려·백제 유민의 집단일 가능성도 있다. 유민들이 대대로 이 지역에 살면서 항해 기술을 축적하고 세력을 확장한 결과 엔닌이 당나라에 왔을 무렵에는 당-신라-일본 사이의 뱃길까지 장악하게 되었다고 보아야 할 것이다. 특히 백제는 해상 왕국으로 불렸다는 점에서 대륙 국가였던 고구려의 후예들보다는 백제의 후예들이 더 활발한 해상 활동을 전개했을 것이다.

재당신라인들이 일본 조공사절의 운송까지 책임질 수 있었던 이유는 남중국 항로를 장악했기 때문일 것이다. 신라 통일 후 일본은 당나라와 직접 국제 관계를 맺기 위해 일본에서 중국 남동부로 직접 항해하는 동중국해로 사절들을 보냈으나 이 뱃길은 워낙 험해 실패율이 높았다. 수장(水葬)되는 사절들이 속출하자 일본은 한동안 사절 파견을 중지했다.

그후 재당신라인들이 남중국 항로란 새로운 뱃길을 장악하면서 사절 교환과 무역에 활기를 띠게 된 것이다. 남중국 항로란 『고려도경』이나 『송사』에 보이는 것처럼 중국의 "명주에서 출발하여 순풍을 만나면 5일 만에 흑산도에 이르며, 7일째에는 예성강에 도달한다"는 항로이다. 이는 일본에서 동중국해를 통해 중국으로 직접 가는 뱃길이 아니고 한반도 연안을 일부 이용하는 항로였다. 이 항로를 개척한 재당신라인들이 백제계였기 때문에 일본의 사절들이 이용하는 계기가 되었을지도 모른다. 하지만 여기에 대해서는 더 많은 연구가 뒤따라야 할 것이다.

해상 왕국 청해진은 왜 완도에 있었나?

한반도 남단 땅끝의 토말비는 서쪽이 황해이고 동남쪽이 남해로 중국 산동성 적산포에서 일본 하카다를 잇는 적산 항로의 중간 지점이다. 토말 앞을 동서로 가로지르는 해로가 횡간수도(橫干水道)인데 이곳에 횡간도가 있기 때문에 유래된 이름이다. 횡간도는 원래 풍란(風蘭)이 많아 사공들이 이곳에서 풍겨오는 꽃향기로 방향을 잡았다는 전설이 있기 때문에 풍란수도라는 낭만적인 이름으로 불리기도 했다.

그러나 이 뱃길의 실상은 낭만적인 이름과는 정반대였다. 『증보문헌비고』권35 관방11에는 "제주에서 해남, 강진 등지를 건너는 수로가 700리이며 바람과 물결이 매우 사나운 곳"이라고 기록할 정도로 험한 뱃길이었다. 하루 두 번씩의 조석 때마다 황해와

🌀 한반도 최남단인 해남 토말. 청해진의 뱃길이었다.

🌀 완도 청해진의 옛 해안목책.

남해의 조류가 교차하기 때문이다.

장보고가 청해진을 설치한 완도는 바로 적산 항로의 한 중간에 자리잡고 있다. 『삼국사기』「지리지」에는 "청해는 지금의 완도"라 했으며 또한 "청해진은 조음도(助音島)라 하고 신라가 중사(中祀)를 설치했던 곳"이라 기록했는데, 완도에 국가에서 제사를 지내는 사당인 중사가 있었다는 사실은 이 지역이 고대부터 교통의 요지였음을 의미한다. 그 제사는 아마 뱃길의 안녕이나 이 뱃길을 이용하다가 사망한 사람들의 영혼을 위로하는 제사였을 것이다.

앞에 인용한 당나라 문인 두목의 『번천문집』에는 "청해는 신라 해로의 요해지"라는 기록이 있다. 또한 이순신도 이곳을 "호남 제일의 요충지"라고 감탄했을 정도로 완도는 지리적으로 중요한 곳이었다. 『완도군지』에는 "완도항은 신지도와 암초 및 구두봉이 자연의 방파제를 이루고 해심이 깊어 남해안 최적의 양항"이라는 기록이 보인다. 특히 완도항 뒷산인 동망봉과 남망봉에 오르면 원근의 여러 섬들이 한눈에 들어오는데 이 봉우리들이 천험의 망루이자 해안 요새이다. 청해진은 완도읍 장좌리와 죽청리를 중심으로 설치된 것으로 보이는데, 그중 장좌리 앞 장도(일명 장군섬)에는 판축토성과 해안목책 등의 유구가 지금도 남아 있다.

완도가 지닌 이런 천혜의 자연 조건은 장보고가 완도 출신이기 때문에 이곳에 청해진을 세웠다는 단순한 결론에 의문을 제기하게 한다. 그보다는 완도가 적산 항로의 요지이기 때문이라는 것이 설득력이 있다. 그의 목적이 적산 항로의 장악에 있었다면 자신의 출신지가 아니라도 완도에 청해진을 설치했을 것이다.

장보고가 신라로부터 받았다는 '대사(大使)'라는 직책도 신라에서 해도인 장보고에게 줄 적절한 벼슬이 없어 고심 끝에 만든 직책이기보다는 중국측의 벼슬일 가능성이 있다. 『중국 역대 관청사전』에는 대사를 '제왕이 특파한 임시 사절'로서 주나라 때 처음 설치했으며 당나라 때에는 '절도대사' 즉 '절도사'라고 했다는 기록이 있다. 김성호 박사는 『대당육전』 권5 병부조를 인용하여 대사를 '군진급 책임자'의 관호였다는 데 착안해 장보고가 신라에서 대사라는 벼슬을 받은 것이 아니라 처음부터 당나라 대사 자격으로 귀국한 것으로 보았다. 훗날 신무왕과 그의 아들 문성왕이 장보고에게 제수한 감의군사(感義軍使)나 진해장군(鎭海將軍) 등의 벼슬처럼 '당풍(唐風)의 관작' 즉 당나라풍의 관작으로서, 신라 조정이 장보고를 당나라 관직자로 대우한 증거라는 주장이다.

해상 왕국의 몰락

이렇게 볼 경우 장보고는 당나라에서 이룩한 성취를 모두 버리고 고국 신라로 들어와 청해진을 건설한 것이 아니라 그것을 기반으로 청해진을 세웠다고 볼 수 있다. 흥덕왕이 1만 명을 주었다는 『삼국사기』의 기사는 실제로 군사를 준 것이 아니라 1만 명의 현지 백성을 조직할 권한을 주었다고 보는 것이 자연스럽고 여기에는 장보고와 함께 귀국한 재당신라인들이 포함되었을 것이다. 재당신라인들이 해적에 시달리던 신라인들을 무장시켜 청해진을 건설했을 것이다.

그후 청해진은 큰 번영을 누리게 되었다. 당-신라-일본을 잇는 중요한 뱃길을 장악했으니 번영할 수밖에 없었던 것이다.

그러나 청해진은 장보고가 신라 조정의 왕위계승쟁탈전에 말려들면서 몰락의 길을 걷게 된다. 청해진 설치를 허가한 흥덕왕이 재위 11년(836) 후계자를 지명하지 않은 채 갑자기 흥서하면서 왕위 계승을 둘러싸고 왕족 사이에 치열한 쟁탈전이 벌어졌다. 희강왕(김제륭)의 즉위에 반대하다 살해된 김균정의 아들 김우징은 장보고에게 몸을 의탁했다가 그에게 군사 5천 명을 빌려 왕위쟁탈전에 나섰다. 『삼국유사』에는 김우징이 즉위할 경우 장보고의 딸을 왕비로 삼겠다고 약속했다는 기록이 있다. 정연이 지휘하는 장보고의 군사는 민애왕 2년(839) 달구벌(대구)에서 민애왕의 10만 대군을 격파하고 김우징을 즉위시켰으니 그가 바로 신무왕이다. 신무왕은 장보고를 인정하여 감의군사(感義軍使)로 삼고 식읍 2천 호를 내려주는 것으로 보답했다.

즉위 6개월 만에 병으로 죽은 신무왕의 뒤를 이어 문성왕이 즉위했는데, 그는 즉위 직후 장보고를 진해장군(鎭海將軍)으로 봉하고, 그 딸을 차비(次妃)로 삼으려 했으나 장보고를 '해도인' 운운하는 서라벌 출신 진골들의 반대로 무산되었다. 장보고는 정비(正妃)도 아닌 차비(次妃) 책봉마저 무산된 데 불만을 품고 조정을 뒤엎을 기회를 엿보다가 오히려 신라 조정에서 밀파한 염장(閻長)에게 문성왕 8년(846) 암살당하고 말았다.

장보고의 사망 연대에 대하여는 국내와 일본 자료 사이에 약간의 차이가 있다. 즉『삼국사기』에는 문성왕 8년(846) 봄에 암살당했다고 되어 있으나 일본 기록인『속일본후기』에는 문성왕 3년(841)으로 기록되어 5년의 차이가 난다. 또한 엔닌의 일기에는 지난날 장보고의 수하였던 최훈십이랑(崔暈十二郞)이 '국난(國難)'을 당해 845년 7월 당나라 연수향의 신라방에서 망명 생활을 했다는 기록이 있는데 장보고의 수하가 당나라로 망명해야 할 국난이란 장보고 암살 사건뿐일 것이다. 당대의 목격자였던 엔닌이 845년에 장보고의 수하가 당나라에서 망명하고 있는 것을 봤다면 그는 이미 사망했다고 보는 것이 맞을 것이다.

◎ 일본 교토 적산선원에 있는 당나라로 가는 뱃길 그림.

◎ 일본 교토 적산선원에 있는 적산대명신. 장보고를 신격화한 부적으로 현재도 판매하고 있다.

『삼국사기』는 조정의 실력자로서 장보고와 대립했던 김양이 문성왕 4년(842) 3월 자신의 딸을 왕비(혹은 차비)로 들였다고 기록하고 있는데, 이는 장보고 문제가 완전히 해결되지 않고는 있을 수 없는 일이었다. 즉 장보고를 암살한 후 김양의 딸이 문성왕의 차비로 들어갔던 것이다.

이상 엔닌의 기록과『속일본후기』,『삼국사기』를 합리적으로 검토해 보면 장보고는 842년 3월 이전, 즉 김양이 자신의 딸을 문성왕의 차비로 들이기 전에 이미 암살당했다고 보아야 한다.

장보고가 암살당한 후 그의 부장이었던 이창진(李昌珍) 등의 봉기 계획도 염장에 의해서 진압되었고, 그의 심복이었던 사람들은 최훈십이랑처럼 중국이나 일본으로 망명해야 했다. 신라 조정은 문성왕 13년(851) 2월 청해진을 폐지하고 그곳 백성들을 내륙의 벽골군(김제)으로 집단 이주시킴으로써 장보고의 해상 왕국은 역사 속에서 사라지고 말았다. 신라 조정은 내부의 다툼에 눈이 멀어 해상 강국으로 발돋움할 수 있는 좋은 기회를 스스로 무너뜨리고 만 것이다. 이로써 우리 역사는 다시 한반도에 갇히고 말았다.

2부

고려

잊혀진 왕국,
고려사의 현장들

왕건은 재당신라인의 후예인가

의외로 허술한 왕건의 조상에 대한 추적

왕건의 조상에 대한 허술한 기록

고려의 태조 왕건(王建)은 신라 헌강왕 3년(877) 경기만에 가까운 송악 지방에서 태어났다. 왕조를 개창했을 경우 그 조상들의 가계에 대해 장황하고 과장해서 서술하기 마련인데, 왕건의 경우는 그렇지 않았다. 『고려사』의 가장 첫머리 「고려 왕실의 세계」에 실려 있지만 내용은 예상 외로 허술하다.

고려 왕실의 조상은 역사 기록이 없어서 상세하지 않다. 『태조실록』에 의하면 태조 즉위 2년에 왕의 3대 조상을 추존했는데 증조부인 시조(始祖)에게 원덕대왕(元德大王)이란 시호를 올리고 그 비(부인)를 정화왕후(貞和王后)라 했다. 또한 조부인 의조를 경강대왕(景康大王)이라 하고 그 비를 원창왕후(元昌王后)라고 했다. 그리고 아버지인 세조를 위무대왕(威武大王)이라 하고 그 비를 위숙왕후(威肅王后)라고 했다.

『고려사』「고려 왕실의 세계」

🔵 개성 왕씨 족보.

이 기록의 문제는 왕건 조상들의 시호만 있을 뿐 성(姓)도 없고 이름도 적혀 있지 않다는 데 있다. 조선 개국 시조들을 노래한 『용비어천가』 제3장이 "주국대왕(周國大王)이 빈곡(豳谷)에 살으샤 제업(帝業)을 여시니/우리 시조가 경흥에 살으샤 왕업(王業)을 열으시니"라고 주국대왕, 즉 고공단보(古公亶父)를 이성계의 고조부 이안사(李安社:목조)와 비교한 것에 비하면 너무 소략하다. 전주에 살 때 관기(官妓) 때문에 지주(知州)와 싸움이 붙어 삼척으로, 경흥으로 쫓겨다닌 이안사의 그다지 자랑스러울 것 없는 전력을 미화한 것과 비교하면 『고려사』가 조선 문종 때 편찬한 것이라는 점을 감안해도 왕건의 가계에 관한 기록은 애써 감춘 듯한 느낌마저 준다.

"고려 왕실의 조상은 역사 기록이 없어서 상세하지 않다"는 말은 8대 현종 원년(1010) 시절 거란의 침략으로 실록이 불탄 것을 말하는지도 모르지만 현종이 대수로는 8대지만 혈통으로는 왕건의 손자라는 점을 감안하면 역시 이해할 수 없다.

『편년통록』에 기록된 왕실 세계

다행인 것은 『고려사』가 「고려 왕실의 세계」에서 위의 부정확한 3대 추존의 계통을 기록한 후에 계속해서 의종 때 인물 김관의(金寬毅)가 편찬한 『편년통록(編年通錄)』을 인용하고 있다는 점이다. 『편년통록』 자체는 오늘날 전해지지 않지만 이를 통해 왕건의 세계(世系)에 대해 보다 자세하게 알 수 있다. 『고려사』에 인용된 『편년통록』의 왕건 이야기는 역대로 많은 논란이 되어왔다. 『고려사』에 실린 『편년통록』의 내용은 대략 이렇다.

옛날에 호경(虎景)이라는 사람이 성골장군(聖骨將軍)이라고 자칭하면서 백두산에서부터 산천을 두루 구경을 하다가 송악에 이르러 장가를 들고 살았다. 그의 집은 부유했으나 아들은 없었고 활을 잘 쏴서 사냥을 일삼고 있었다.

그후 호경은 사냥하러 갔다가 구룡산 산신과 부부의 인연을 맺게 되었지만 옛처를 잊지 못해 항상 밤에 꿈과 같이 나타난 그녀와 동침해서 아들을 낳았는데, 그가 강충(康忠)이었다. 강충은 예성강 영안촌 부잣집 딸인 구치의(具置義)에게 장가 들어 천금의 부자가 되었고, 이제건(伊帝建)과 손호술(損乎述)을 낳았는데 손호술은 후에 보육(寶育)이라고 개명했다.

보육은 꿈에 곡령(鵠嶺)에 올라 남쪽을 향해 오줌을 누었는데 그 오줌이 조선 천지에 가득 차 산천들이 은(銀)바다로 변했다. 꿈이야기를 들은 형 이제건은 큰 인물을 낳을 태몽이라고 해석해서 자기 딸 덕주(德周)를 보육과 혼인시켰고 둘 사이에는 두 딸이 태어났다. 큰 딸 역시 꿈에 오관산에 올라 소변을 보았는데 온 천하에 가득 차는 꿈이었다. 이 이야기를 들은 동생 진의(辰義)는 비단 치마를 주고 언니로부터 그 꿈을 샀다.

당 현종 천보 12년(753)에 훗날 당 숙종이 되는 당나라 귀인(貴人)이 예성강 서포(西浦)에 도착했을 때 마침 강바닥에 진흙이 차서 시종들이 돈 꾸러미를 던지고서야 상륙할 수 있었다. 그래서 후대에 이곳을 전포(錢浦)라 했다 한다.

당 귀인은 부자인 보육의 집에 머물렀는데 그가 당의 귀인임을 알아차린 보육은 딸 진의를 들여보내 동침하게 했다. 한 달(혹은 1년이라고도 한다)을 머물고 당나라로 떠나던 당 귀인은 진의에게 활과 화살을 주면서 남아(男兒)를 낳거든 주라고 일렀다. 그후 과연 아들을 낳았으니 이가 후일 왕건의 조부가 되는 작제건(作帝建)이다.

그는 자라면서 총명한데다 활을 잘 쏘았다. 작제건은 아버지가 당의 귀인이라는 어머니의 말을 듣고 아버지를 만나러 상선을 타고 당나라로 가던 중 배가 바다 한가운데에 멈춰서는 일을 당했다. 뱃사람들이 점을 친 결과, 고려인을 내려놓고 가야 한다고 나오자 그는 물속으로 뛰어들어 용왕을 만났다. 작제건은 용왕의 근심을 해결해 준 대가로 용왕의 딸 용녀를 얻었다. 용왕은 이르기를 "그대의 자손으로 세 번째 건(建)을 기다리라" 했다. 작제건은 용녀를 데리고 송악의 남쪽, 옛 강충의 집터에 자리를 잡고 네 형제를 낳으니 큰아들 용건(龍建:후에 이름을 융(隆)으로 개명)이 곧 왕건의 부친이다.

용건은 도선(道詵)이 점지한 마두(馬頭) 명당에 집을 짓고 왕건을 낳았다. 용왕이 말한 작제건-용건-왕건에 이르는 세 번째 건이 바로 왕건을 말하는 것이다.

『편년통록』이 전하는 왕건의 가계는 이런 신비로운 내용 때문에 신빙성을 의심받기도 했다. 『고려사』는 그래서 민지(閔漬)의 『편년강목(編年綱目)』을 참조해 일부 내용을 수정했다. 『고려사』는 "『편년강목』에는 다음과 같이 서술되어 있다"면서 "다만 숙종 선황제 때에 안녹산의 난이 있었던 것만 전해 듣고 선종이 피난하여 도망갔다는 사실은 듣지 못했기 때문에 선종황제의 일

🌀 개성의 왕건릉.

을 숙종황제의 사실로 잘못 기록한 것이다(『고려사』「고려 왕실의
세계」)"라고 적고 있다. 원래 당 숙종으로 되어 있던 것을 민지가
선종으로 바꾸었음을 뜻한다. 『고려사』에서 민지의 『편년강목』
을 인용한 부분을 보자.

> 또 세상에 다음과 같은 이야기가 전한다. 충선왕이 원나라에 가
> 있을 때 원나라 한림학사 한 사람이 그와 교제를 하고 있었는
> 데 그는 왕에게 다음과 같이 물었다.
> "듣기에 대왕의 조상은 당나라 숙종 황제에게서 났
> 다고 한다는데 그것은 어디에 근거한 말입니까? 숙종은
> 어려서부터 한 번도 대궐 밖을 나간 일이 없고 안녹산의
> 난이 있었던 때에는 영무(靈武)에서 즉위했는데 어느 겨

🌀 왕건릉의 비석.

를에 조선에 가서 자식까지 두었겠습니까?"

충선왕은 이 말을 듣고 부끄러워 대답을 하지 못했는데, 『편년강목』을 쓴 민지가 대신 대답했다.

"그것은 우리 국사에 잘못 쓰인 것이오. 사실은 숙종이 아니고 선종이요."

한림학사는 이 말을 듣고 선종은 오랫동안 외방에서 고생했으니 혹 그럴 수도 있겠다고 했다.

『고려사』 「고려 왕실의 세계」

고려 왕실에 당 황실의 피가 섞여 있다는 내용은 왕건을 당 황실과 연결시키려는 의도였겠지만 이것도 아무런 역사적 근거 없이 삽입되지는 않았을 것이다. 김관의의 『편년통록』은 무엇을 근거로 썼던 것일까?

김관의는 제18대 의종 때의 검교군기감이었는데 태조 왕건의 족보를 채집해 『편년통록』을 지었다. 이 책은 그의 상사였던 병부상서 김영부(金永夫)가 왕실에 바친 문헌이었다. 민지는 수국사(修國史)로 있었던 역사가였고 그가 편찬한 『편년강목』은 국왕의 명으로 만들어진 책이었다. 다만 이 책도 오늘날 전해지지 않고 그 일부만이 『고려사』에 남아 있다.

『편년통록』과 『편년강목』은 고려 왕실의 세계를 보충해 주는 역사서였으나 고려 말 유학자 이제현이 『편년통록』을 비판한 이래 줄곧 논란의 대상이 되어왔다. 이제현은 『역옹패설』에서 이렇게 말했다.

김관의는 말하기를 성골장군 호경이 강충을 낳고 강충이 보육을 낳았으니 보육이 곧 국조 헌덕대왕이요, 보육이 딸을 낳아 당 귀인

에게 시집 보내 의조(懿祖)를 낳았으며 의조는 세조를 낳고 세조는
태조를 낳았다고 했다. 만약 그의 말대로 한다면 당 귀인은 의조에
게는 아버지요, 보육은 그 의조 아버지의 장인이 되는데 보육을 국
조라고 칭한 것은 무슨 까닭인가?

『고려사』「고려 왕실의 세계」

합리성을 추구했던 유학자 이제현이 볼 때 『편년통록』의 왕건
세계는 믿을 수 없었다. 그후 실증을 주창했던 일제시대의 식민
사학자 이케우치(池內宏)와 이병도 등도 이를 황당한 설화라고
부정해 왔다. 대신 이들은 성도 이름도 없는 '삼대추존'만을 신
뢰했다.

반면 북한에서는 김관의의 『편년통록』에서 호경이 백두산에
서 왔다는 것을 근거로 태조 왕건을 고구려인의 후예로 볼 수 있
다고 긍정적으로 평가했다. 그러나 엄밀하게 말하면 호경부터
진의까지는 태조 왕건의 외가의 혈통이며, 증조부인 당 귀인-
작제건-용건만이 왕건의 직계 혈통이 된다.

어쨌든 문제가 되는 것은 당 귀인이 누구인가 하는 점이다. 앞
서 보았듯이 당 귀인이 당의 숙종 또는 선종이라는 기록이 있지
만 신뢰할 만한 내용은 아니다. 당 귀인이 누구인지 알려면 작제
건을 주목해야 한다. 그의 부친이 엄청난 돈 꾸러미를 가지고 온
당 귀인이며, 그가 부친을 찾으러 당에 갈 때 상선을 타고 갔다
는 점 등이 당 귀인의 배경을 짐작케 하기 때문이다.

이는 당 귀인이 숙종 또는 선종이기보다는 신라에 왔던 재당
상인이었다고 보는 것이 더욱 합리적이다. 그것도 중국 상인이
기보다는 당시 신라 무역을 독점하다시피 했던 재당신라인일 가
능성이 있다. 이때 재당신라인은 신라의 후예만이 아니라 백

제·고구려 유민들을 포함하는 것이다. 농업경제학자이자 사학자인 김성호 박사는 『중국 진출 백제인의 해상 활동 1500년』에서 이런 이유 등으로 왕건을 장강(長江)과 회하(淮河) 지역에 거주하던 백제계 유민의 후예라고 보고 있다.

신라와 백제의 은원

그런데 백제계 재당신라인은 신라에 대한 감정이 그리 좋지 않았다. 신라가 백제를 점령한 후 보복 정책을 취했기 때문이다. 신라 왕실은 백제군의 대야성(합천) 공격 때 김춘추의 딸 고타소랑과 사위 품석(品釋)을 잃은 후 백제 왕실을 원수로 여겼다. 『삼국사기』는 이 비보를 전해 들은 김춘추가, "종일토록 기둥에 기대서서 눈 한 번 까딱하지 않고 사람과 물건이 앞을 지나가도 분간하지 못하다가, '아아! 대장부로서 어찌 백제 하나 삼키지 못하랴!'"라고 말하고 백제 멸망에 모든 것을 걸었다고 전한다. 김춘추가 적국이었던 고구려와 일본까지 가서 군사를 요청했던 것은 딸의 복수에 남은 인생을 걸지 않고서는 있을 수 없는 일이었다. 마침내 당나라를 끌어들여 백제의 부여성을 점령한 김춘추의 큰 아들 법민(후일의 문무왕)은 백제 의자왕의 아들 융(隆)을 꿇어앉히고 얼굴에 침을 뱉으며, "전일 너의 아비가 내 누이를 원통히 죽인 일이 20년 동안 나의 마음을 아프게 했으니 오늘 너의 목숨은 내 손에 달렸다"고 윽박지를 정도로 백제 왕실에 대한 신라 왕실의 원한은 뿌리 깊은 것이었다. 태종무열왕 김춘추도 부여성을 점령하고 벌인 승전 잔치에서 소정방과 여러 장수들은 당상에 앉혔지만 의자왕은 당 아래 앉히고 술을 치게 할 정도였다. 『삼국사기』에는 이를 보는 백제 신하들 중 울지 않는 자가 없었다고 기록했는데, 이러한 백제인들의 분노가 백제부흥운동의 불길을 삽시간에 전 백제 지역으로 타오르게 했다. 소정방은 백제인들의 이런 기세에 놀라 의자왕과 태자 효(孝) 등 왕실과 대신 · 장수 88명과 백성 1만 2천 800명을 데리고 당나라로 황급히 돌아갔다.

그러나 663년의 백강 전투와 주류성 함락으로 백제부흥운동이 사실상 좌절되자 신라는 서남해안의 크고 작은 도서들을 신라 왕실과 귀족들의 방마장(放馬場)으로 삼거나 장원(莊園)을 조성했다. 이들 방마장과 장원을 보호하기 위해 서남해에 대한 대대적인 해안봉쇄 정책이 실시되었다. 백제인들은 신라에 있는 한 재기하기 어려웠다고 볼 수 있다.

그래서 이들이 당나라로 건너갔다. 이들은 주로 당나라 연안에 거주하면서 당과 신라, 일본을 오가는 국제 무역을 주도했다. 왕건의 세계에 나오는 당 귀인이 당나라 사람이 아니라 당나라에서 활동하던 재당신라인, 즉 재당삼국인의 후예일지도 모른다는 근거가 여기에 있다.

재당삼국인들 중에는 당나라 조정과 맞설 정도로 거대한 세력을 형성한 인물도 나왔다. 당나라는 안사의 난, 즉 안녹산과 사사명의 난 이후 중앙 통제력이 급속히 악화되었다. 지방에서는 절도사들이 중앙의 통제를 벗어나 독자적인 세력을 키워 번진(藩鎭)으로 발전했다.

산동반도를 장악하고 여러 왕국을 세워 당과 대립했던 치청절도사 이정기는 고구려계 유민이었다. 이정기는 당나라 조정이 어지러운 틈을 타 대운하를 장악하고 이를 이용해 국내외 무역에 나서면서 커다란 경제적 번영을 누릴 수 있었다. 이들은 재당

⑥ 중국 산동성 법화원. 재당신라인들의 중심 무대였다.

신라인의 민간 무역을 관리하던 압해운신라발해양번사(押海運新羅渤海兩蕃使)라는 직책을 이용해 발해로부터 많은 군마들을 수입해 팔았으며 신라 출신의 노비를 매매하기도 했다.

일본승 엔닌의 『입당구법순례행기』에 따르면 재당신라인들의 활동 지역은 산동반도 등주 문등현의 신라소를 비롯하여 대운하 수로의 요충지인 초주와 연수현 등지의 신라방 등인데, 그가 기록한 이들의 생활 풍습을 보면 신라계라기보다는 백제나 고구려계라고 보는 것이 맞을 수 있다.

그런 예의 하나가 적산 법화원 추석 명절에 관한 기록이 있다. 법화원의 노승들은 신라 고유의 명절인 추석의 유래를 '신라가 발해국과 싸워 이긴 승전기념일'로 인식하고 있었다. 추석은 『삼국사기』에 기록되어 있듯이 신라 유리왕 때 부녀들이 두 집단으로 나뉘어 길쌈내기를 한 다음 진 편에서 음식을 장만하여 이긴 쪽을 대접했던 가배(嘉俳) 놀이에서 유래한 것이다. 신라원으로도 불렸던 적산 법화원의 승려가 추석의 유래를 몰랐다는 사실은 그들이 신라 출신이 아니라 백제·고구려 유민들의 후예였음을 암시하는 것이다.

당나라는 이들의 출신 지역을 구분하지 않고 모두 재당신라인으로 인식했고, 이들을 통제하기 위해 초주와 연수현 등 도시에 신라방을 설치하고, 문등현의 적산포, 유산포, 소촌(邵村) 등 해안 지대에는 주 도독부의 직속 관할 하에 있는 자치기구였던 신라소를 만들어 세금 등을 징수했다.

명주(현 영파시)에는 신라번이 있었고 이 근처에는 300여 개의 섬으로 이루어진 주산군도(舟山群島)가 있었는데 이곳도 재당신라인들의 근거지였다. 『당회요』 권78에 따르면 당시 명주 지역을 관할하던 절동관찰사 설융(薛戎)이 재당신라인들의 자치권을 박탈하고, 주산군도도 명주에 편입시키려다가 재당신라인들이 강력하게 반발하는 바람에 실패했다고 한다. 신라방과 신라소는 당나라의 통치를 받는 자치구역인 반면 신라번은 완전히 독립된 자치국으로서 치외법권 지역이었다. 이것은 재당신라인의 뿌리가 그만큼 깊었기 때문이었다. 또한 이 지역은 일찍이 신라계보다는 백제계의 해상 세력이 떨치던 곳으로, 백제 멸망 후에도 재당신라인이라는 이름으로 해상 무역 활동을 이어가고 있었다. 이들은 주산군도의 신라번을 근거지로 삼아 산동반도의 문등현과 초주까지 활동 지역을 넓혔고, 당나라 정부에서는 이들이 거두어들이는 무역 이익을 세금으로 환수하기 위해 자치기구인 신라방이나 신라소 설치를 용인해 주었다. 또한 이들은 일본의 규슈 지역인 하카다 항에도 진출해 집단으로 거주했는데 신라와 사이가 좋지 않았던 일본의 사정을 고려하면 백제계 유민들이 주축이 되었다고 보아야 할 것이다.

그러나 왕건의 조상 호경이 백두산에서 내려오는 것이나 건국 후 고구려 옛땅을 되찾기 위한 북진 정책을 고려의 국시로 만들고, 국호까지 고려라고 지은 것 등은 왕건이 재당백제인의 후예라기보다는 재당고구려인의 후예라고 추측하는 것이 더 자연스럽다. 물론 왕건의 세력 기반이 해상 세력이라는 점은 그를 재당

백제인의 후예로 볼 수 있는 근거가 되기도 한다.

고려 건국 후 문호개방 정책에 의해 많은 중국인들이 고려에 귀화한 사실이 『송사』 등에 기록되어 있는데 이들 역시 중국인 이라기보다는 재당신라인이었을 가능성이 높다. 현재 한국의 275개의 성씨 가운데 60여 성씨는 자신들의 시조를 고려 때 중국으로부터 이주해 고려 조정으로부터 관직을 받은 중국인이라고 기록하고 있다. 이 족보들 중에는 사대주의 사상의 영향으로 만들어진 시조도 있지만 그렇지 않은 경우 원 중국인들의 귀화로 보기는 어렵다. 알려진 일부 사례를 검토해 볼 때 이들의 출신은 복건성, 절강성, 광동성 등 중국 남부 해안 지역이 많은데, 이는 주로 주산군도에 살던 재당신라인들이 고려가 건국된 후 조상들의 옛땅을 찾아 귀국한 것이라고 볼 수도 있다. 왕건의 건국은 백제계나 고구려계 유민들에게 고국으로 돌아갈 수 있는 계기로 인식되었던 것이다. 왕건의 출신에 대해서는 더 많은 연구가 뒤따라야 하겠지만 그가 재당신라인이었을 가능성은 충분하다.

금나라 태조는 고려인의 후예인가

중원을 장악한 대륙 국가 금나라의 조상

꿈에 금나라 태조를 보고 절한 박은식

대한민국 임시정부 제2대 대통령을 역임했던 백암(白巖) 박은식(朴殷植) 선생은 독립운동가이자 『한국통사(韓國痛史)』, 『한국독립운동지혈사(韓國獨立運動之血史)』 등의 역사서를 저술한 민족주의 사학자이기도 하다. 박은식은 많은 역사서를 저술했는데, 그 공통점은 민족주의 색채가 물씬 풍긴다는 점이다. 『단조(檀祖)』, 『동명성왕실기(東明聖王實記)』, 『발해태조건국지(渤海太祖建國誌)』, 『대동민족사(大東民族史)』, 『안의사중근전(安義士重根傳)』 등 제목만 보아도 이런 성향은 명백하다. 그런데 그가 쓴 것 중에 「몽배금태조전(夢拜金太祖傳)」이란 의외의 글이 있다. '꿈에 금(金)나라 태조를 보고 절

● 박은식

했다'는 뜻이다. 박은식 선생은 왜 고려와 대립했던 금나라 태조를 보고 절했을까?

고려 인종 13년(1135) 묘청(妙淸), 백수한, 정지상 등은 '서경(西京)의 난(묘청의 난)'을 일으키며 금나라를 공격해 치욕을 씻자고 주장했다. 그런데도 민족주의 사학자 박은식 선생은 꿈에 금나라 태조를 보고 절했다는 것이다.

> 무릇 대금국(大金國) 태조 황제는 우리 평주인(平州人) 김준(金俊)씨의 9세손이요, 그 발상지는 지금 함경북도 회령군이요, 그 민족 역사로 말하면 여진족은 발해족의 변칭자(變稱者:고쳐서 달리 부르는 것)요, 발해족은 마한족의 이주자가 많은지라. 금국 역사로 말하면 두만강변의 일개 소부락으로 굴기(崛起)하여 일거에 요(遼)나라를 멸하고 재거(再擧)에 북송(北宋)을 취하여 지나(支那:중국) 천지에 주권을 장악했노니 같은 땅[均是吾土]에서 나온 우리 민족[吾族]의 사람으로 특별히 천제(天帝)의 사랑하는 아들[愛子]이 되어 무등(無等)한 복록(福祿)을 받고 무상(無上)한 광영(光榮)을 발표함은 실로 단군 대황조(大皇祖)의 음덕[餘蔭]과 백두산의 영우(靈佑)로 인함이라.
>
> 『박은식 전서』「몽배금태조전(夢拜金太祖傳)」

박은식이 만주를 바라보는 민족사의 관점은 여진족 역시 우리 민족의 한 갈래라는 것이다. 따라서 여진족이 세운 금나라(1115~1234)는 우리 역사의 틀 속에서, 단군의 자손이란 관점에서 이해해야 한다는 것이다. 또한 금나라 개국 시조는 평주 출신 김준의 9세손이라는 것이다.

여진족은 퉁구스(Tungus)계의 일족인데, 퉁구스란 서양인들이 알타이어를 사용하는 동방족을 '동후〔東胡〕'라고 부른 데서 유래한다. 우리 민족 역시 퉁구스족에서 나온 것으로 보는 견해가 지배적이라는 점에서 두 민족 사이의 유사성을 찾을 수 있다. 우리는 만주와 한반도 일대에 걸쳐서 거주한 반면 여진족은 만주 일대 특히 송화강, 흑룡강, 목단강, 두만강 및 연해주 일대에 분포되어 반수렵, 반농목 생활을 했다. 여진족은 시기에 따라 숙신, 말갈 등으로 불렸는데, 말갈은 『삼국사기』 고구려 시조 동명성왕조를 비롯해 여러 차례 등장한다. 『삼국사기』에 등장하는 말갈족은 고구려의 제후인데 장수왕이 재위 56년(468) 말갈 병사 1만 명을 거느리고 신라의 실직주(悉直州) 성을 공격해서 빼앗는 것이나 영양왕이 재위 9년 말갈 군사 1만여 명을 거느리고 요하를 건너 수나라를 공격하는 것 등은 말갈이 고구려의 제후국, 또는 속국이었음을 뜻한다.

　고구려 멸망 후 30여 년(699) 후 고구려 유민 대조영이 말갈족을 거느리고 발해를 건국하는 것은 사실상 고구려의 재건이었다. 말갈은 고구려 때와 마찬가지로 발해에서도 고구려 후예들의 속국이었다. 발해가 926년 거란에 멸망하면서 말갈족은 거란족이 세운 요나라의 지배를 받았다. 그러나 모든 말갈족이 요나라의 직접 지배를 받은 것이 아니라 요의 호적에 편입되어 직접 통치를 받은 숙여진(熟女眞)과 직접적인 통치를 받지 않은 생여진(生女眞)으로 나뉘어진다. 생여진은 현재의 중국 길림성 동북 지방(송화강 동남)에 흩어져 살았고, 숙여진은 그 서남 지역에 거주했다. 고려는 동북 함경도 방면부터 그 북쪽에 거주하는 여진을 동여진, 서북 평안도 방면부터 그 북쪽에 거주하는 여진을 서여진, 또는 압록여진이라고 불렀다. 동여진이 거란 기준으로 생여진을 말하는 것인데, 『금사(金史)』는 자신들의 거주지를 이렇게 말하고 있다.

> 흑수말갈은…… 북쪽에 살고 있어 거란의 호적을 가지지 않아 생여직(生女直)이라고 불렀다. 그들의 위치는 혼동강(混同江) 장백산(長白山)에 있다. 혼동강은 흑룡강이라고 불렀는데 소위 백산 흑수가 이것이다.
>
> 『금사』 권1, 본기 1, 세기(世紀)

고려 북쪽의 함경도 지방부터 혼동강(混同江:현재의 송화강) 유역까지 거주한 생여직이 바로 생여진, 고려의 분류법으로는 동여진인 것이다.

여진족을 통일하고 금을 건설하다

선비족의 하나였던 거란족은 야율아보기(耶律阿保機)가 흩어졌던 8부족을 통합하면서 흥기하기 시작해 916년에는 거란국을 건설했고, 1004년 송과 '전연(澶淵)의 맹(盟)'을 맺으면서 사실상 송나라의 상국(上國)이 된다. 송은 매년 거란에게 견 20만 필, 은 10만 냥을 세폐로 보내고서야 평화를 얻을 수 있었던 것이다. 그러나 거란의 천조제(天祚帝)가 송에서 받은 막대한 세폐에 빠져 향락을 일삼는 동안 72부족으로 갈라져 있던 여진족에 통합의 기운이 높아갔다. 여진족 통합의 주역은 훗날 금 태조가 되는 아골타(阿骨打)인데, 송화강의 지류인 아르치카강 기슭에 살고 있던 완안부(完顏部)의 부족장이었다. 『금사』 본기 세기는 시조 함보(函普)부터 태조 아골타까지의 계보를 이렇게 기록하고 있다.

함보(函普) - 오노(烏魯) - 발해(跋海) - 수가(綬可) - 석로(石魯) -
오고내(烏古迺) - 영가(盈歌) - [핵리발(劾里鉢)] - 오아속(烏雅束) -
아골타(阿骨打)

아골타는 1114년 요나라의 지배 아래 있던 빈주(賓州), 상주
(祥州), 함주(咸州) 등을 공격해 이곳에 살고 있던 숙여진과 발
해인을 정복하고 이듬해(1115) 정월에는 국호를 대금(大金), 연
호를 수국(收國)이라 하면서 황제로 취임해 금의 태조가 되었다.
금 태조는 이듬해 요나라 천조제의 친정군(親征軍)을 현재의 길
림성 부여 부근에서 격파해 만주 정세의 주도권을 장악하고,
1117년에는 숙여진 전부를 복속시켜 전 여진족 통합의 숙원을
완성하고 이를 기념해 연호를 천보(天輔)라고 고쳤다.
　　금 태조에게 1120년은 결정적인 해였다. 금과 외교 관계가 없
던 송나라에서 요에 대한 협공을 제의한 것이다. 요에 보내던 세
폐(歲幣)와 만리장성 이북의 영토를 주겠다는 송의 제의를 거절
할 이유가 없었던 금 태조는 송과 협공해 요나라 군사를 궤멸시
키고 만리장성을 넘어 남경(南京 : 지금의 북경)까지 함락시켰다.
송나라는 원래 약속했던 은 20만 냥과 비단 30만 필의 세폐 이
외에 은 100만 냥과 군량 20만 석을 추가로 지불하고 나서야 금
을 남경에서 철수시킬 수 있었다.
　　금 태조 사후 한때 요에 볼모로 잡혀갔던 동생 오걸매(吳乞買 :
태종)가 뒤를 이었는데, 그는 즉위하자마자 음산(陰山)에 숨어
있던 요의 천조제를 생포함으로써 거란족이 세운 요나라를 건국
218년(1125) 만에 멸망시켰다.
　　막상 요가 멸망하자 송나라는 세폐 약속을 지키지 않았을 뿐
만 아니라 전통적인 이이제이(以夷制夷) 정책으로 금 조정의 내

분을 조성했다. 이에 분개한 금 태종이 송의 수도 개봉 가까이까지 진군하자 휘종은 황위를 태자 흠종(欽宗)에게 양위했다. 금 태종이 진군을 계속하자 송나라는 금 500만 냥, 은 5천만 냥, 우마 1만 필, 표단 100만 필과 화북의 요충지 중산(中山), 하간(河間), 태원(太原)의 3진(鎭) 33주를 이양하겠다고 제의해 금군을 철수시켰다. 그러나 송이 또다시 약속을 어기자 금은 군사를 일으켜 송의 수도 개봉을 함락하고 휘종과 흠종 두 황제와 황족 3천여 명을 포로로 잡아 만주로 돌아갔는데, 이를 '정강의 변'이라고 한다. 이이제이 정책으로 요를 견제하기 위해 금을 끌어들였던 송은 개국 168년 만에 완전히 초토화되고 말았다.

　겨우 만주로 끌려가는 것을 모면한 휘종의 아들 강왕(康王)이 양자강 남쪽의 임안(臨安:항주)에서 재건한 것이 바로 남송(南

🌀 소주의 운하. 송나라는 금나라에 의해 양자강 남쪽으로 쫓겨나 남송을 세웠다. 중국 역사에서 중원을 차지한 쪽이 정통왕조였으므로 금나라에 대한 남송의 증오심과 열등감은 컸다.

宋)이다. 요나라에 이어 송나라까지 멸망시킨 금나라는 동쪽으로는 연해주와 서쪽으로는 감숙성 동부, 북쪽으로는 음산산맥, 남쪽으로는 회수에 달하는 광대한 영토를 차지하게 되었다.

금 태조 아골타는 고려인의 후예인가

'일개 소부락으로 굴기하여 일거에 요나라를 멸하고 재거(再擧)에 북송을 취하여 지나 천지에 주권을 장악했다'는 박은식 선생의 말은 정확한 것이었다. 그런 금나라 개국 시조 아골타는 과연 고려인의 후예인가?

그 근거는 먼저 금나라 정사인『금사』에서 찾을 수 있다. 황제들의 계통을 기록한『금사』본기 세기 목종영가(穆宗盈歌)조에는 "금나라 시조 이름은 함보로 처음 고려국에서 왔다. 이때 함보의 나이 이미 60여 세였다. 함보의 형 아고내는 불교를 좋아하여 함께 오지 아니하고 고려에 머물렀다"고 기록하고 있다.

훗날 여진족은 청나라를 세워 중원을 다시 정복하는데, 그 전성기 때인 건륭제(乾隆帝) 때 황명으로 편찬된『만주원류고(滿洲源流考)』에도, "금의 시조 합부(哈富)는 처음 고려국에서 완안부로 와서 거주하니 마침내 완안부 사람이 되었다. 안출호(安出虎)에 거주했으니 금을 안출호라고 한다"라고 적어 금나라 시조가 고려에서 왔음을 적시했다. 그런데『만주원류고』는 기술 대상에서 일부러 고구려를 배제했다. 이 책의 서문에 "이제 여러 과거사를 회상해 보면 숙신, 부여, 삼한, 말갈, 백제, 신라, 발해, 여진 등 여러 나라의 연혁을 가히 증험할 수 있습니다.〔稽諸古昔 若 肅愼, 夫餘, 三韓, 靺鞨, 百濟, 新羅, 渤海, 女眞 諸國 沿革 可

◉ 심양 북릉. 청나라 황제들을 모신 능이다. 청나라 역시 금나라처럼 여진족(만주족)이 세운 나라로서 중원을 장악했다.

徵)" 하면서 고구려 역사를 배제한 이유는 고구려의 역사를 기술하면 만주 역사를 자신들 중심으로 기술할 수 없기 때문이었을 것이다. 이외에 남송의 홍호(洪皓)가 엮은 『송막기문(松漠紀聞)』도 금 시조의 조상을 신라인으로 기록하고 있다. 우리나라의 옛 기록들도 이런 사실을 알고 있었다.

옛날 우리나라 평주(오늘의 황해도 평산)의 중 금준(今俊)이 도망하여 여진으로 들어가서 아지고촌에 사니, 이가 금나라의 시조라한다. 혹은 말하기를 평주의 중 금행(今幸)의 아들 극수(克守)가 처음으로 여진에 들어가 아지고촌에 살면서 여진 여자에게 장가들어아들을 낳았는데 그를 고을태사(古乙太師)라고 했다. 고을이 활라태사(活羅太師)를 낳고 활라는 아들이 많았다. 그 장자가 핵리발(劾里鉢), 차자가 영가(盈歌)였는데 영가가 제일 영웅호걸다워서여러 사람의 마음을 얻었다. 영가가 죽으니 핵리발의 장자 오아속

잊혀진 왕국·고려사의 현장들

(烏雅束)이 위를 계승하고 오아속이 죽으니 아우 아골타가 섰다.

『고려사절요』 권8

『고려사』 예종 10년조도 같은 내용을 적고 있다. 고려인들도 금나라 시조가 고려인의 후예라는 사실을 알고 있었던 것이다.

그럴 수밖에 없었던 것이 여진족 스스로가 고려를 '부모의 나라(父母之邦)'로 섬겼던 것이다. 윤관이 예종 2년(1107) 별무반(기병, 보병, 승병으로 조직된 특수 부대)을 동원해 동여진을 몰아내고 9성을 쌓자 여진은 여러 차례 이를 돌려달라고 호소했다.(『우리 역사의 수수께끼 2』, 「윤관의 9성은 한반도에 있었는가, 만주에 있었는가」 참조)

예종 4년(1109) 동여진은 뇨불(褭弗), 사현(史顯) 등을 사신으로 보내 9성의 환부를 요청했는데, 이때 자신들이 고려의 후손임을 분명히 밝힌다.

지난날 우리의 태사 영가는 우리 조상이 대방(大邦:고려)에서 나왔으니 의리상 자손의 대에 이르기까지 고려에 종속되어야 한다고 말한 적이 있었고, 지금 태사 오아속도 역시 대방을 부모의 나라로 생각하고 있습니다······. 만일 9성을 돌려주어 백성들의 생활을 안착시킨다면 우리는 하늘에 두고 맹세하여 대대손손 정성을 다해 공물을 바칠 것이요······.

『고려사』 권13 예종 4년조

고려를 부모의 나라로 여기는 여진의 이런 인식은 아골타가 금나라를 세우고 황제를 자칭하며 보낸 국서에서도 그대로 드러나고 있다. 금 태조 아골타는 예종 12년(1117) 아지(阿只) 등을 사신으로 보내 "형 대여진 금국황제는 아우 고려국왕에게 국서를 보낸다"며 '형제의 약(約)'을 맺자고 요구하면서 이렇게 말했다.

> 거란을 대국이라 하고 고려를 부모의 나라로 생각하여 정성껏 섬겼는데, 거란이 오만하게도 우리 국토를 유린하고…… 우리가 할 수 없이 항거해 나섰는데, 다행히 하늘의 도움을 받아 그들을 섬멸하게 되었다. 왕은 우리에게 화친을 허락하고 형제의 의를 맺어 영세무궁한 우호 관계를 가지기 바란다.
>
> 『고려사』권14 예종 12년조

이처럼 여진은 그 이전은 물론 금나라를 세운 후에도 고려를 '부모의 나라'로 생각했던 것이다. 그래서 여진족은 강성해지기 이전에는 고려에 향화(向化)하거나 투화(投化)해 고려인이 되는 경우가 적지 않았고 고려는 이런 여진인들에게 빈 땅을 주어 살게 하거나 변방의 방위군에 편입시키는 등의 회유책을 썼으며, 그들의 추장들에게는 무산계(武散階)나 향직(鄕職) 등의 직계를 주어 고려의 영향권 아래 넣기도 했다.

조선 중종 25년(1530) 편찬된 『신증 동국여지승람』권41 평산 도호부조에는 "옛적 황해도 평산에 금준이라는 중이 있었는데 여진에 들어가 아지고촌에 거했으니 금 태조 아골타가 곧 그의 후예인 것이다"라고 써서 금 태조가 고려의 후예임을 알고 있었다. 단재 신채호도 『조선사연구초』에서 "여진은 삼한시대의 예맥이요 삼국시대의 말갈이니, 고구려가 망하매 발해에 속하고, 발해가 망하매 고려에 속했다"고 여진을 우리 민족의 한 줄기로 이해하고 있다.

묘청의 난과 금

금 태조 아골타가 형제 관계를 맺자고 요구했을 때 고려 조정은 크게 분노했으나 묵살하는 것으로 대응을 유보했다. 그후 요를 토멸(討滅)하고 송나라를 중국 남쪽으로 밀어낸 금 태종은 인종 4년(1126) 군신 관계를 맺자며 요구했다. 고려는 논란 끝에 칭신을 결정하고 정응문과 이후를 보내 '칭신상표(稱臣上表)'의 글을 올렸고, 인종 7년(1129)에는 금의 요구로 "충성스런 마음이 하늘의 태양같이 밝을 것이요, 만일 이 맹세를 어긴다면 하늘이 벌을 내릴 것입니다"라는 서표(誓表)까지 보냈다.

과거 부모의 나라로 섬김을 받던 여진족에게 칭신하게 되자 묘청, 정지상 등 주전파들은 북벌을 주장했다. 묘청 등의 주전파는 "왕궁을 서경(西京:평양)으로 옮기고 부패된 조신들을 숙청하고 국정을 쇄신하여 남송과 싸움에 골몰하는 금의 후방을 공격하자"며 만주를 공격하자고 주장했다.

이는 변화하는 국제 정세의 반영이기도 했는데, 이 무렵 요의 귀족이던 양왕(梁王) 아리(雅里)와 대해국(大奚國), 서요국, 대초국(大楚國) 등이 금에 항거하여 곳곳에서 일어났으며, 남경에서 항주까지 승승장구하던 금의 군대는 금 태종 8년(1130) 송의 명장 악비에게 정안(靜安)에서 대패한 것을 기점으로 몰리기 시작해 화상원(和尙原) 전투, 호상(湖湘) 전투 등 크고 작은 전투에서 남송의 군사들에게 연패당했다. 이때 만일 고려군이 금국의 빈 북방을 공격했다면 고려는 만주를 장악했을 것이고 근거지를 잃어버린 금나라는 더욱 사면초가에 빠졌을 것이다. 그러나 묘청 등이 인종 13년(1135) 평양에서 국호를 대위(大爲), 연호를 천개(天開)라 하며 일으킨 봉기는 김부식 등에게 진압당하

우
리
역
사
의
수
수
께
끼
3

고 말았다.

이 덕분에 금나라는 남송과 전쟁에 전념할 수 있었으나 남송과 지루한 일진일퇴를 거듭했다. 금군은 1140년 주선진(朱仙鎭)에서 남송의 악비에게 대패당했으나 악비는 전쟁 종결을 바라는 진회(秦檜)에 의해 이듬해 10월 옥에 갇혔다. 11월 남송이 금나라에 칭신하고, 다음달 대금강경파 악비를 사형시킴으로써 전쟁은 금나라의 승리로 돌아갔다.

이후 금은 고려에 대한 예속을 강화해 인종 20년(1142) 5월 책봉사를 보내 인종을 고려왕으로 봉한다면서 왕이 쓰는 관, 복장, 왕의 인(印) 등을 하사했으며, 종묘와 12왕릉에서 이것을 고하고 제사 지내게 했다. 그후 금은 왕이 바뀔 때마다 책봉사를 보냈으며 고려 왕조는 82년간 금의 연호를 사용해야 했다.

중국 북부를 차지한 금나라는 군사력의 약화와 한화(漢化)를 방지하기 위해 온갖 노력을 기울였다. 우선 여진인 고유의 순박하고 강건한 기풍을 유지하기 위해 중국식 성명 사용을 금하고 중국식 복식 착용도 금했다. 또 여진 문자를 창안해 보급했고 여진국자학 등의 학교를 세워 여진족의 고유 풍속과 역사를 가르치고 중국의 경서(經書)와 사서(史書)는 여진 문자로 번역해 일반인에게 보급했다. 그리고 여진 문자와 여진어를 고시 과목으로 하는 여진진사과를 설치해 여진족 출신의 고위 문신을 양성하려고 노력했다.

그러나 금 왕조의 이런 정책에도 불구하고 여진족의 한화 현상을 방지할 수 없었다. 결국 금 왕조 말기에는 정치, 경제, 문화 등 모든 면에서 급속도로 한화되어 갔고 우수한 군사력도 더 이상 유지할 수 없게 되었다. 그 결과 1234년 남송과 몽고의 연합군에 의해 멸망되었으니 10대 120년 만이었다.

잊혀진 왕국, 고려사의 현장들

고려는 여진에 대해서 시종 '사람의 탈을 쓰고 짐승의 마음을 가진 자'라는 선입견을 갖고 대했다. 만약 고려가 여진을 민족 지류의 하나로 인식하고 연합했다면 우리 역사는 분명히 달라졌을 것이다. 좁은 한반도에 갇히지도, 더구나 훗날 병자호란의 치욕 같은 것도 없었을 것이다.

역사 사실로 둔갑한 설화

민간의 고려장 풍습

2004년 4월의 17대 총선에서 집권당 당 의장이 "60대 이상 70대 는 투표 안 해도 괜찮다······. 집에서 쉬셔도 된다"라고 발언했다 가 큰 곤욕을 치렀다. 이에 대해 야당이던 민주당 대변인이 "고려 시대에 고려장이란 악습이 있었다. 노동력을 잃은 늙은 부모를 깊은 산속에 버리고 와 굶어죽게 만든 반인륜적 악습이었다"라고 비판한 것을 비롯해 여러 언론 매체나 인터넷상에서도 고려장 발언이라며 비난했다.

고려장은 대부분의 국어사전에도 실려 있는데, 『엣센스 국어 사전』에는 "고구려 때, 늙고 병든 사람을 산 채로 광중에 두었다 가 죽으면 그 속에 매장하였던 일"이라고 씌어 있다. 고려장 이 야기는 한때 교과서에도 실렸는데 효도를 강조하기 위한 것이었 겠지만 결과적으로 우리나라에 부모를 버리는 풍습이 있었다는 인식을 심어주는 부정적 역할을 했다. 그러나 고려장이 실재했던 증거를 대라면 말하지 못하는 것이 현실이다. 고려장은 실제 있었을까?

현재 전해지고 있는 고려장 전설은 여러 종류가 있지만 크게 나누면 두 가지이다. 하나는 민간에서 시행하는 관습이었다는 설이고, 다른 하나는 고려나 고구려시대 때 국왕의 명으로 존재했던 국법이라는 설이다.

먼저 민간의 고려장 풍습을 요약하면 이렇다.

옛날에 70세(혹은 60세)가 되면 산 채로 산에다 갖다 버리는 고려장 풍습이 있었다. 한 아들이 아버지가 70세가 되자 지게에 싣고 버리기 위해 산으로 가는데 어린 아들이 따라왔다. 어린 아들이 지게를 되가져 오려 하자 아버지가 말렸다. 그러자 어린 아들은 "나중에 아버지가 늙으면 갖다 버릴 때 써야 하지 않겠습니까?"라고 대답했다. 어린 아들의 말에 크게 깨달은 아버지는 다시 늙은 아버지를 모시고 돌아왔다. 그후로 고려장이 없어졌다.

이 민간 전설에서 변형된 것도 있다. 아들이 늙은 어머니를 지게에 지고 산으로 올라가는데 어머니가 계속 나뭇가지를 꺾었다. 아들이 왜 나뭇가지를 꺾느냐고 묻자 늙은 어머니는 "네가 내려갈 때 길을 잃을까 봐 그런다"라고 대답했다. 이 말을 듣고 크게 깨달은 아들이 다시 어머니를 모시고 돌아왔다는 이야기이다. 이 전설들은 민간에서 늙은 부모를 갖다 버리는 풍습이 광범위하게 자행되다가 어린 아들이나 늙은 부모의 행위로 깨달음을 얻은 장성한 아들에 의해 고려장이 없어졌다는 내용이다.

국왕의 명에 의한 고려장

국왕의 명으로 존재했던 고려장 전설은 그 구조가 조금 복잡하다.

고려시대에 노인들을 보기 싫어하던 국왕이 70세 이상의 노인은 산에다 갖다 버리라고 명령했다. 한 효자는 차마 늙은 아버지를 갖다 버릴 수가 없었다. 국법과 효성 사이에서 고민하던 효자는 고려장을 했다는 소문을 내고는 집안에 몰래 아버지를 숨겨두고 모셨다. 그 무렵 중국에서 온 사신이 국왕에게 어려운 문제를 풀라고 요구했다. 뱀의 암수를 구별할 수 있는가, 말의 어미와 새끼를 구별할 수 있는가, 나무의 상하를 구별할 수 있는가, 코끼리의 무게를 알 수 있는가 등의 문제들이었다. 국왕은 사람들에게 널리 알려 문제의 해답을 구했으나 아무도 풀지 못해 나라가 곤경에 처했다. 그러자 효자의 부친이 아들에게 답을 가르쳐주었다. 부드러운 것 위에 뱀을 올려놓으면 수컷은 요란하게 움직이고 암컷은 조용히 있다는 것이며, 먹이를 주면 말의 어미는 반드시 새끼에게 먹이를 밀어줄 것이며, 나무를 물 속에 넣으면 무거운 뿌리 쪽이 가라앉고 가벼운 위쪽이 물 위로 뜰 것이므로 쉽게 구별할 수 있다는 것이다. 또 코끼리의 무게를 재기 위해서는 먼저 코끼리를 배에 태워 못 속에 넣고 배가 가라앉는 정도를 눈금으로 표시한 다음 무게를 단 돌을 배에 실어 그 금만큼 되면 코끼리의 무게를 알 수 있다는 것이다.

이 대답을 듣고 크게 기뻐한 국왕이 효자에게 포상하려 하자 그는 문제를 푼 인물이 감춰두었던 부친임을 고백했다. 그러면서 상 대신에 고려장을 폐지해 줄 것을 요구했다. 여기서 깨달음을 얻은 국왕은 고려장을 폐지했다.

이런 내용들을 들으면 마치 고려장이 실제 있었던 일처럼 생각되지만 사실 기초적인 것부터 분명하지 않다. 일부 국어사전에는 고려장을 고구려 때의 일이라고 적고 있으나 그것부터가 고려장의 근거가 얼마나 부정확한지를 말해 주는 증거이다.

고구려와 고려의 장례 풍습

중국의 역사 기록들은 고구려도 고려라고 기록하다가 왕건이 건국한 고려와 구별하기 위해 구(句)자를 넣어 기록했으니 고구려와 고려를 혼동하는 것은 이해할 수 있다. 언제의 일인지 알기 위해 고구려와 고려의 장례 풍습을 살펴보자.

먼저 고구려의 장례 풍습을 살펴보자. 3세기 때의 중국 기록인 『삼국지』 위지 동이전 고구려조는 고구려의 장례 풍습에 대해 "장례는 후하게 하는데 금은과 재화를 모두 사자(死者)를 보내는 데 쓴다. 돌을 쌓아 봉분을 만들고 무덤 둘레에는 송백(松柏)을 심는다"라고 기록하고 있다. 이것은 고구려가 환도성(만주 통구)에 있던 시절의 기록인데 장례에 재산을 모두 다 쓸 정도였으며, 돌을 쌓아 봉분을 만들고 둘레에 송백까지 심어 장엄하게 꾸몄던 나라에서 나이 든 부모를 산에다 갖다 버릴 수는 없는 노릇이다. 이런 중국 기록 외에도 찬란한 벽화가 그려진 고구려의 고분은 그 정교함과 화려함이 세상에 자랑할 만하다. 고구려 고분 벽화는 사망한 주인공이 저승에서도 이승과 같은 부귀영화를 누리기 바라는 후손들의 마음을 담아 제작한 것이다. 망자가 저승에서도 행복을 누리기를 바라는 마음에서 벽화까지 그린 고구려인들이 부모가 늙었다는 이유로 버렸다고는 보기 어렵다.

● 고구려 떼무덤. 돌로 방을 만드는 고구려의 무덤 형태는 고려장의 증거라고 잘못 이해되기도 했다.

그럼 고려시대는 어땠을까?

고려는 불교와 유교가 성했던 나라인데, 불교나 유교 모두 부모에 대한 효도를 중시한다. 고려도 장례를 후히 치렀는데, 『고려사』에 따르면 예종 11년에 왕은 천수사에 행차해 태후의 명복을 빌었다는 내용이 있으며, 목은 이색이 찬한 『농상집요(農桑輯要)』에는 "고려 풍속에 장례나 제사 때에는 고기를 먹지 않고 소식(素食)한다"는 기록이 있다.

『고려사』「열전」효우(孝友)조는 서문에 "부모에게 효성하고 형제간에 우애 있는 것은 인간의 항성(恒性)이다. 그런데 세간의 교화가 쇠퇴하니 그 항성을 잃은 백성이 많다. 그러므로 효성과 우애에 모든 힘쓰는 자를 세상에 널리 알리고 장려하지 않을 수 있겠는가?"라고 효도를 강조했다. 효우조에 실린 위초(尉貂)

라는 인물은 부친 위영성이 나쁜 병에 걸리자 자신의 넙적다리 살을 베어 만든 만두를 먹여 낫게 한 인물이다. 장성현 사람 서릉(徐稜)의 효성도 보통이 아니었다. 그는 모친을 봉양하기 위해 벼슬도 마다하던 터에 삼동설한에 어머니 목에 종양이 생겼다. 의원이 산 개구리를 구하지 못하면 낫기 어렵다는 처방을 듣고 한 겨울에 산 개구리를 구할 수 없다는 사실에 통곡했다. 그러자 문득 개구리 한 마리가 나무에서 떨어져 솥에 들어갔는데 이 약을 조제해 바르니 병이 나았다. 그 고을 사람인 대장군 서희(徐曦)는 이 이야기를 할 때면 언제나 눈물을 흘렸다고 『고려사』에 기록되어 있다. 이 외에도 『고려사』에는 우왕 8년 부친 신사천이 왜적의 손에 죽자 왜적에게 달려들어 싸우다가 죽은 16세 딸 신씨의 효성을 칭찬하면서 나라에서는 비석을 세워 정표(旌表)했다고 하는데, 이처럼 효성을 강조한 고려에서 늙은 부모를 산에다 버리는 고려장이 있었다고 보기는 어렵다. 결국 고구려나 고려 어디에도 고려장이 있었다고는 볼 수 없다.

중국과 일본의 고려장 설화

그러면 고려장 전설은 어떻게 생겨났을까? 먼저 민간의 고려장 풍습에 대해서 살펴보자. 이 전설의 원전은 고구려나 고려가 아니라 중국의 「효자전(孝子傳)」에 실린 원곡(原穀) 이야기로 추정된다. 손진태의 『조선민속설화의 연구』에 실려 있는 이야기이다. 원곡의 아버지가 연로한 할아버지를 갖다 버리려 하자 열다섯 살 된 원곡이 울면서 말렸다. 그러나 원곡의 아버지는 끝내 수레(輿)를 만들어 노부(老父)를 갖다 버렸다. 따라갔던 원곡이

우리 역사의 수수께끼 3

수레를 거두려 하자 아버지가 "이처럼 흉한 것을 어디에 쓰려고 거두어오느냐"고 물었다. 이에 원곡은 "아버지께서 늙으시면 다시 만들지 않기 위해서 거두는 것입니다"라고 대답했고, 이에 부끄러움을 느낀 원곡의 아버지가 할아버지를 다시 모시고 와서 잘 봉양해 효자가 되었다는 이야기이다. 우리나라의 고려장 설화와 중국의「효자전」은 노인을 갖다 버리는 기구가 지게와 수레라는 점만 다를 뿐 이야기 구조는 완전히 같다.

일본에도 비슷한 형태의 이야기가 전한다. 서기 833년 준나(淳和)천황 때 편찬된『명의해(命義解)』라는 책에는 중국의「선현전(先賢傳)」을 인용해 비슷한 내용을 전하고 있다. 중국의 유주(幽州) 가까운 곳에 북적(北狄)이 살았는데, 그 민족은 노인을 천시하고 젊은이를 귀하게 여겼다. 북적의 원효재(原孝才)란 인물이 늙은 아버지를 수레에 태워 들판에 갖다 버리는데 열 살 난 어린 아들이 크게 울면서 달래도 듣지 않았다. 어린 아들은 울음을 멈출 것을 요구하는 아버지에게 "저는 아버지가 할아버지를 버리는 것이 슬퍼서 우는 것이 아니라 나중에 아버지께서 늙으시면 제가 또 아버지를 버려야 하기 때문에 슬픈 것입니다"라고 답했다. 이 말에 아버지가 부끄러움을 느끼고 늙은 아버지를 모시고 돌아와 효자가 되었다는 이야기이다. 중국의 원곡 이야기나 일본의 원효재 이야기는 늙은 부모를 갖다 버리려던 아들이 손자에게 깨달은 후 고려장을 없애버린다는 공통점을 갖고 있다.

그런데 일본의 고려장 전설은 더 생생한 데가 있다. 1999년에 국내에서도 개봉된〈나라야마 부시코〉는 일본의 기로(棄老) 풍습을 소재로 한 영화이다. 일흔이 되면 나라야마 산 꼭대기에서 생을 마감해야 하는 한 가난한 마을의 기로 풍습이 소재이다. 이 마을은 남의 음식을 훔치면 가족까지 산채로 매장될 정도로 극

🌀 일본 영화 〈나라야마 부시코〉. 기로 전설을
소재로 한 영화이다.

도로 가난한 마을이다. 70세
의 노인을 버리지 못하는 자
식은 남자답지 못한 것으로
지탄의 대상이 된다. 주인공
다쓰헤이의 모친 오린은 69세
가 되자 만나는 사람마다 겨
울에 나라야마 산에 갈 것이
라고 즐거운 얼굴로 알린다.
다쓰헤이의 아버지는 30년 전
할머니를 버리지 않으려고 마
을을 떠났는데, 그는 그런 아
버지를 평생 원망했지만 막상
자신이 아버지의 처지가 되자
어머니를 버리는 대신 마을을
떠났던 아버지를 이해하게 되
었다. 그러나 어머니 오린은 아들에게 "다쓰헤이야, 넌 아버지처
럼 겁쟁이가 되면 안 된다. 너에게 식구들의 목숨이 걸린 것을
잊어서는 안 된다"라고 거듭 다짐시킨다. 기로 풍습을 용기와
결부시킨 데서 일본 무사문화의 침투가 엿보인다. 또한 나라야
마 산 정상에서 삶을 마감한 노인에게는 천국이 기다린다는 믿
음도 있기 때문에 노부모를 버리고 오는 것이 효도가 된다. 눈
오는 날 어머니를 산 정상에 버리고 집에 돌아온 다쓰헤이는 아
들 게사키치의 노래를 듣는다. "할머니는 운이 좋아. 눈이 오는
날에 나라야마에 갔다네"라는 노래인데, 가족들은 이미 어머니
의 옷을 나눠 입고 있다. 마치 십자가에 매달린 예수의 겉옷을
나눠가졌다는 성서 구절을 생각하게 하는 장면이다.

이마무라 쇼헤이 감독의 이 영화는 칸 영화제에 출품되어 황금종려상을 수상했고 구로자와 아키라 이후 퇴보의 길을 걷던 일본 영화를 단숨에 절정으로 다시 끌어올렸다는 평가를 받았지만 문제는 그 배경이 '지금으로부터 약 100년 전'이라는 점이다. 적어도 100년 전에 고려장이 존재했다고 상상조차 할 수 없는 한국과 달리 100년 전의 일본 마을을 배경으로 이런 사실주의 영화를 만들 수 있다는 사실 자체가 기로 전설에 대한 양국 국민의 인식차를 보여주는 것인지도 모른다.

불경에서 온 기로 전설과 고려장의 실재 여부

국왕의 명으로 존재했던 고려장 전설의 원형은 불교 경전인 『잡보장경제일(雜寶藏經第一)』에 실려 있는 '기로국(棄老國)' 이야기이다.

기로국의 한 대신이 차마 아버지를 버릴 수 없어서 밀실을 만들어 아버지를 감추고 모셨다. 이 무렵 천신(天神)이 와서 7일의 기간 내에 국가의 존망을 조건으로 어려운 문제를 풀라고 요구했다. 두 마리 뱀의 암수를 구별할 수 있는가, 큰 코끼리의 무게를 잴 수 있는가, 향나무의 상하를 구별할 수 있는가, 모양이 비슷한 두 마리 말의 어미와 새끼를 구별할 수 있는가, 잠든 자를 이름 붙여 깨달은 자로 만들고 깨달은 자를 이름 붙여 잠든 자로 만들 수 있는가, 수족은 묶이고 머리에는 쇠사슬을 달고 온몸은 불타는 모습을 보여준 후 이보다 더 괴로운 고통을 겪는 자가 있는가 등의 문제였다.

국왕과 대신들은 모두 답을 알지 못해 당황하다가 후한 벼슬을

◎〈기로세련계회도〉. 나라에
서 노인들을 초빙해 잔치를
지내주는 행사를 그린 것이
다. 효를 숭상하는 풍습을
잘 보여준다. 조선시대.

주겠다는 조건으로 방을 걸었다. 대신이 밀실에 숨겨놓은 부친에게 문자 답을 알려주었는데, 뱀의 암수 구분과 나무 상하 측정, 코끼리 무게 측정 등의 문제에 대해 앞의 국왕의 명으로 존재했던 고려장 전설의 답과 같다.

'잠든 자를 이름 붙여~'라는 문제는 '모든 범부를 이름 붙여 깨닫는 자로 만들고 모든 나한을 이름 붙여 잠드는 자로 만든다'라는 것이 답이며, '수족은 묶이고~'라는 문제는 '부모를 봉양하지 않고 어른을 해치며 주인을 배반하고 삼보를 비방하면 내세에 지옥에 떨어져 고통을 당하는데 이런 사람의 고통이 훨씬 크다'는 것이 답이었다. 이에 크게 깨달은 국왕은 고려장을 폐지했다.

불경에서 온 기로국 전설도 그 목적은 부모에 대한 효도를 강조하기 위한 것이다. 기로국 이야기는 앞의 국왕의 명으로 생긴 고려장 이야기와 중국 사신이 천신으로 바뀐 것만 다를 뿐 나머지 줄거리는 같다. 이것은 우리나라의 고려장에 관한 두 전설이 하나는 중국의 원곡 이야기에서 연유하는 것이고, 다른 하나는 불경의 『잡보장경제일』 이야기에서 연유했다는 사실을 말해 준다. 따라서 고려장이 우리 역사에 실제로 존재했던 관습이 아니라 중국과 불경에서 전해진 이야기가 변형되어 알려졌음을 뜻한다. 원작의 내용이나 줄거리는 그대로 두고 풍속, 인명, 지명 따위를 시대나 풍토에 맞게 고치는 번안(飜案) 소설처럼 중국과 불경의 이야기가 우리나라의 전설로 번안되어 존재하게 된 것이다.

이것이 고구려·고려 때의 이야기로 전해지게 된 것은 '고릿적'이란 우리말과 관련이 있는 것으로 해석하는 사람들도 있다. "고릿적 얘기는 왜 또 꺼내고 그래?"라는 말처럼 고릿적은 옛날을 뜻하는 우리말인데, 고릿적 이야기라는 말이 고려시대의 이야기로 변형되어 정착했을 가능성이 높다.

우리나라는 충보다도 효를 더 강조했던 나라이다. 전쟁중에도 부모의 상을 당하면 3년상을 치렀던 나라였다. 기복(起復)이란 용어가 있는데 부모의 상을 맞아 3년상을 치르는 벼슬아치에게 특별히 왕명을 내려 즉각 벼슬에서 나가게 한다는 뜻이다. 물론 평상시에는 이런 명을 내릴 수 없고 전쟁 때나 사용되었던 방법이다. 이처럼 효도를 제일의 가치로 여겼던 나라에서 고려장이 존재할 수는 없었다. 고려장 설화의 본 목적은 효도를 강조하기 위한 것이었으나 점차 부모를 버리는 나쁜 풍습이 우리 역사에 있었던 것처럼 잘못 정착된 것이다. 갈수록 효도관이 옅어지는 그릇된 세태를 바로잡기 위해서도 하루빨리 시정되어야 할 잘못된 상식이다. 잘못 표기된 국어사전도 빨리 바로잡아야 할 것이다.

3부

조선

가깝고도 먼 나라,
조선의 진실

풍수의 명당과 현실의 명당

풍수에 얽힌 이야기들

우리 역사에는 풍수에 얽힌 전설이 많다. 새 왕조를 개창한 개국시조에게는 어김없이 풍수지리에 관한 전설이 따라다닌다. 고려의 왕건과 조선의 이성계가 모두 그렇다.

왕건의 아버지는 용건인데, 당나라에서 풍수를 배운 도선(道詵)선사가 귀국길에 백두산을 둘러보고 송악(개성)에 들렀다가 용건의 집터를 보고 "기장(조)을 심을 터에 왜 삼을 심었는가?"라는 말을 남기고 가 버렸다. 부인으로부터 이 말을 들은 용건은 급히 따라가 도선의 말대로 집을 지은 결과 그 달부터 부인 한씨가 태기가 있었고, 왕건을 낳았다는 이야기가 『고려사』에 전한다. 왕건에게 도선은 송악이 새 왕국의 발상지이며 자신에게 천명이 내려졌음을 입증하는 기능을 했던 인물이다.

실제로 우리 역사상 최고의 풍수가는 도선(道詵:827~898)선사(禪師)이다. 선종 계통의 승려로서 선문구산파 가운데 하나인

동리산파 개조 혜철(惠哲)의 인가를 받아 전남 광양의 옥룡사에서 독자적인 선문을 개설했다고 전해지는 도선의 풍수 사상은 한국 풍수의 만능키라고 할 정도로 수많은 전설을 남기고 있다. 도선은 어느 이인(異人)에게 풍수설을 전수받았다고 전해지는데, 그의 풍수설은 대체로 중국인 일행(一行)의 풍수설에 근간을 두고 있으므로 그 이인이 일행으로 해석하기도 한다.

◉ 도선선사 초상. 우리나라 자생 풍수의 비조이다.

그러나 도선이 이름 높은 것은 우리 국토를 우리의 시각으로 재해석한 '자생 풍수'의 원조이기 때문이다. 고려 태조 왕건의 탄생과 그의 건국을 예언한 것 역시 자생 풍수의 일환이다. 그의 저서인 『도선비기(道詵秘記)』는 고려의 정치·사회면에 그 어느 책보다 많은 영향을 끼쳤다. 태조 왕건이 후왕들에게 내린 「훈요십조(訓要十條)」 제2조는 도선의 영향력을 단적으로 보여주고 있다.

모든 사원은 도선이 산수의 순하고 배역한 것을 추점(推占)하여 개창한 것이다. 도선이 말하기를 "내가 추점하여 정한 이외에 함부로 더 창건하면 지덕(地德)을 손상시켜 왕업이 장구하지 못할 것이다"라고 했다……. 신라 말기에 사탑(寺塔)을 다투어 짓더니 지덕을 손상시켜 망하기에 이르렀으니 어찌 경계하지 않으랴.

『고려사』, 「고려사절요」 태조 26년조

이 외에도 왕건의 「훈요십조」는 서경을 귀하게 여기라는 제5조, 국토에 대해 순역(順逆)의 관점에서 파악한 제8조 등 철저하

⊙ 『연려실기술』. 태조 이성계와 관련된 풍수 이야기가 실려 있다.

게 풍수지리 사상으로 일관하고 있다.

조선의 태조 이성계도 풍수를 중히 여겨, 그와 관련된 일화가 많은데 그중 『연려실기술(燃藜室記述)』에 실린 것을 보자. 이성계가 부친 이자춘(李子春)의 장지(葬地)를 구하고 있는데 두 승려 사제가 지나다 스승이 동산(東山)을 가리키며, "이곳에 왕이 날 땅이 있는데, 너도 아느냐?"라고 묻자 제자가 "산이 세 갈래로 내려오는데 그중 가운데 줄기의 짧은 산 기슭이 정혈(正穴)인 것 같습니다"라고 답했다. 스승은 "네가 자세히 알지 못하는구나. 사람에게 비유하면, 두 손을 쓰는데 오른손이 긴요한 것처럼 오른편 산기슭이 진혈(眞穴)이다"라고 말했다. 종으로부터 이 말을 전해 들은 이성계는 두 승려를 뒤따라가 간절히 청해 명당 자리를 얻은 결과 천명을 받을 수 있었다는 이야기이다. 두 승려 중 스승은 나옹(懶翁)이고 제자는 무학(無學)이라고 전한다. 조선 중기의 문신 차천로(車天輅:1556~1615)가 지은 『오산설림(五山說林)』에는 두 승려가 이성계에게 왕후의 혈과 장상(將相)의 혈 중에서 고르라고 하자 이성계가 왕후의 혈을 골라 승려로부터 "너무 욕심이 많다"는 꾸지람을 들었다고 보다 구체적으로 전한다.

풍수는 이처럼 천명을 얻게도 하지만 때로 목숨을 잃게 하기도 한다. 조선 초 풍수지리에 밝혔던 문신 이현로(李賢老)는 지관(地官)과 문종의 장지를 찾으면서 "백악산 뒤에 궁(宮)을 짓지

우리 역사의 수수께끼 3

않으면 정룡(正龍)이 쇠하고 방룡(傍龍)이 발한다. 태종과 세종은 모두 방룡으로서 임금이 되었고 문종은 정룡이라서 일찍 세상을 떠났다"라고 말했다. 정룡은 종손(宗孫:적장자)을 뜻하고 방룡은 지손(支孫:차자 이하)을 뜻하는데, 이현로의 말대로 백악산 뒤에 궁을 지어 방룡의 기를 막으면 수양대군은 왕좌를 차지할 수 없었다. 그래서 수양대군은 백악산에 궁을 짓기 전에 계유정난을 일으켰으며, 이현로는 물론 그의 16세 이상 자식까지도 모두 죽여버렸다. 그러나 '정룡이 쇠하고 방룡이 성한다'는 이현로의 진단은 일단 왕이 된 수양대군(세조)에게도 그대로 적용되었다.

세조의 맏아들 의경세자는 일찍 사망해 둘째 예종이 뒤를 이었고, 예종의 후사 또한 의경세자의 둘째인 성종이 이었다. 성종의 장남 연산군은 쫓겨나고 그 차남 중종이 뒤를 이었으며 중종의 장남 인종은 즉위 1년도 못 되어 사망하고 차남 명종이 뒤를 이었으니 백악산 뒤에 궁을 짓지 않으면 '정룡이 쇠하고 방룡이 발한다'는 이현로의 말은 적중한 셈이다.

이현로의 진단은 서울의 지세를 풍수지리설로 풀이한 것인데, 세조 때 문신이었던 성현이 『용재총화(慵齋叢話)』에서 "한양은 서북쪽이 높고 동남쪽이 얕으므로 장남이 잘되지 못하고 차남들이 잘되어 오늘날까지 왕위의 계승과 명공(名公), 거경(巨卿)은 장남 아닌 차남 출신들이 많았다"라고 적고 있는 것은 이 때문이다. 서울은 백악을 주산으로 삼으면 동쪽 낙산이 좌청룡, 서쪽 인왕산이 우백호, 남쪽 남산이 안산이 되는데, 이 경우 우백호가 좌청룡보다 높은 것이 풍수지리상의 결점으로 지적되어 왔던 것이다. 이 경우에 국한해 보더라도 풍수지리설을 무작정 근거 없다고 비판하기는 곤란하다. 이런 사실들 때문에 풍수는 미신이란 비판에도 불구하고 오늘날까지 끈질긴 생명력을 유지하는 것인지도 모른다.

그럼 풍수란 과연 무엇인가?

풍수의 유래와 그 구성

풍수란 음양론과 오행설을 기반으로 땅에 관한 이치 즉 지리(地理)를 체계화한 것이다. 풍수라는 용어는 중국 동진(東晉:317~420)의 곽박(郭璞)이 쓴 『장서(葬書)』의 "죽은 사람은 생기에 의지해야 하는데…… 그 기는 바람을 타면 흩어져버리고 물에 닿으면 머문다. 그래서 바람과 물을 이용하여 기를 얻는 법술을 풍수라 일컫게 되었다"라는 기록에 근거한다. 풍수는 산(山), 수(水), 방위(方位), 사람의 네 가지 요소로 구성되는데, 구체적으로는 간룡법(看龍法), 장풍법(藏風法), 득수법(得水法), 정혈법(定穴法), 좌향론(坐向論), 형국론(形局論), 소주길흉론(所主吉凶論) 같은 형식 논리를 갖고 있다.

풍수의 기본 논리는 일정한 경로를 따라 땅속에 돌아다니는 생기를 사람이 접함으로써 복을 얻고 화를 피하자는 것이다. 사람의 몸에 혈관이 있고 이 길을 따라 영양분과 산소가 운반되는 것처럼 땅에도 생기가 흐르는 길이 있다는 것이다. 인체에 비유해서 말하면 한의학에서 말하는 경락(經絡)과 같은 것이 땅에도 있다는 것인데, 경락은 혈관과는 달리 눈으로 확인할 수는 없지만 몸의 기가 전신을 순행하는 통로로, 풍수에서는 지기(地氣)가 돌아다니는 용맥(龍脈)을 말한다. 땅속 생기의 존재는 아직 과학적으로 증명되지 않았지만 그것이 전제되어야 설명할 수 있는 현상들이 많이 있다.

우리 민족이 풍수에 입각한 지리관을 갖게 된 것은 아주 먼 옛날부터지만 이론 체계는 중국으로부터 도입되었을 것으로 추측된다. 중국에서는 대체로 전국시대 말기(기원전 3~2세기경)부터 풍수 이론이 정립되기 시작해서 한나라 때 음양론이 본격적으로 도입되면서 정착했으며, 남북조시대에 한층 발전해 풍수의 대가들이 많이 배출되었다.

우리 역사에서 풍수 관련 기록은 『삼국사기』 탈해이사금조에 "탈해는 학문에 힘썼는데 지리도 아는지라 양산(楊山) 밑에 있는 호공의 집을 보자 하니 그 터가 바로 길지였다. 그가 거짓 꾀를 내어 이 집을 빼앗아 살았으니 후에 월성(月城)이 그곳이었다"라는 구절이 최초이다.

고구려·백제의 고분벽화에 그려진 〈사신도(四神圖)〉도 고대인들의 풍수에 대한 지식 세계를 말해 준다. 사신이란 좌청룡, 우백호, 남주작, 북현무를 뜻하는 것으로 이는 석실 안에 인위적으로 풍수를 배치하려던 풍수 사상의 반영이다. 삼국시대에 이미 풍수 이론이 정착했음을 말해 주는 증거이다.

중국의 『장서』를 비롯해 『청오경』, 『탁옥부』, 『설심부』 등이 풍수 이론서로 널리 알려져 있으며, 『명산론』, 『산수도』 등은 우리나라의 대표적 이론서들이다. 일본 역시 풍수에서 예외가 아닌데 일제는 심지어 한국을 영구히 지배하기 위해 풍수를 연구하기도 했다. 1931년 무라야마 지준(村山智順)의 『조선의 풍수』를 조선총독부에서 발간한 것은 이 때문인데, 그는 서문에서 한국의 풍수에 대해 이렇게 말하고 있다.

한국의 풍수 신앙은 중국의 풍수 신앙처럼 2대 범주인 양기(陽

가깝고도 먼 나라, 조선의 진실

● 조선총독부에서 발행한 『조선의 풍수』. 펼쳐진 장면은 서울 풍수에 관한 설명이다.

基)와 음택(陰宅)이 있다. 그중 중요한 것은 양기보다 음택이어서, 풍수라 하면 음택 즉 묘지의 길흉을 운위하는 것으로 해석되고 있다. 한국에서 음택 풍수가 목적하는 바는 길지(吉地)에 조상의 유해를 매장하고 그 유해를 통해 땅의 생기를 향유하며, 이로써 자손의 번식과 일가(一家)의 번성을 바라는 것이다.

일제는 풍수를 한반도 지배 전략으로 이용하기도 했는데, 한반도를 토끼 모양으로 그린 것도 영구히 지배하기 위해서였다. 경북 영일군의 구룡반도를 호랑이 꼬리〔虎尾〕라고 여긴 일인들이 1903년 이곳 호미등에 장기갑 등대를 세우자 주민들은 꼬리에 불을 붙이면 호랑이가 꼬리를 흔들어 일대가 불바다가 된다며 크게 반발했다. 그래도 등대가 세워지자 일본인 등대수 가족이 누군가에게 몰살당했다는 이야기가 전해졌다.

풍수 사상은 민중들의 현실 변혁적인 세계관으로 이용되기도 했다. 조용헌 교수는 『사주명리학 이야기』에서 '일반 서민도 군왕지지(君王之地)에 묘를 쓰면 군왕이 될 수 있다는 게 풍수의 신념 체계'라면서 "사주팔자는 『정감록(鄭鑑錄)』으로 대표되는 풍수도참설과 결합되면서 조선 후기 민란의 주요한 대중 동원

우리 역사의 수수께끼 3

메커니즘으로 작용했다. 조선시대 남자들이 모이는 사랑채에서는『정감록』이 가장 인기 있는 책이었다"라고 말했다. 사랑채에서 가장 인기 있던『정감록』은 어떤 책일까?

『정감록』은 어떤 책인가?

『정감록』은 우리나라 대표적 도참서의 하나이다. 도참(圖讖)이란 인간 생활의 길흉화복이나 성쇠득실을 예언하거나 그 징조를 보이는 것을 뜻한다. 부정하고 폭압적인 정권에 의해 억압받는 민중은 이러한 도참서에 가탁하여 새로운 세상을 만들어줄 구세주(메시아, 미륵)의 도래를 갈구했다. 이런 갈구는 집권층의 거주지인 현재 왕도의 지기가 쇠하고 다른 곳의 기맥이 새로이 흥왕한다는 믿음으로 이어졌다. 이런 믿음의 대명사가『정감록』인데, 정감록은 저자나 성립 시기에 대해서 여러 가지 설이 있으나 확실하지는 않다. 정감(鄭鑑)과 이심(李沁)의 대화 형식으로 서술되어 있기 때문에 정감 혹은 이심을 저자로 보기도 하는데, 정도전(鄭道傳)이 조선의 역성혁명을 합리화하고 민심을 조작하기 위해 저술했다는 설도 있다.

예언설과 참요(讖謠), 역수(易數)의 풀이와 풍수지리설 등을 다양하게 서술하면서 직설적 표현을 피하고 은어(隱語), 우의(寓意), 시구(詩句), 파자(破字) 등을 많이 써 해석하기도 쉽지 않고 애매한 표현도 많다.『정감록』은 반왕조적이며 현실 부정적인 내용을 담고 있어 금서에 속했으며, 이를 인쇄하는 것은 큰 죄에 해당하기 때문에 필사본으로 수전(手傳)되어 내려오는 과정에서 여러 사람들에 의해 첨삭이 가해졌고, 이본(異本)이 너

가깝고도 먼 나라, 조선의 진실

무 많아서 원본을 찾기가 쉽지 않다.

실제로 조선시대에 『정감록』을 보는 것은 범죄 행위였다. 『정조실록』 9년조에는 "구례(求禮) 화엄사(花嚴寺)의 중 윤장(允藏)이 일찍이 그 절에 『정감록』을 숨겨둔 죄로 흑산도(黑山島)에 귀양갔다"는 구절이 있다. 그러나 이보다 앞서 정조는 재위 6년 『정감록』에 영향을 받은 반란 사건이 일어나자 "『정감록』이 분명히 그의 집에 있더라도 그가 스스로 지은 것이 아니니, 그에게 큰 죄가 되지 않는다"면서 "내가 매우 두려워하는 것은 예언의 서적에 있지 않고 다만 교화가 시행되지 않고 풍속이 안정되지 않아 갖가지 이상한 일이 이 땅에서 일어날까 염려하는 데 있다"라면서 죄인들을 방면하기도 했다.

『정감록』의 핵심은 둘이다. 하나는 정씨(鄭氏) 성을 가진 진인(眞人)이 나타나 이씨 왕조가 멸망하고 새로운 세계가 도래할 것이라는 예언이다. 이것은 선조 22년(1589)의 정여립(鄭汝立) 사건과도 관련되었다. 다른 하나는 큰 재앙 때 난을 피할 수 있는 열 곳의 명당, 즉 풍수설에 따라 지복(至福)을 누릴 수 있는 복정(卜定)된 피난처 열 곳을 적시한 것인데, 이곳이 바로 병화와 흉년이 없는 피란과 보신의 땅 '십승지지(十勝之地)'이다.

『정감록』에서 십승지지에 이르는 장면을 직접 보자.

심과 연이 정공(鄭公)과 함께 팔도 산수의 기이하고 절승(絕勝)한 곳을 유람하다가 금강산(金剛山)에 이르렀다……. 세 사람은 다시 금강산으로부터 가야산에 이르렀다.

정이 말했다.

"후세에 만약 지각 있는 사람이 먼저 십승지에 들어가면, 가난한 자는 살고 부자는 죽으리라."

연이 말했다.

"어찌하여 그런가?"

정이 말했다.

"부자는 많은 돈과 재물이 있으므로 섶을 지고 불에 들어가는 것과 같고 가난한 자는 일정한 생업이 없으니 빈천하게야 어디 간들 못 살겠는가. 그러나 조금이라도 지각이 있는 사람이라면 시국을 보아 행하리라."

······

정이 말했다.

"이것은 작은 근심이다. 만약 말세가 닥치면 아전이 태수를 죽이는데 조금도 거리낌이 없고, 상하의 구분이 없어지고, 사람의 도리에 어긋나는 변고가 연달아 일어나리라. 그리하여 마침내 임금은 어리고 나라는 위기를 맞으니, 대대로 녹(祿)을 먹은 신하는 죽을 수밖에 없다."

정이 말했다.

"내 말세에 있을 재앙에 대해 더 상세히 말해 보겠다. 9년 동안 큰 흉년이 들어 백성들은 나무껍질로 연명하고, 4년 동안 전염병이 돌아 사람이 반으로 줄고, 사대부의 집은 인삼 때문에 망하고 벼슬아치의 집은 이익을 탐하는 것 때문에 망하리라."

◉ 『정감록』. 조선시대에는 금서였다.

연이 말했다.

"후세의 어리석은 자의 눈에는 용문산(龍門山)이 몸을 숨길 만한 곳으로 보이리라. 산수법(山水法)이 아닌 것으로 말하면 생기가 있다고 할 수 있으나, 용문산은 한양에 그 기를 뺏겼으므로 산 가운데 기세가 다 죽은 혈(穴)이다. 따라서 도둑들이 수소문해 알아낼 것이니, 채 1년이 안 되어 목숨이 재가 되리라."

정이 말했다.

"산수의 형상이 이토록 괴상하고 패역하니 어찌 그렇지 않겠는가."

심이 말했다.

"만일 후세의 사람들이 지각이 있어 십승지에 들어가려 해도 필시 어리석은 자들이 만류할 것이니 공(公)과 사(私), 대(大)와 소(小)를 막론하고 화복(禍福)을 어찌 다 말하겠는가. 형용하기 힘들다."

정이 말했다.

"계룡산의 돌이 흰빛이 되고, 모래펄 30리에 남문(南門)을 다시 일으키고, 내 자손 말년에 쥐 얼굴에 범의 눈을 가진 자가 생기고, 큰 흉년이 들고, 호환(虎患)으로 사람이 다치고, 생선과 소금이 지극히 흔하고, 냇물이 마르고, 산이 무너지면 백두산 북쪽에서 호마(胡馬)가 긴 울음을 내고, 양서(兩西) 사이의 하늘에 원한 맺힌 피가 넘치리니, 한양 남쪽 100리에 어찌 사람이 살 수 있겠는가."

……

심이 말했다.

"내 자손이 네 자손을 죽이고 네 자손이 내 자손을 죽이리라."

연이 말했다.

"십승지는 사람이 세상에서 피신하기에 가장 좋은 땅이다. 그러나 새재〔鳥嶺〕 앞뒤의 큰길은 어찌할까?"

정이 말했다.

"새재에 성을 쌓으면 대군이 바다에 떠서 배로 남쪽 전주(全州)에 들어가고, 호중(湖中)의 도둑 백성들이 당(黨)을 이루면 화진(華津)과 양서(兩西)의 백성들이 죽음을 당하리라. 그런 까닭에 이

우리 역사의 수수께끼 3

열 곳은 병화(兵火)가 들지 않고 흉년이 들지 않는다. 그러니 이곳을 버리고 어디 가서 살겠는가. 장씨(張氏)가 의병을 일으켜 난을 시작하는 것이 경염(庚炎)의 때이니, 지각이 있는 자는 이때 십승지로 가라. 그러나 먼저 들어가는 자는 되돌아오고, 중간에 들어가는 자는 살고, 나중에 들어가는 자는 죽으리라."

연이 말했다.

"이 열 곳은 비록 12년 병화가 있어도 해를 입지 않지만, 6도(六道)의 백성은 죽으리라. 이 열 곳은 사면이 이러이러하므로 흉년이 들지 않는다. 대개 산수의 법은 기이하여, 훗날 지각이 있는 자가 비록 걸식을 하며 이곳에 들어가더라도 좋으리라. 신년(申年) 말과 임년(壬年) 3월을 무사히 지내면 향야(鄕野)에 일이 있다 해도 요행히 편안하리라."

연이 다시 말했다.

"계룡산 남쪽 밖 네 고을 또한 백성들이 몸을 보존할 곳이다."

정이 말했다.

"여기는 경기도보다는 조금 낫다. 그러나 강원도 산골은 그 허다한 일을 어찌 다 기록하리오."

『정감록』, 감결(鑑訣)

대개의 도참서가 그렇듯 『정감록』도 이렇게 은유와 풍자로 가득 찼기 때문에 그 실제 뜻을 알기는 쉽지 않다. 명당으로 꼽혀왔던 용문산이 복정된 피난처가 아니라는 것 등이 그나마 정확한 내용이다.

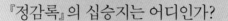

『정감록』의 십승지는 어디인가?

뒤이어 정감은 '보신지지(保身之地) 유십처(有十處)'라는 십
승지지를 구체적으로 거명한다.

첫째는 풍기(豊基) 차암(車岩) 금계촌(金鷄村)으로, 소백산 두
물곬 사이에 있다.(지금의 경북 영주시 풍기읍에서 소백산 비로사 방향
에 있는 금계동, 욱금동, 삼가동으로 추정된다.- 필자 주)

둘째는 화산(花山) 소령(召嶺) 고기(古基)로 청양현(靑陽縣)에
있는데, 봉화(奉化) 동쪽 마을로 넘어 들어갔다.(지금의
봉화군 내성면으로 추정된다.)

셋째는 보은(報恩) 속리산 사

증항(四甑項:네시루목이 이어진 곳이다) 근처로, 난리를 만나 몸을 숨기면 만에 하나도 다치지 않을 것이다.(지금의 보은 증항 부근으로 상주, 함창 방면 40리 충북과 경북의 도계에 있는 시루봉 아래 관기리로 추정된다.)

넷째는 운봉(雲峰) 행촌(杏村)이다.(운봉 두류산 산록의 동점촌으로 지금의

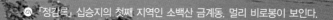

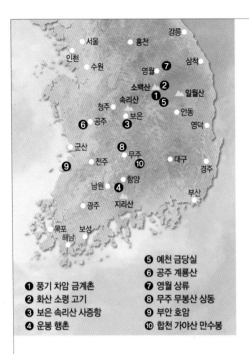

⑤ 십승지의 위치.

⑤ 예천 금당실
⑥ 공주 계룡산
❶ 풍기 차암 금계촌　⑦ 영월 상류
❷ 화산 소령 고기　❽ 무주 무봉산 상동
❸ 보은 속리산 사증항　⑨ 부안 호암
❹ 운봉 행촌　⑩ 합천 가야산 만수봉

지리산 북쪽 임천 유역, 혹은 운봉의 향촌으로 추정된다.)

다섯째는 예천(醴泉) 금당실(金塘室)로, 이 땅에는 난의 해가 미치지 않는다. 그러나 이곳에 임금의 수레가 닥치면 그렇지 않다.(지금의 예천군 금당동 북쪽으로 추정된다.)

여섯째는 공주(公州) 계룡산으로, 유구(維鳩) 마곡(麻谷)의 두 물곳의 둘레가 200리나 되므로 난을 피할 수 있다.(공주와 유곡 사이의 100리 사이로 추정되며, 6·25때 다수의 피난민이 몰려들었다고 한다.)

일곱째는 영월(寧越) 정동쪽 상류로, 난을 피해 종적을 감출 만하다. 그러나 수염 없는 자가 먼저 들어가면 그렇지 않다.(영월 동쪽 옥동천으로 지금의 영월군 상동읍 석항천 좌우의 연하리 일대로 추정된다.)

여덟째는 무주(茂朱) 무봉산(舞鳳山) 북쪽 동방(銅傍) 상동(相洞)으로, 피란 못할 곳이 없다.(무주 무풍 북쪽 덕유산 자락으로 추정된다.)

아홉째는 부안(扶安) 호암(壺岩) 아래가 가장 기이하다.(지금의 부안군 변산 호암이나 자세한 지명은 알 수 없다.)

열째는 합천(陜川) 가야산(伽倻山) 만수봉(萬壽峰)으로, 그 둘레가 200리나 되어 영원히 몸을 보전할 수 있다.(정확한 위치는 알 수 없고 지리산 만수동으로 지금의 구품대로 추정된다.)

동북쪽 정선현(旌善縣) 상원산(上元山) 계룡봉(鷄龍峰) 역시 난

우리 역사의 수수께끼 3

을 피할 만하다.

정감이 말한 십승지의 현재 위치는 대략 이렇게 추정되지만 『정감록』 자체가 워낙 이본이 많다 보니 정확한 것은 아니다. 그러나 현재 확인된 곳을 분석하면 몇 가지 공통된 특징을 찾을 수 있다.

첫째, 가파른 계곡을 끼고 있는 협곡 지형이란 점이다.

둘째, 큰 산맥의 중앙부에 위치하여 다른 지역과의 교통이 매우 불편하며, 전략적인 간선도로와는 멀리 떨어져 있다는 점이다.

셋째, 협곡의 한쪽 면은 도읍지와 연결되어 있으나, 연결된 협곡의 폭은 병목과 같이 좁다는 점이다.

◉ 영월 상동읍 석항천의 연하리. 양폭이 20리가 되는 계곡이 이어지는데, 현재 각 종 교단체의 기도원들이 운집해 있다.

넷째, 협곡 내에는 하천이 있는데 병목 같은 협곡 입구를 지나면 바로 큰 하천과 연결된다는 점이다.

이런 특징을 종합해 보면 십승지는 다른 지역과 동떨어진 오지이면서도 도회지와 쉽게 연결될 수 있으며, 협곡 내 하천이 있어서 오랫동안 외부와 단절된 채 살 수 있는 곳이다. 어떤 측면에서는 등잔 밑이 어둡다고 할 만한 지역들로 도회지와 그리 멀지 않으면서도 찾기는 어려운 곳이다. 이런 '십승지는 세상에서 피신하기에 가장 좋은 땅'이란 말처럼 난세의 피란지로는 적당하지만 영속적인 주거지로도 적합하다고 볼 수는 없다. 따라서 『정감록』의 십승지는 '난세'라는 전제가 붙었을 때 '명당'이라고 할 만하지만 평상시에는 명당으로 보기가 곤란한 땅이다. 다만 세속을 잊고 마음 편하게 지내기에는 적당한 지역들이다.

풍수에 대한 올바른 이해

오늘날 풍수지리는 공식적으로는 미신으로 치부되면서도 비공식적으로는 대선주자들도 조상의 묏자리를 바꾸었다는 일화가 있듯이 막강한 영향력을 행사하고 있다. 최근 우리 사회가 다양화되면서 음지에 갇혀 있던 풍수도 점차 제도권으로 들어오고 있는데 자생 풍수를 주장하는 최창조 교수나 풍수가 '학문적 시민권'을 얻는 것이 소원이라는 조용헌 교수의 경우가 이를 말해준다. 풍수는 우리 전통 사상 전반에 걸친 새로운 관심과 함께 그 영역을 넓혀가고 있는데, 음택 풍수인 무덤뿐만 아니라 양택 풍수인 건축학의 경우 취락 입지, 집터잡기, 건물 배치 등에서부터 가구 배치, 수맥 차단 등 인테리어에 이르기까지 영향을 미치는 생활 풍수가 자리를 잡아가고 있는 것이다.

　그러나 아직까지 매장을 중시하는 장례 풍습 때문에 막대한 돈과 노동력을 투입하여 좁은 국토를 훼손하는 것은 심각한 문제인데, 최근 화장 문화에 대한 관심이 늘어나는 것은 다행한 일이다. 묘지 풍수에서 "좋은 일을 한 가문이 길지를 차지한다"라든가 "묘소의 크고 작고 장대하고 누추한 것은 발복과 관계되지 않는다"라는 것은 원칙이다. 다산 정약용은 회갑 때(1822년) 자신의 장례 절차를 미리 적은 첩(帖)을 만들어놓았는데, 거기에 "집의 동산에 매장하고 지사(地師:풍수가)에게 물어보지 말라"는 유언을 남겼다. 그래서 정약용은 현재 생가 뒤 동산에 묻혀 있는데, 평범해 보이는 이 자리가 올라가 보면 명당임을 알 수 있다. 그래서 한강가에 있으면서도 그 유명했던 을축년(1925) 대홍수 때도 무사했던 것이다. 파랑새는 항상 우리 곁에 있는지도 모른다.

혁명보다 어려운 개혁의 교훈

젊은 명망가 조광조

정암(靜庵) 조광조(趙光祖:1482~1519)는 벼슬하기 전부터 명망가였다. 그가 이조판서 안당(安瑭)의 추천으로 조지서(造紙署) 사지(司紙)가 된 때는 중종 10년(1515)이었는데, 중종 5~6년 경부터 이미 그의 이름이 조정에서 거론되기 시작했다. 만 서른 살이 채 안 되었을 때였다. 연산군 때 많은 사림파가 화를 당한 이후 그는 새로운 사림파의 리더였다. 그러나 중종 6년 4월 조광조가 천거되자 헌납(獻納) 이언호(李彦浩)는 "조광조가 나이 서른이 못 되어 한창 학업에 큰 뜻을 두고 있다"면서 좀더 학문을 쌓은 뒤 등용시키는 게 좋겠다고 반대했다. 이 때문인지 조광조는 중종 10년 6월에야 조지서에 등용되었는데, 그때 사관의 평은 그의 명성을 짐작하게 해준다.

조광조는 소년 시절에 학문을 좋아하여 게을리하지 않고, 뜻을 높고 길게 세우고, 옛것을 좋아하고 세상일을 개탄하면서 과거보기 위한 글을 일삼지 않으니, 부형과 종족(宗族)들에게 세속과 어긋나서 남의 비방을 산다고 꾸짖음을 당했다. 장성해서는 성리학에 잠심했다. 자기가 한 말을 실행하고 행동은 예법을 준수하니, 한때의 유사(儒士)들이 애모하여 따르지 않는 자가 없었다.

『중종실록』 10년 6월 8일

● 정암 조광조 초상.

그러나 조광조는 조지서 사지로 특채된 데 만족하지 않고, 그해 8월 문과 전시(殿試)에 응시해 당당하게 합격함으로써 정도를 걷겠다는 의지를 보였다. 조광조가 급제 전부터 두각을 나타낸 것은 연산군 때 화를 부르는 학문으로 여겨졌던 성리학에 열중했던 용기 때문이었다. 그의 스승 김굉필(金宏弼:1454~1504)은 영남 사림의 종주 김종직(金宗直)에게 학문을 배웠다. 김굉필은 성종의 사림파 등용 방침에 따라 감찰, 형조좌랑 등에 등용되었으나 연산군 4년(1498)의 무오사화 때 평안도 희천에 유배되었다. 이때 조광조는 어천찰방(魚川察訪)이던 아버지를 따라갔다가 근처 희천에서 김굉필에게 성리학을 배운 것이다. 사화의 영향으로 사림들은 성리학에 몰두해 있는 조광조를 보고 화를 안고 있는 존재란 뜻의 '화태(禍胎)'라 하여 멀리했으나 그는 개의치 않았다. 김굉필은 사람들의 우려대로 연산군 10년(1504)의 갑자사화로 극형에 처해졌으나 조광조는 성리학을 버리지 않았다.

급제 직후 그는 사간원 정언(正言)에 제수되었는데 첫 번째로 탄핵하고 나선 대상은 뜻밖에도 동료 대간들이었다.

언로(言路)가 열렸느냐 막혔느냐 하는 것은 국가에 가장 중요한 문제로 열렸으면 나라가 잘 다스려지고 평안하며, 막혔으면 어지러워지고 망하게 됩니다……. 근래 박상(朴祥), 김정(金淨) 등이 구언(求言)에 따라 진언(進言)했는데, 그들의 말이 지나치면 받아들이지 않으면 그만이지 왜 그들을 죄로 다스리려 하십니까? 대간(臺諫)이 그것을 그르다 하여 임금께 죄주기를 청하니 의금부의 낭관(郎官)을 보내어 잡아오기까지 했습니다……. 재상(宰相)이 혹 죄주기를 청하더라도 대간은 마땅히 변호해서 언로를 넓혀야 할 터인데, 도리어 대간에서 스스로 언로를 막으니 이는 그 임무를 잃은 것입니다. 신이 이제 정언이 되어 어찌 임무를 저버린 대간과 일을 같이하겠습니까? 그럴 수 없으니 양사(兩司:사헌부, 사간원)를 파직하여 다시 언로를 여소서.

『중종실록』 10년 6월 8일

담양부사 박상과 순창군수 김정이 올린 상소는 중종반정 때 폐출된 중종의 첫부인 신씨(愼氏)를 왕비로 복위시키자는 것이었다. 신씨의 부친 신수근(愼守瑾)은 누이가 연산군의 부인이기도 했는데 사위 진성대군(晉城大君:中宗)을 추대하자는 박원종(朴元宗)의 제의를 거절했다가 중종반정 직후 살해되었고, 그 딸 신씨도 쫓겨났다. 박원종 등 반정 주모자들은 장경왕후 윤씨를 왕비로 삼았는데, 그녀가 사망하자 사림파 박상과 김정 등이 새로 왕비를 간택하지 말고 죄 없이 쫓겨난 신씨를 왕비로 삼자고 주장한 것이다.

이는 반정 주도 세력들을 자극할 수 있는 민감한 내용이었다. 신씨가 복위되면 반정 세력은 죄 없는 왕비를 내쫓은 무도한 세력이 되기 때문이다. 반정 세력들은 이에 발끈해 김정 등을 처벌하려 했는데, 대간도 여기에 동조했다. 구언(求言)에 응한 상소는 처벌할 수 없음에도 대간이 처벌에 동조한 것은 정도를 잃은 것이었다. 그래서 조광조는 정언 취임 일성으로 대간을 갈아치워야 한다고 주장한 것이다. 신씨 복위는 비록 무산되었지만 대간 전원도 교체됨으로써 사실상 조광조의 승리로 끝났다. 이는 조광조를 단번에 개혁의 기수로 만들었고 중종 정국이 개혁의 시대로 접어드는 신호탄이기도 했다. 중종이 그를 중용하기 시작한 것이다.

조광조와 중종의 동상이몽

중종은 반정 당일 사저를 둘러싼 반정군을 연산군이 자신을 죽이기 위해 보낸 군사로 알고 자결하려 했을 정도로 반정에는 아무런 공이 없었다. 따라서 중종 즉위 초의 정국은 정국공신(靖國功臣)들이 주도했다. 당초 101명이었던 정국공신의 숫자는 이런저런 인물들이 끼어들면서 117명으로 늘어났는데, 아무런 공이 없는 인물들도 많았다. 유례없이 4등 공신이 신설된 것은 반정 세력들의 지지기반 확대를 위한 것이기도 했다. 이런 상황이니 중종 재위 초반 정국은 박원종, 유순정, 성희안의 이른바 반정 3대장이 주도한 것은 당연했다. 그러나 반정 3대장의 수명은 그리 길지 못해서 중종 5년(1510) 박원종이 사망한 데 이어 2년 후에는 유순정이, 중종 8년에는 성희안이 사망했다.

중종은 이 공백을 조광조로 대표되는 사림파로 메움으로써 공신 중심의 정치 지형을 바꾸려 한 것이다. 중종이 사림파를 중용하기로 결심한 이유는 왕권 강화에 있었다. 그러나 조광조의 목적은 왕권 강화가 아니라 지치 정치(至治政治), 즉 성리학에 입각한 도학 정치(道學政治)에 있었다. 양자는 반정 세력의 약화에는 이해를 같이 했지만 목적은 달랐다.

조광조가 주도하는 사림파는 조선 사회를 성리학적 질서로 개편하려 했다. 사림파는 백성들에게 이를 관철시키려면 대궐부터 성리학적 기풍으로 바뀌어야 한다고 생각했다. 사림파는 아악(雅樂) 연주자를 여악(女樂)에서 남악(男樂)으로 대치하자고 주장했으며, 불교적 성격의 기신재(忌晨齋)와 도교적 성격의 소격서(昭格署)도 혁파하자고 주장했다. 중종 11년 기신재를 혁파한 사림파는 재위 13년 소격서 또한 하늘의 별과 노자(老子)에게 제사 지내는 기구에 불과하다며 혁파시켰는데, 그 과정이 중종을 압박하는 방식이어서 중종과 사림파가 멀어지는 한 계기가 되었다.

> 이때 부제학 조광조가 면대하기를 청하여 강하게 주장했고 그 이튿날 동료들을 거느리고 합문 밖에 엎드려 네 번이나 장계를 올렸으나 허락하지 않았다. 이에 조광조는 승지를 보고 "이 일을 허락받지 못하면 오늘은 물러가지 않겠다"며 닭이 울 때까지 아뢰기를 그치지 않으니…… 이때 승지 등이 책상에 기대어 졸고 있으매, 모두 괴로워하고 싫증을 내었다. 임금이 자는 엄밀(嚴密)한 곳에 중사(中使)가 밤새도록 출입하여 번거롭게 아뢰기를 그치지 않으니 임금이 어찌 듣기 싫은 마음이 없으리요…….
>
> 『연려실기술』 중종조 고사본말

사림파는 개혁의 정당성을 확보하기 위해 정몽주와 김굉필을 문묘종사(文廟從祀)해야 한다고 주장했다. 문묘종사란 공자와 함께 제사 지내는 것으로써 이는 유교 국가에서 사림파의 이념이 국가 이념으로 승격되는 것을 의미했다. 문제는 김굉필이 커다란 학문적 업적이 없이 다만 조광조의 스승이란 이유로 문묘종사 대상에 선정되었다는 점이다. 중종 12년 8월 성균관 유생권전(權專)이 상소를 올려 "정몽주와 김굉필을 문묘에 종사하여 선비들의 풍습을 개신해야 한다"고 주장하자 훈구파에서 "그 뜻은 김굉필을 종사하게 하고 그것을 빙자하여 당(黨)을 세우려는 것이었지, 처음부터 정몽주를 위해 계책을 세운 것은 아니다.(『중종실록』 12년 8월 7일)"라고 깎아내린 데서 알 수 있는 것처럼 훈구파는 이것이 사림파의 이념 공세라는 사실을 잘 알고 있었다. 그래서 훈구파는 정몽주는 문묘에 종사할 자격이 있으나 김굉필은 자신의 학문 이론이나 저술이 없다는 이유로 반대하는 분리 정책을 취했고, 정몽주만 문묘에 종사하는 것으로 끝나 사림파는 정치적 타격을 입었다.

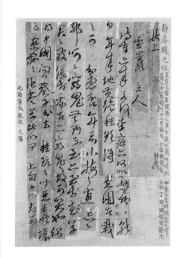

🌀 조광조의 친필 편지.

조광조는 조정에 자파 세력이 너무 적었던 것이 이런 결과를 낳았다는 생각에서 현량과(賢良科) 실시를 주장했다. 현량과란 추천제에 의해 관료를 선발하는 제도인데, 이를 통해 자파를 대거 진출시키려 한 것이다. 중종 13년 2월 홍문관 부제학으로 승진한 조광조는 '초야에 묻힌 유일지사(遺逸之士)'를 발굴하자며 현량과 실시를 주장했고, 중종이 이를 받아들여 추천된 120명을 대상으로 면접시험을 치러 그중 28명을 급제시켰다.

그런데 여기에서도 중종과 마찰이 있었다. 중종은 현량과에서 장원급제한 전 장령(掌令) 김식(金湜)에게 정3품 홍문관 직제학(直提學)을 제수했으나 조광조는 그를 성균관 대사성(大司成)에 임명해야 한다고 주장했다. 미래의 관료들인 성균관 유생들을 미리 의식화하려는 의도였다. 조금 기다리자는 중종의 타협안을 거부하고 끝내 그를 대사성으로 만든 이 일로 인해 사림파에 대한 중종의 호의가 흔들리기 시작한다.

돌아올 수 없는 강, 위훈삭제

사림파가 정치 공세만 취한 것은 아니었다. 반정공신이 주축인 훈구파는 각종 탈법적인 방법으로 토지를 독점해 대농장을 소유한 반면 소농민들은 토지를 잃고 각지로 유랑했는데 사림파는 이를 바로잡기 위해 토지 제도의 개혁을 주장했다. 중종 12년 7월 사림파 시독관 김구(金絿)가 "겸병(兼幷:권세가의 토지 탈점)을 막기 위해서는 한전법(限田法)을 시행해야 한다"고 주장했는데, 이는 토지 소유를 제한함으로써 훈구파의 경제적 기반을 약화시켜 사림파의 권력을 강화하고 백성들의 생활도 향상시키자는 1석 3조의 방안이었다. 이런 과정을 거쳐 50결로 토지 소유를 제한하는 한전제와 미경작지에 대한 경작을 권유하는 권농책이 채택되었으나 이는 50결 이상 소유한 부호들에 대한 강제 규정이 없어 흐지부지 끝나고 말았다. 중종 13년 2월 사림파 장령(掌令) 유옥(柳沃)은 "노비가 많은 자는 5~6천 명에 이른다"면서 노비를 제한해 양민 수를 늘려야 한다고 주장했는데, 이 역시 훈구파의 반대와 현실상의 제약 때문에 주장으로 끝나고 말았다.

조광조는 반정공신들의 세력을 약화시키지 않는 한 개혁은 요원하다는 생각에서 '위훈삭제(僞勳削除)'를 주장했다. 정국공신 중에서 아무런 공도 없이 공신에 책봉된 자를 가려내 그 작위를 삭탈하자는 주장이었다. 중종 14년 10월 대사헌 조광조와 대사간(大司諫) 이성동(李成童) 등이 합세해 위훈삭제를 주장하자 중종은 크게 놀라 두려워했다. 이는 사실상 반정 세력과 정면 승부를 건 것이기 때문이다. 중종이 불허하자 조광조는 대간들을 거느리고 합문(閤門) 밖에 엎드려 물러나지 않았다. 결국 조광조를 비롯한 사림파는 끈질긴 주청 끝에 4등 공신 전원과 2, 3등 공신 일부를 포함해 총 76명에 이르는 공신들의 녹훈(錄勳)을 삭제했다. 전체 공신 117명 중 무려 65퍼센트에 달하는 숫자였다. 이는 사림파가 정계에 등장한 후 거둔 가장 큰 정치적 승리였으나 불과 나흘간의 승리였다. 갑신정변이 '3일 천하'였다면 위훈삭제는 '나흘 천하'였던 것이다.

이 무렵 조광조는 백성들에게 단연 인기 스타였다. 이이는 『석담일기(石潭日記)』에서 "조광조가 대사헌이 되어 법을 공평하게 행사하니, 사람들이 모두 감복해서 그가 거리에 나갈 때면 그가 탄 말 앞에 늘어서서 '우리 상전(上典:속어에 그 주인을 부를 때 상전이라 한다 — 이이 원주) 오셨다'라고 할 정도에 이르렀다"고 쓰고 있다. 중종은 백성들의 신망이 온통 조광조에게 쏠리는데다 반정 세력을 무너뜨리면 조광조가 전횡하지 않을까 의심하게 되었다. 이러한 기미를 눈치 챈 훈구파는 조광조 제거를 위해 갖은 수단을 다 사용했는데, 대궐의 수많은 나뭇잎에다 감즙(甘汁)으로 '주초위왕(走肖爲王:조씨가 왕이 된다)'이라고 쓴 것은 훈구파의 모략이 얼마나 치밀했는지를 상징적으로 보여준다. 중종은 훈구파와 손잡고 사림파를 제거하기로 결심했다.

상이 더욱 의심하여 밀지(密旨)를 홍경주에게 주어 재집(宰執)들에게 보이게 했는데 거기에 대략 "정국공신은 다 나를 도와서 추대한 공이 있는데, 지금 4등을 공이 없다 하여 삭제하기를 청하니, 이는 반드시 그 사람을 구별하려는 것이다. 그런 뒤에 공이 있는 사람을 뽑아내서 연산(燕山)을 마음대로 폐출한 죄로 논한다면, 경(卿) 등이 어육(魚肉)이 되고 다음에는 그 해가 나에게 미칠 것이다."

『중종실록』 14년 4월 13일

중종은 위훈삭제를 조광조 등이 중종반정을 반역으로 몰아가려는 것으로 단정 짓고 사림파를 정계에서 축출하려 했다. 중종

🌀 용인시 수지의 심곡서원. 조광조를 모시고 있다.

🌀 심곡서원 현판.

은 훈구파에게 특명을 내려 대사헌 조광조, 형조판서 김정, 대사성 김식, 부제학 김구 등의 사림파를 전격적으로 체포했다. 성균관과 사학의 유생들이 대궐로 몰려와 조광조 등의 석방을 요구했으나 아무 소용이 없었다.

국문에서 조광조는 "신의 나이는 38세입니다. 선비가 세상에 태어나서 믿는 것은 임금의 마음뿐입니다. 국가의 병통이 이(利)의 근원에 있는 줄로 망령되게 생각하여 국맥(國脈)을 무궁한 터전에 새롭게 하고자 했을 뿐이고 다른 뜻은 전혀 없었습니다(『중종실록』14년 11월 16일)"라고 진술했고, 나머지 김구, 김정, 김식, 윤자임 등도 자신들의 결백함을 주장했다.

실제 이들의 죄목을 원율(元律:『경국대전』)에서 찾을 수 없을 정도로 혐의는 무리한 것이었다. 그러자 훈구파는 원율 대신 비율(比律), 즉 『대명률(大明律)』「간당조(奸黨條)」를 적용해 "붕비(朋比:붕당)를 맺어, 저희에게 붙는 자는 천거하고 저희와 뜻이 다른 자는 배척했다"는 등의 죄목을 적용했다.

조광조는 능주(綾州)로 귀양을 갔다가 한 달 후 사형당했으며 그 외에 김정, 김식, 기준(奇遵), 한충(韓忠) 등도 목숨을 잃었고, 김구, 박세희, 박훈, 혼언필, 이자, 유인숙 등은 오랜 세월 유

가깝고도 먼 나라 조선의 진실

배형에 처해졌다.

　사림파의 몰락과 동시에 현량과는 폐지되었고 소격서는 부활되었으며, 위훈삭제된 공신들은 다시 복훈되어 빼앗겼던 공신첩과 전답, 노비 등을 되찾았다. 이것이 14년(1519:기묘년)의 기묘사화였다.

　이때 귀양 갔던 사림파 이자(李耔)는 『음애일기(陰崖日記)』에서 조광조의 죽음에 대해 "아! 옳고 그른 것이 한때는 혼동되었지만 정상은 반드시 후일에 드러날 것이니 어찌 반드시 말해야 할까"라고 그 정당성을 설파했으나, 율곡 이이는 뒷날 『석담일기』에서 조광조가 성급했다고 비판하기도 했다.

　조문정(趙文正:조광조의 시호)은 현철한 자질과 경세제민의 재질을 가졌음에도 학문이 채 대성되기도 전에 갑작스레 요로(要路)에 올라 위로는 그릇된 임금의 마음을 바로잡지 못하고 아래로는 권력 대가들의 비방을 막지 못했으며 이제 겨우 충성을 들이려는데 참소당할 말을 하여 몸은 죽고 나라는 어지러워지게 되어 도리어 뒷사람들로 하여금 이것을 징계 삼아 감히 일을 해보지도 못하게 만들었다.

『석담일기』 융경 원년 종묘조

　그러나 퇴계는 조광조에 대해 이렇게 말했다.

💮 조광조가 귀양갔던 전남 화순 능주에 세워진 조광조 적려비. 송시열의 글씨이다.

그로 말미암아 선비들의 학문이 지향해야 할 바를 알게 되었으며, 나라 정치의 근본이 더욱 드러나게 되었고 이에 힘입어 유교의 근본적인 가르침이 땅에 떨어지지 않았으며, 나라의 장래가 무궁하게 되었도다. 이런 의미에서 본다면 한때 사람들이 화를 입었다는 것은 애석한 일이지만, 선생(조광조)이 도(道)를 드높이고 학문의 뜻을 확립한 공로는 후세에 큰 영향을 미쳤다고 할 수 있다.

『정암선생 문집』 행장(行狀)

　조광조는 현실 정치에서 실패해 비참하게 죽어갔지만 그의 죽음은 끝이 아니라 시작이었다. 그는 단 한번도 현실과 타협하지 않았다. 그는 중종 10년의 전시(殿試) 답안에서 "나라를 다스리는 것은 도(道)일 뿐입니다. 소위 도라는 것은 천성(天性)을 따르는 것을 말합니다. 대개 천성이 없는 곳이 없기 때문에 도 또한 없는 곳이 없습니다…… 그러므로 이러한 도리가 항상 나의 마음속에 환히 비치게 해야만 하며, 잠깐이라도 그 진리의 빛이 사라지게 해서는 안 됩니다"라고 말했다.

　조광조는 '잠깐이라도 그 진리의 빛이 사라지게 해서는 안 된다'는 생각에서 현실과 타협하지 않았다. 바로 이 점이 율곡이 말한 대로 몸은 죽고 '도리어 뒷사람들로 하여금 이것을 징계 삼아 감히 일을 해보지도 못하게 만들었'던 실패의 원인이었다. 이상만을 바라보고 나갔던 그는 비록 현실에서 실패했지만 '도(道)를 드높이고 학문의 뜻을 확립한 공로는 후세에 큰 영향을 미쳤'고 훗날 사림파가 정권을 잡았으니 실패했다고만 말할 수도 없다. 역설적으로 그는 현실과 타협하지 않았기 때문에 훗날 사림파가 승리할 수 있는 토양을 만들었다고 볼 수 있다.

신립의 패전은 탄금대 배수진 때문인가

보병 전술에 맞서기 위한 기병 전술

경상도를 강타한 왜군

조선이 개국한 지 정확히 200년째 되던 1592년(선조 25) 4월 13일 오전 8시경, 고니시 유키나가(小西行長)가 이끄는 조선 침략 선봉 제1군(1만 8천 700명)은 쓰시마의 이즈하라(嚴原) 항을 출항하여 부산으로 항진했다. 700여 척의 대규모 선단이었다. 이 대선단은 오후 5시경 부산 앞바다에 그 모습을 나타냄으로써 임진왜란의 서막이 올랐다.

왜군은 조선 수군으로부터 아무런 저항도 받지 않고 절영도 앞바다에 정박했다. 날이 저물자 이곳 지리에 익숙한 쓰시마 도주(島主) 소 요시토모(宗義智)는 정찰병을 이끌고 상륙해서 부산진성 부근의 경계 상황을 직접 정찰했다. 당시 부산진성은 경상도 제1의 해상관문으로 왜군이 반드시 거쳐야 하는 요새지였다. 왜군이 북상

⊙ 충주 탄금대에 세워진 신립 동상.

할 수 있는지 없는지 여부는 1차적으로 부산진성의 함락 여부에 달려 있었다.

당시 부산진성의 수장은 수군 첨절제사 정발(鄭撥)이었는데, 그는 부임 이래 왜적의 침입에 대비하여 성곽을 보수하는 등 방어 태세를 강화했다. 그러나 이때 부산진성의 병력은 불과 1천여 명에 불과했다. 첨사 정발은 왜군의 대선단이 부산 앞바다에 나타나자 부근 해안의 선박들을 모두 침몰시켜 왜군이 이용하지 못하게 하는 한편 성내의 군민들을 모두 모아 성의 방어 태세를 가다듬었다.

이튿날인 4월 14일, 왜군 제1군의 대장인 고니시는 전병력을 투입하여 부산진성을 3면에서 포위하고 일제히 공격을 개시했다. 정발은 압도적으로 우세한 왜군과 한나절 동안이나 치열한 접전이 계속했으나 왜군이 방어가 취약한 북쪽 성벽을 넘어 성 안으로 돌입하면서 균형은 깨지고 말았다. 군민을 진두지휘하던 정발이 전사하고 군민들도 다수 살상되면서 부산진성은 실함되고 말았다. 이것이 조선의 첫 패전이었다. 이어서 인접 지역에 있는 다대포진도 왜군의 포위 공격을 받아 첨사 윤흥신(尹興信)이 전사하면서 함락되었다.

진주에 있던 경상감사 김수(金晬)는 부산진성의 함락 소식을 듣고 급히 밀양으로 향하면서 "도내 각 군현의 수령들은 밀양에 군사를 집결시키라"고 명령했다. 그러나 이미 해이해진 조선의 기강은 명령이 제대로 전달되지 않을 뿐 아니라 군현마다 상비병력도 부족해서 군사가 모이지 않았다.

울산에 있던 경상좌도(낙동강 동쪽 지역) 군사책임자인 경상좌도 병사(兵使) 이각(李珏)은 왜적이 대거 침입했다는 급보를 받고 15일 동래성으로 향했으며, 동래부 인접 고을인 양산과 울산군수도 약간의 병력을 이끌고 동래성에 집결했다.

　그런데 부산 해안 방어를 책임지고 있었던 경상좌도 수사(水使) 박홍(朴泓)은 왜적의 선단이 부산에 나타난 사실 자체를 모르고 있다가 부산진성이 함락된 뒤에야 산에 올라가 그 사실을 겨우 확인했다. 그는 조정에 "부산진성에 붉은 깃발이 가득 차 있는 것을 보니 성이 함락된 듯합니다"라는 내용의 장계를 올리고 북쪽 언양으로 도망갔다.

　이처럼 수사와 병사가 우왕좌왕하고 있는 동안에 부산진성을 점령한 고니시의 제1군은 4월 15일 동래성으로 향했다. 동래성에는 부사 송상현(宋象賢)을 비롯하여 조방장 홍윤관, 양산군수 조영규, 울산군수 이언성 등이 군민을 독려하면서 방비 태세를 갖추고 있었다. 송상현은 1년 전 부임한 이래 참호를 파고 성곽을 보수하며 군사 훈련에 전념해 왔다. 그는 부산진성이 함락되었다는 급보를 받고 성안을 순시하면서 결전 태세를 북돋웠다.

　이때 동래성에 들어와 있던 경상좌도 병사 이각은 왜적이 성에 접근해 오자 부사 송상현에게 "그대는 성을 지키시오. 나는 원병을 모아 보내겠소"라면서 혼자 성을 빠져나가 동래성 북쪽 소산에서 동래성의 전황을 지켜보았다.

　이각이 동래성에서 빠져나가고 난 뒤, 홍윤관도 부사에게 "사태가 위급하니 일단 소산으로 물러나서 험고한 지형에 의지하여 적을 막는 것이 좋겠습니다"라면서 성에서 물러날 것을 건의했다. 그러나 송상현은 "성주가 자기 성을 지키지 않고 어디로 간단 말인가?"라며 거부했고, 왜장 고니시가 명나라를 칠 길을 빌려달라고 요구하자, "싸워서 죽기는 쉬워도 길을 내주기는 어렵다"며 항전의 뜻을 굽히지 않았다.

　약 2만 명의 왜군은 동래성을 함락시키기 위해 3개 대로 나누어 동·서·남 세 방면에서 조총 사격을 하며 성벽을 기어올랐다. 성안의 군민들은 송상현의 지휘 아래 지붕의 기와를 뜯어 적병에게 던지는 등 사력을 다했으나 중과부적인데다 포위된 상황이라 불리했고, 동래성은 마침내 동북쪽부터 무너지면서 왜적의 손에 유린되었다. 부사 송상현은 객관(客館)에서 왜군에게 포위되었으나 적의 침략 행위를 꾸짖고 장렬한 최후를 마쳤다. 동래성이 함락되면서 양산군수 조영규 등 대부분의 군민들이 전사하고 울산군수 이언성은 적의 포로가 되었다.

동래성이 함락되었을 무렵, 밀양부사 박진(朴晉)은 동래 북쪽 소산에 도착해 좌병사 이각을 만났다. 박진은 부산진성이 함락되었다는 소식을 듣고 급히 300여 명의 군사를 모아 동래성을 구원하러 가는 중이었다. 박진은 이각과 함께 소산 부근에 진을 치고 왜적의 북상을 저지하려 했으나 병사들은 동래성을 점령한 왜적의 위세에 눌려 싸움을 하기도 전에 전의를 상실하고 사방으로 흩어져 버렸다. 박진은 할 수 없이 밀양으로 되돌아가고 이각은 언양을 향하여 북상했다. 이각은 언양에서 좌수사 박홍을 만났으나 수하에 병사가 없었던 그들은 왜군을 저지할 방안조차 세우지 못한 채 이각은 울산의 좌병영으로 돌아가고, 박홍은 밀양 방면으로 올라갔다.

경상좌도의 군 사령관인 좌병사 이각이 이처럼 왜군을 피해 이리저리 돌아다니고 있는 동안 울산의 좌병영에는 관할 지역의 일부 군현에서 모인 병사들이 그의 지휘를 받기 위해 기다리고 있었다. 안동판관 윤안성이 집결된 병력으로 본영을 지키자고 주장했으나 이각과 우후 원응두는 왜군에게 겁을 먹고 성을 버린 채 도망했다. 지휘관들이 도망가자 병사들도 흩어져 왜군이 울산 병영에 이르기도 전에 모두 뿔뿔이 흩어져버렸다. 경상좌도의 방어선은 이로써 유명무실해지고 말았다.

이런 상황에서 동래성을 함락시킨 왜군은 4월 17일 아침에 양산으로 진군했다. 양산군수 조영규가 병력을 모아 동래성에서 싸우다 전사했으므로 양산성은 텅 비어 있었다. 양산성을 무혈 점령한 왜군은 동래성에 있던 주력군을 모두 양산으로 이동시켜 밀양성 공격을 준비했다.

한편 이각과 소산에서 헤어진 밀양부사 박진은 밀양으로 돌아와 병력을 수습한 후 양산과 밀양 사이의 험로인 작원관(밀양 동쪽 40리) 부근에 진을 치고 왜군의 밀양 진입을 저지하려고 했다. 그러나 오히려 왜군의 역습에 걸려 퇴각하게 되자 박진은 밀양성에 들어가 군기고와 군량고에 불을 질러 태워버리고 탈출했다. 밀양성도 왜군에게 무혈 점령당한 것이었다.

그런데 진주 감영에서 왜란의 소식을 듣고 급거 밀양으로 달려왔던 경상감사 김수는 적이 양산에서 작원관으로 향하고 있다는 소식을 듣고 "성의 총수가 포위될 위험에 처한 성안에 머무는 것은 옳지 못하니, 성 밖에서 대세를 보아 대책을 강구하겠다"하고 밀양성에서 빠져나갔다.

김수는 낙동강 동쪽의 영산으로 갔다가 낙동강을 건너 경상우도인 초계, 거창 등 내륙 지역으로 피신해 다니면서 부근 각 읍에 격문을 보내 백성들을 피난하게 하는 한편, 문경 이하의 군현 병력들을 분군법(分軍法)에 따라 대구로 집결시키라는 명령을 내리고는 종적을 감추었다.

고니시 군은 4월 19일 텅빈 밀양성에 무혈 입성한 뒤, 청도를 거쳐 21일 대구로 진출했다. 이때 대구는 김수의 분군법에 따른 통첩으로 문경이남 지역 군사들 중 일부가 집결해서 수성천변에 야영을 하면서 조정에서 파견되는 경장(京將)이 도착하기를 기다리고 있었다.

그러나 서울에서 파견되어야 할 경장은 며칠이 지나도록 소식이 없었다. 식량은 떨어지고 때마침 비까지 내리는데 왜군이 점점 가까이 다가오자 동요하던 군사들은 밤 사이 흩어져버렸고 수령들도 뿔뿔이 헤어지고 말았다.

대구도 무혈 입성한 고니시 군은 파죽지세로 인동(仁同)을 지나 4월 24일에는 낙동강을 건너 선산 방면으로 진출했다.

제2, 3군의 북상과 무너지는 조선군

가토 기요마사(加藤淸正)가 지휘하는 제2군 2만 2천 800명이 부산에 상륙한 것은 4월 18일이었다. 제2군은 부산에서 동북쪽으로 진출하여 19일에는 언양을 점령하고, 21일에는 경주로 향했다. 경주는 당시 부윤 윤인함(尹仁涵)이 갈렸으나 신임 부윤이 미처 부임하지 않은 상태에서, 경주판관 박의장과 장기현감 이수일 등이 성을 지키고 있었다. 그러나 이들은 가토 군이 밀려들자 그 기세에 눌려 싸움 한번 해보지 않고 달아나고 말았다.

이렇게 경주에 무혈 입성한 가토 군은 다음날인 4월 22일 영천을 거쳐 신녕, 군위로 진출했다. 가토 군은 군위에서 동로(東路)로 진출하는 대신 점촌, 문경으로 진로를 바꾸었다.

이때 의흥(義興)에는 좌방어사 성응길(成應吉), 조방장 박종남(朴宗男), 신임 경주부윤 변응성(邊應星), 풍기군수 윤극인(尹克仁), 예천군수 변안우(邊安祐) 등이 진을 치고 있었다. 그러나 이들은 가토 군의 북상을 막으려 하기보다는 '근왕(勤王:임금을 호위)을 해야 한다'는 명분을 내세워 죽령을 넘어 그 자신들이

조선의 가장 낮고 고른 진실의 나라

북상하고 말았다.

구로다 나가마사(黑田長政)가 지휘하는 제3군 1만 1천 명은 4월 19일에 낙동강 하구의 죽도(김해 남쪽 10리)에 상륙했다. 왜군이 죽도에서 김해를 향하고 있을 때 김해성에는 부사 서예원(徐禮元)과 초계군수 이유검(李惟儉) 등이 성을 지키고 있었다. 서예원과 이유검은 처음에는 성을 사수할 의지를 보였으나, 왜군이 야음을 틈타 성을 넘어 들어오려 하자 먼저 성을 탈출해 도망치고 말았다. 지휘관이 사라진 김해성은 그 다음날인 20일 새벽 왜군에게 함락되었다. 이때 의령현감 오응창(吳應昌)은 김해성을 구원하기 위해 병력 100여 명을 배에 싣고 남강을 건너다가 배가 침몰하는 바람에 병사와 함께 행방불명되어 버렸다.

김수가 각 읍에 격문을 보내 백성들을 피난하게 하고 자취를 감춘 것을 흉내내는 벼슬아치도 생겨났다. 창녕현감 이철용과 현풍군수 유덕신이 "감사(김수)의 명령에 따라 피난한다" 하면서 산속으로 숨어버렸다. 또한 경상우병사 조대곤(曺大坤)은 창원의 마산포에 진을 치면서 김해성이 적의 손에 떨어지는 것을 지켜보았다. 조대곤은 구로다 군이 창원 방면으로 진격하자 역시 진을 버리고 달아났다.

구로다 군은 별다른 저항을 받지 않고 창원으로 북상하여 낙동강을 건넌 후 영산-창녕-현풍 등 낙동강을 따라 북상했고, 현풍에서 다시 낙동강을 건너 경상우도로 들어왔다.

무능한 조정과 신립에 거는 기대

조선 조정은 4월 17일 경상좌수사 박홍의 장계가 도착함으로써 대규모 왜군이 침입했다는 사실을 알게 되었다. 그러나 조정 중신들은 왜군의 침입을 대수롭지 않게 여기고 제1선에서 충분히 격퇴할 것으로 낙관했다. 그러나 뒤이어 경상감사 김수의 장계를 비롯하여 부산진성, 동래성에서 잇달아 실함을 알리는 장계가 꼬리를 물자 그제야 전면전이 발생했음을 인정하고 조령, 죽령, 추풍령 등 전략적 요충지에 대한 방어를 계획했다.

조정이 먼저 선택한 인물은 순변사 이일(李鎰)이었다. 이일은 조령 방어를 위해 도성에서 300명을 모아 출전하려 했으나 그마저 모병이 이루어지지 않아 3일이 지난 뒤에야 겨우 60여 명의 군관들만 이끌고 출발했다.

이러한 과정에서 주무 부서인 병조의 무능이 노출되었으므로, 선조는 그 책임을 물어 병조판서 홍여순(洪汝諄)을 파직시키고 김응남(金應男)을 새로 임명했다. 그리고 경상 우병사로 임명하여 임지로 내려보낸 김성일(金誠一)을 체포하여 서울로 압송했는데, 한해 전 통신사로 일본에 다녀와서 일본의 침략이 없을 것이라고 보고한 책임을 묻기 위해서였다. 그러나 김성일은 서울로 압송되던 중 직산에서 석방되어 경상우도 초유사로서 전지에서 의병 모집과 군량 조달 등을 담당하게 되었다.

4월 20일 조정에서는 전시 사태를 수습하기 위해 국왕의 대권을 위임한 도체찰사(都體察使)를 전방 지역에 파견하기로 하고 전 경상감사이며 현 좌의정인 유성룡을 도체찰사, 신임 병조판서 김응남을 체찰부사로 임명했다. 그러나 문관인 도체찰사보다 실제로 병사 지휘가 가능한 무관을 파견해 현지 병사들을 지휘해야 한다는 의견이 제기됨에 따라 한성판윤 신립(申砬)을 삼도순변사로, 전 의주목사 김여물(金汝岉)을 종사관으로 임명해 왜군의 북상을 저지하게 했다. 신립에게 조선의 운명이 달린 것

문경의 조령 관문. 신립은 이곳을 방어하지
않았다는 비난을 받았다.

이다.

군관 60여 명과 함께 서울을 떠난 순변사 이일이 조령을 넘어 경상도 문경에 도착했을 때 성은 텅 비어 있었다. 4월 23일 상주에 들어갔을 때 상주목사 김해(金澥)는 순변사를 맞으러 간다며 사라졌고 군사들까지 흩어진 상태에서 판관 권길(權吉)만이 혼자 빈 성을 지키고 있었다. 권길이 모아온 800여 명의 군대는 대부분 훈련이라고는 받아본 일이 없는 인근의 농민들이었다.

이때 고니시의 선두부대는 이미 상주 남쪽 20리 지점인 장천까지 와서 진을 치고 있었다. 개령에 사는 백성 한 사람이 달려와 이 사실을 알리자 이일은 그의 신속한 정보 제공을 포상하기는커녕 민심을 어지럽혔다는 죄목으로 옥에 가두었다가 이튿날 아침에 처형해 버렸다.

이일은 병사들을 상주 북천변에 집결시켜 군사 훈련을 실시했다. 그는 부대 주변에 초병을 배치하거나, 척후병을 앞세워 적을 정찰하는 초보적인 조치도 취하지 않았다. 왜적의 척후병이 나타나 조선군의 뒤늦은 훈련 모습을 살피고 간 뒤 왜군의 공격이 시작됐다. 오합지졸이나 다름없는 조선군은 순식간에 괴멸했고 겨우 탈출한 이일은 문경에서 패전 보고를 조정에 올렸다. 그리고 조방장 변기(邊璣)가 지키고 있는 조령으로 가서 함께 방어하려고 하다가 삼도순변사 신립이 출전하여 충주에 주둔하고 있다는 소문을 듣고 다시 충주로 이동하여 신립의 휘하에 들어갔다.

한편 상주를 접수한 왜군 선봉은 4월 26일 문경을 공격했다. 그러나 성은 비어 있고 백성 한 사람 눈에 띄지 않았다. 안심하고 관아 앞을 지나가는데 갑자기 화살이 쏟아져 왜적 몇 명이 쓰러졌다. 문경현감 신길원(申吉元)이 20여 명의 결사대와 함께 매복했다가 기습했던 것이다. 곧 체포된 신길원은 항복을 거부하고

191

조가
선깝
의고
진도
실면
나
라

참살당했다.

고니시의 제1군이 4월 26일 중로의 관문인 조령 부근에 진출해 진을 치자, 가토의 제2군도 죽령을 넘어 단양—충주로 우회하는 길을 포기하고 조령으로 진출했다. 이는 원래 계획과 다른 것으로 가토는 고니시가 한성을 먼저 점령할까 우려해 더 빠른 길로 조령을 선택한 것이다. 왜군 제1, 2군이 모두 좁은 조령을 선택하면서 이 협곡은 개전 이래 최대 격전지가 될 참이었다.

배수진을 친 탄금대 전투

삼도순변사에 신립은 종사관 김여물과 함께 남하하면서 군사를 모았다. 이렇게 모은 8천여 명의 병력이 조선군의 거의 전부였다. 신립은 4월 26일에 충주 남쪽의 단월역(丹月驛)에 진영을 설치했는데, 이때 고니시의 제1군은 조령 남쪽 문경에 도착해 있었다.

신립은 충주목사 이종장(李宗長)과 종사관 김여물 등을 이끌고 조령으로 달려가서 지형을 정찰했다. 관찰 결과 김여물은 "적은 대병력이므로 소병력을 가지고 정면으로 맞서는 것은 불리하다. 적이 통과할 험지에 복병을 설치하여 좌우에서 협격하도록 하자. 그렇지 않으면 한성으로 물러나서 한성을 지키자"는 의견을 제시했다. 이종장도 김여물의 의견에 동조했다.

그러나 신립은 이들의 의견을 받아들이지 않았다.

"그렇지 않다. 적은 보병이고 우리는 기병이다. 적을 개활지로 끌어내어 철기(鐵騎)로 무찌르면 승리할 수 있다. 그리고 적이 지금 조령 밑에까지 와 있다는데 우리가 조령으로 진출하다가 만약 적이 먼저 조령에 도착하면 어떻게 되겠는가? 아군은 훈련 상태가 미숙한 신병들이므로 사지(死地)에 빠져야만 투지를 발휘할 것이다. 그러므로 배수진을 쳐야 한다."

신립은 단월역으로 돌아가 그곳에 도착해 있던 순변사 이일과 죽령 조방장 변기를 선봉장으로 삼고 군사를 충주성으로 이동시켰다. 신립은 4월 28일 아침 전병력을 탄금대로 이동시키고 배수진을 쳤다. 흔히 신립이 병법을 모르고 배수진을 치지 않아야 할 곳에 배수진을 쳤다고 비판하지만 이는 사실이 아니다. 신립은

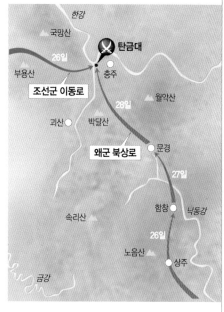

❻ 탄금대에 이르기까지의 조선군과 왜군의 이동로.

조선군이 왜군보다 비교우위에 있는 것이 기병이라는 점을 십분 이용하기 위한 것이었다. 소수의 기병이 다수의 보병을 꺾은 예는 전사에 무수히 많았다. 그래서 신립은 남한강과 달천이 합류하는 개활지인 탄금대를 결전 장소로 선택했던 것이다. 물론 왜군을 보기만 하면 도망가기 바쁜 신병 중심의 조선군에게 승리만이 살길이란 심적인 배수진을 친 것도 사실이다. 그러나 조령을 1차 결전지로 선택하고 패할 경우 탄금대로 이동해 기병 중심으로 결전하는 순차적 방법을 사용하지 않은 것도 문제의 소지는 있다.

문경에서 하루를 묵은 고니시 군은 4월 27일 새벽에 문경을

가깝고도 먼 나라, 조선의 진실

⊚ 탄금대. 현재는 충주댐 때문에 물에 잠겼지만 예전에는 강 주변의 습지였다.

◎ 신립과 팔천고혼 위령탑. 신립과 함께 죽어간 조선 병사들을 위로하는 탑이다.

출발하여 종일 조령을 넘어 28일 정오 무렵에 단월역에 도착했다. 고니시 군 1만 5천여 명은 그날 탄금대에 배수진을 친 신립 군과 접전을 벌였다. 왜군은 주장 고니시 군이 중앙을 담당하고 소 요시토모 군과 마쓰우라 시게노부(松浦鎭信) 군이 좌·우익을 담당해 탄금대를 3면에서 포위했다.

신립은 기병 제1진 1천여 명을 출격시켜 적을 제압한 다음, 뒤이어 제2진 2천여 명을 투입하여 또다시 왜군을 격퇴시켰다. 왜군은 조선의 기병을 맞아 개전 이후 최초로 밀리고 있었다.

그러나 신립 군은 병력과 무기에서 열세인데다가 탄금대가 저습지였던 것이 악재로 작용했다. 수렁에 말의 발굽이 빠져 기병 특유의 기동력이 저하된 것이다. 이런 상황 속에서도 신립이 이끄는 조선군은 네 차례나 기병으로 왜병을 격퇴시켰으나 끝내 전세는 기울어지고 말았다. 패색이 짙어지자 신립은 전 병력에게 최후의 총공격을 명령하여 왜군과 맞서 싸우다가 끝내 패전의 순간이 닥치자 남한강으로 투신 자결하고 말았다. 종사관 김여물도 적진으로 돌격하여 장렬한 최후를 마쳤으며 충주목사 이종장도 마지막까지 용전분투하다가 전사했다.

조선 조정이 전력을 기울여 지원했던 삼도순변사 신립이 이끄는 조선군의 항전은 이 패전으로 막을 내렸다. 순변사 이일은 이 전투에서도 용케 살아남아 상주 전투의 패전 보고에 이어 두 번째의 패전 보고를 조정에 올리고 북쪽으로 달아났다.

신립 군이 충주에서 패한 4월 28일 저녁, 고니시 군은 충주성에 무혈 입성했다. 29일에는 가토 군이 고니시 군을 뒤쫓아 조령을 넘어 충주에 도착하여, 제1군과 제2군이 충주에서 합류했다.

고니시와 가토는 충주에서 한성 진공 계획을 논의한 결과, 제1군은 여주-양평을 경유하여 한성의 동대문으로 진격하기로 하고 제2군은 죽산-용인을 거쳐 한성의 남대문으로 북진하기로 결정했다. 이들 양군은 4월 30일에 함께 충주를 출발하여 한성으로 향했다. 이때 추풍령을 넘어 청주쪽으로 진출한 제3군은 청주에서 곧바로 죽산으로 북상하여 제2군을 뒤따라 한성으로 진군했다.

탄금대에서 패전한 조선은 더 이상 왜군과 결전하지 못했고, 도성도 곧 함락되었다. 이는 신립의 잘못이기보다는 평화시에 전쟁을 대비하지 않은 조정의 잘못이자 집권 후 정쟁에만 몰두했던 사대부들의 책임이었다.

임란 극복의 주역, 북인은 왜 정계에서 사라졌는가

잊혀진 정파, 북인

조선시대 당쟁사가 다시 주목받으면서 서인과 남인은 많이 거론되었지만 북인은 상대적으로 적게 언급되고 있다. 적게 언급되는 정도가 아니라 잊혀졌다고 해도 과언이 아니다. 북인의 대표적 인물 중의 한 명인 이이첨은 아직까지도 우리 역사에서 간신으로 각인되어 있다. 그러나 이는 1623년 인조반정으로 정권을 잡은 서인들이 그를 세 아들과 함께 참형에 처한 후 '이이첨=간신'이라는 등식을 만들어 유포시킨 그들의 간신일 뿐이다. 그러나 조선 후기 '북인=간신'이란 등식은 사실로 받아들여졌다. 북인은 과연 어떤 정파였을까?

사림파는 훈구파와 지난한 권력 투쟁 끝에 집권하자마자 분열했다. 김효원(金孝元)의 이조전랑 임용 문제를 둘러싸고 그의 이조전랑 임명을 찬성하는 동인과 반대하는 서인으로 갈린 것이다. 비교적 소장파였던 동인들은 상대적으로 노장파였던 서인들을 낡은 정치 세력으로 몰아붙이며 기세를 올리다가 선조 22년 (1589)의 정여립(鄭汝立) 사건으로 실각했다. 정여립은 원래 서 인이었으나 동인으로 당적을 옮겼다가 역모의 주모자로 몰려 죽 었는데, 그 사건은 지금까지도 진상이 불분명한 조선조 최대의 정치 의혹 사건이기도 하다. 심지어 서인들이 정여립을 죽여놓 고 자결로 위장했다는 말이 퍼지기도 했으나 강한 신하들을 제 어하려는 선조의 속내와 맞물리면서 이발(李潑), 최영경(崔永 慶), 정개청(鄭介淸), 백유양(白惟讓) 등 수많은 동인 명사들이 죽어갔다.

정여립 사건을 계기로 서인들이 다시 권력을 장악했으나 선조 24년(1591)의 세자건저(世子建儲:세자를 세우는 일) 사건으로 실

● 전북 진안 죽도. 정여립은 이곳에서 아들과 죽었는데, 자살이라는 설과 살해당했다는 설이 대립하고 있다.

각하고 말았다. 당초 동인과 서인은 공빈 김씨의 둘째아들 광해 군을 세자로 추대하기로 합의했으나 동인측에서 이를 서인 축출 의 계기로 이용한 것이다. 선조가 광해군 대신 인빈 김씨의 둘째 아들 신성군을 마음에 두고 있음을 알아차린 동인은 서인에게 광해군을 세자로 추대하도록 유인했고, 이런 사실을 모른 채 광 해군을 추대했던 서인들은 선조의 노여움을 사서 다시 정권을 빼앗겼던 것이다.

재집권에 성공한 동인들은 서인들의 처벌 수위 문제로 둘로 갈라졌다. 서인들에 대한 엄중한 처벌을 주장하는 이산해 등이 북인이 되었고, 관대한 처벌을 주장하는 유성룡 등이 남인이 되 었다. 강경파의 영수 이산해와 이발의 집이 북악 아래와 한강 이 북에 있었기 때문에 북인이라고 불렸고, 남인 영수 유성룡이 영

⑤ 지리산 자락의 산천재. 남명 조식이 여생을 보낸 곳이다.

남인데다 서울 강남 아래에 집이 있었기 때문에 남인이라고 불렸다고 전해지고 있다. 이처럼 북인은 현안에 대해 강경한 자세를 견지하는 정파였다.

또한 남북 분당은 학통의 분기이기도 했는데, 북인들은 주로 남명 조식(曺植)과 화담 서경덕(徐敬德)의 문인인 반면 남인은 퇴계 이황(李滉)의 문인이었다. 남명 조식과 화담 서경덕은 조선 정치사와 유학사에서 독특한 지위를 지닌 인물들이다.

남명 조식은 평생 벼슬을 거부하고 명종 16년(1561) 지리산 기슭 진주의 덕천동(德山洞:지금의 산청군 시천면)에 산천재(山天齋)를 지어 죽을 때까지 머물면

◎ 남명 조식 초상.

서 후학 지도에 힘쓴 학자였다. 나라에서 단성현감을 제수하자 이를 사직하며 올린 상소에서 조정의 신하들은 물론 국왕 명종과 당시 절대 금기였던 대비(大妃) 문정왕후(文貞王后)까지 거세게 비판해 정계에 파란을 일으키기도 했다. 그는 노장적(老莊的) 요소도 다분히 엿보이지만 기본적으로는 수기치인(修己治人)의 성리학적 토대 위에서 실천궁행을 강조했는데, 실천적 의미를 더욱 부여하기 위해 경(敬)과 함께 의(義)를 강조한 사상가로도 유명하다. 그는 '칼을 찬 처사(處士)'이자 '농군 사대부'이기도 했다. 정계 진출을 거부하고 처사를 자처하면서도 막상 현실 문제에서 보여준 거침없는 비판은 남명의 명성을 더욱 높여주어 오건(吳健), 정인홍(鄭仁弘), 김우옹(金宇顒), 최영경(崔永慶), 정구(鄭逑) 등의 많은 학자들이 찾아와 학문을 배웠는데,

조선의 가깜도 실면 나라

이 계보가 그대로 북인의 학통이 된다. 특히 홍의장군으로 유명한 곽재우(郭再祐)는 그의 문인이자 외손녀의 사위이기도 했다. 남명과 그의 제자들은 경상우도의 특징적 학풍을 보여주는데, 이는 이황과 그 제자들로 구성된 경상좌도의 학풍과 대비된다.

북인의 또 한 명의 정신적 지주였던 화담 서경덕도 평생을 처사로 일관했다. 기생 황진이와의 일화로 유명한 서경덕은 오늘날 남한보다는 그의 주기론(主氣論)을 유물론의 원류로 평가하는 북한에서 더 크게 평가받고 있다. 빈한한 가세 때문에 독학으로 학문을 이뤘으나 과거에는 뜻을 두지 않았고 산림에 은거하면서 문인을 양성했고, 조식(曺植), 성운(成運) 등 당대의 처사들과 지리산, 속리산 등을 유람하면서 교유했다. 그의 문인으로는 허엽(許曄), 박순(朴淳), 민순(閔純), 박지화(朴枝華), 서기(徐起), 한백겸(韓百謙), 이지함(李之菡) 등이 있는데, 그의 학통 역시 북인의 한 줄기를 형성했다.

북인의 정권 장악과 분당

북인의 종주 조식과 서경덕이 모두 출사를 거부한 데서 알 수 있는 것처럼 북인은 현실 정치에서는 한 걸음 떨어져 있던 정파였다. 이런 북인을 정치 현장 깊숙이 끌어들인 사건이 바로 임진 왜란이었다. 임진왜란 때 도망가기 급급했던 선조, 조정 대신들과 달리 북인들은 의병을 일으켜 왜군과 정면에서 맞서 싸웠다. 임금을 비롯한 지배층의 도망에 백성들의 분노가 하늘을 찌르자 선조는 몽진(蒙塵:임금이 난리를 피해 이주하다)의 책임을 동인(남인)들에게 돌리며 서인들에게 잠시 정권을 주었다가 이를 다시 북인에게 주었다. 서인들도 조헌(趙憲)과 고경명(高敬命) 같은 이름 높은 의병장이 나오긴 했지만 의병장의 주류는 북인들이었기 때문이다. 남명 조식의 문하였던 곽재우(郭再祐), 정인홍(鄭仁弘), 조종도(趙宗道) 등 유명한 의병장은 대부분 북인이었으며 김덕령도 북인이었다.

북인들은 이처럼 평소에는 당쟁에서 한 발 떨어져 있다가 나라가 위기에 처하자 의병을 일으켜 전면에 나섬으로써 명분과 실천에서 모두 앞섰다. 선조는 이런 북인의 명분과 실천에서의 우위를 자신의 도망으로 추락한 왕권 강화에 이용하기 위해 정권을 준 것이다.

그러나 임란이 끝나자 북인들은 세자 문제 때문에 다시 둘로 갈라졌다.

선조는 임란이 발생한 1592년 광해군을 세자로 임명해 분조

ⓖ 정인홍 묘소. 경남 합천군 해인사 입구에 있다. 북인 강경파였던 그는 조선 후기 내내 반대당파에 의해 비난받았다.

조선의 진실

가깝고도 먼 나라

(分朝:국난 때 조정을 둘로 나눠 대처하는 것)를 이끌게 했다. 광해
군은 임란 와중에 많은 공을 세웠으나 막상 전쟁이 끝나자 선조
의 생각이 달라졌다. 재위 35년(1602) 서른두 살 아래의 인목왕
후와 재혼한 선조는 1606년 영창대군을 낳자 광해군 대신 그에
게 후사를 잇게 하고 싶었던 것이다. 중종의 후궁 창빈 안씨 소
생 덕흥군의 셋째 아들로서 방계승통이었던 선조는 후궁 소생의
광해군보다는 정비 소생의 영창대군이 왕위를 이음으로써 방계
승통의 콤플렉스를 떨쳐버리고자 했다.

이 문제를 두고 집권 북인은 둘로 갈라졌는데 정인홍 중심의
대북(大北)은 광해군을 지지했고, 유영경 중심의 소북(小北)은
영창대군을 지지했다. 영창대군 탄생 때 이미 14년 동안 세자로
있던 광해군을 두고 딴 맘을 먹은 선조나 소북은 시대적 과제와
국정의 우선 순위를 망각한 비상식적인 처사였다. 당시 조선에
절대적으로 필요했던 것은 전후복구 사업이었지 현실의 세자를
부인한 상태에서 전개되는 왕위계승전이 아니었다.

선조가 좀더 살았다면 광해군의 운명이 어떻게 바뀌었을지 모
르지만 영창대군이 세 살 때 선조가 사망하면서 광해군이 즉위
하게 되었다. 소북의 영의정 유영경과 병조판서 박승종 등이 이
에 격렬하게 반발했으나 34세 장년 세자를 두고 3살짜리 대군에
게 보위를 잇게 한다는 것은 누가 보더라도 비현실적이었다. 유
영경의 광해군 배척은 상식을 벗어났던 것이기에 심지어 소북에
서도 반대파가 속출하여 유영경을 지지하는 유당(柳黨)과, 그를
반대하는 남당(南黨)으로 갈리기도 했다.

광해군은 즉위 후 자신을 지지한 대북을 중용해 과감한 혁신
정치를 펼쳤다. 광해군과 북인들은 임란으로 황폐화된 국가를
재건하는 일을 정책의 최우선 과제로 삼았다. 그들은 비생산적

인 명분에 사로잡히기보다는 현실적인 정책을 우선해 즉위 원년에 경기도에 대동법을 시범 실시했다. 대동법은 조선의 3대 세법의 하나였던 공납(貢納)을 대신하는 법으로 부자는 많이 내고, 빈자는 적게 내자는 조세 정의에 가까운 법이었다. 그래서 대동법은 북인뿐만 아니라 서인 이이와 남인 이원익 등 많은 양심적 관료들이 지속적으로 주장해 왔다. 양반 지주와 관료들은 대동법 실시를 반대한 반면, 가난한 농민들은 쌍수를 들어 환영했는데 광해군과 대북 정권은 농민들의 부담을 덜어주기 위해 양반 지주들의 반대를 무릅쓰고 경기도에 시범 실시를 결정한 것이다.

또한 광해군은 전란 때 소실된 서적 간행에도 힘을 기울여『신증동국여지승람(新增東國與地勝覽)』,『국조보감(國朝寶鑑)』 등을 다시 편찬했으며, 춘추관, 충주, 청주 사고(史庫)에 보관했던 역대 왕의 실록들이 불타자 적상산(赤裳山)에 사고를 설치하여 중요한 전적(典籍)들을 보관했다. 사실 허준의『동의보감(東醫寶鑑)』은 광해군과 북인 정권의 강력한 의지가 아니었으면 편찬될 수 없던 의학서적이었다. 광해군과 북인 정권은 광해군 재위 3년 (1611)에는 양전 사업을 실시하여 전란으로 황폐해진 농지를 다시 측량하여 경작지를 확대하고 국가 재원을 확보했다.

광해군과 북인 정권은 일본과의 수교가 조선의 평화를 보장하는 구조적 방안이란 판단에서 과거의 은원을 묻어둔 채 수교에 응했다. 조선은 수교 조건으로 선릉(宣陵:성종의 능)과 정릉(靖陵:중종의 능)을 훼손한 범인 인도를 요청했는데, 일본이 진범이 아닌 대마도의 사형수 둘을 넘기자 그 진범 여부는 따지지 않고 이들을 효수한 후 수교를 단행했다.

북인과 광해군의 생각이 항상 같았던 것은 아니다. 대명(對明)

정책이 그랬는데 명나라가 후금(後金:청)과 싸울 군사 파병을 요청했을 때 광해군은 보내고 싶지 않았으나 북인들은 사대명분론에 입각해 파병에 동의했다.

명나라가 약화된 틈을 타서 여진족의 한 추장인 누루하치가 만주 일대에 흩어져 있던 여진족들을 통합해 후금(後金)을 건국하면서 만주와 중원 정세에 파란이 일었다. 이런 조짐을 읽은 광해군은 박엽을 평양감사로 임명해 대포를 주조케 하는 등 전쟁에 대비하는 한편 전쟁을 피하기 위한 외교 정책을 수립했다.

대북까지 파병에 동의하자 광해군은 강홍립(姜弘立)을 도원수, 김응서를 부원수로 하는 1만여 명의 군사를 파견해 명의 요청에 응했다. 이때(1619) 광해군은 강홍립을 몰래 불러 전력을 다해 싸우지 말고 상황을 보아 유리한 쪽에 붙으라는 내용의 밀지(密旨)를 내렸다. 명나라가 이기면 명나라에 붙고 후금이 이기면 후금에 붙어 조선을 보호하자는 실리외교이자 평화외교였다. 부차(富車) 전투에서 패한 강홍립은 후금에 항복했는데 광해군이 그 가족에 대한 연좌를 거부하자 서인들은 이를 광해군의 배신이라고 규정지었다.

광해군과 대북의 실책

우리 역사의 수수께끼 3

광해군과 북인 정권은 민생에 직결되는 각종 정책으로 전란의 피해 복구에 큰 효과를 보았으나 세자 시절에 벌어졌던 과거사에 얽매이면서 자신들의 발목을 잡았다. 대북은 준론(峻論)에 입각해 과거사에 대해서 강력한 정리를 주장했는데 이것은 미래를 지향해야 할 조선의 정치 시간표를 거꾸로 돌려놓은 것이었

ⓢ 광해군 묘소. 경기도 양주에 있다.

다. 정인홍은 집권의 정당성을 성리학적으로 확보하기 위해 스승 조식을 문묘(文廟:공자를 모신 사당)에 종사하려다가 실패하자 이언적(李彦迪:서인)과 이황(동인)의 문묘 종사도 반대했다. 이 사건은 서인들뿐만 아니라 영남 남인들까지도 북인의 반대당으로 만드는 결과를 가져왔다.

이 사건으로 북인들은 정계에서 고립되었으나 대북은 더욱 강경한 자세를 견지했다. 광해군 5년(1613) 발생한 '칠서(七庶)의 옥(獄)'을 빌미로 김제남(金悌男:인목대비의 부친)과 영창대군을 사형시키고, 나아가 재위 10년(1618)에는 인목대비까지 폐모(廢母)시킴으로써 큰 논란을 불러일으켰다. 비록 생모는 아닐지라도 법적인 어머니였던 대비를 폐모시킨 것은 효의 나라이자 강상(綱常)의 나라, 성리학의 나라인 조선의 국시를 무시한 것으

조선의 가고 싶은 나라

로써 왕권을 뛰어넘는 문제가 되었다.

폐모론은 대북의 정인홍, 이이첨, 허균, 백대연, 정호 등만이 주창했을 뿐 서인, 남인은 물론 소북의 남이공도 반대했으며, 심지어 대북 기자헌까지 반대했다. 정인홍의 제자였던 정온(鄭蘊)은 사제 관계를 끊고 정인홍을 비난하는 상소를 올려 이에 찬성하는 정창연(鄭昌衍), 이명(李溟), 유몽인 등과 중북(中北)을 형성할 정도로 내외의 반대가 거셌다.

폐모론은 불필요한 명분론을 정국의 중심 의제로 만들면서 원래 소수당이었던 대북을 더욱 고립시켰다. 이복형제와 그 외조부를 죽이고 계모를 폐서인하는 광해군과 대북의 이런 과잉처사는 명분과 효를 우선시하는 조선의 사대부들에게 상당한 충격을 주었고, 정권을 정통성 시비의 대상으로 전락시켰다. 대북 정권은 폐모론에 반대하는 모든 정파를 정계에서 축출했으나 과잉 행위가 반동을 낳는 것은 세상사의 원리여서 서인들이 폐모를 명분 삼아 반정을 결심했다.

인조반정과 이괄의 난

광해군 15년(1623) 3월 김류(金瑬), 이귀(李貴), 김자점(金自點), 최명길(崔鳴吉), 이괄(李适), 이서(李曙) 등의 서인들은 선조의 서손 능양군(綾陽君:인조)을 추대해 쿠데타를 일으켰으니 이것이 인조반정이다. 반정이란 그릇된 사(邪)를 물리치고 바른 정(正)으로 돌아간다는 뜻으로, 인조반정은 그릇된 임금인 광해군을 물리치고 바른 임금인 인조를 추대했다는 것이다. 능양군은 선조가 인빈 김씨에게서 낳은 셋째아들 정원군의 아들이었고,

선조가 총애했던 정원군의 형 신성군의 양자이기도 했으므로 서인들로서는 반정의 명분이 있었다. 또한 능양군은 광해군 때 동생 능창군이 '신경희의 옥사'에 연루되어 처형당했기 때문에 반북인 세력에 쉽게 동조될 수 있었다. 중종이 반정 과정에서 소외된 허수아비였던 것과는 달리 능양군은 친병(親兵)을 거느리고 반정을 주도했다.

그러나 인조반정은 백성들에게는 그리 큰 환영을 받지 못했다. 정권에서 소외된 서인들이나 서궁에 유폐된 인목대비에게는 복수의 기회였지만 대다수 백성들에게 인조반정은 국가 재건에 힘쓸 시기에 발생한 불필요한 정치적 소요에 지나지 않았다. 반정 일등공신 이서(李曙)가 반정 직후의 혼란한 상황을 설명하면서 "성패가 확실히 정해지지 않은 터에 위세로써 진압할 수도 없었다"라고 말한 것은 백성들이 봉기할 움직임까지 있었던 것을 시사한다. 그러자 서인들은 남인 이원익(李元翼)을 영의정으로 삼는 것으로 인심을 안정시키려 했고 실제로 정국은 안정을 되찾았다.

이것은 중요한 시사점을 제공한다. 북인들이 우당(友黨)이 될 수 있었던 남인까지 축출해 고립을 자초한 반면 서인들은 남인들을 끌어들여 정권의 외연을 넓혔던 것이다. 서인들은 이런 유연한 정국 운용으로 쿠데타에 대한 반발을 무마할 수 있었다. 서인들은 대북이 일당독재를 추구하다가 축출된 전례를 거울 삼아 이원익 외에도 이수광, 정경세, 이성구, 김세렴, 김식 등 남인들을 등용해 서남연합정권임을 내외에 과시했다.

물론 이때 등용된 남인들은 서인·남인연합정권이란 모양새를 갖추기 위한 구색맞추기에 불과했다. 반정 후 서인들은 비밀리에 두 가지 '집권 원칙'을 정했다고 알려져 있다. 하나는 숭용

산림(崇用山林)이고 다른 하나는 국혼물실(國婚勿失)인데, 숭용
산림이란 산림에 은거한 유학자들을 우대해 성리학적 정통성을
확보하겠다는 뜻이고, 국혼물실은 왕비는 대대로 서인 집안에서
내겠다는 뜻이다. 또한 참판 이상은 서인들이 차지한다는 원칙
을 정했다는 말도 있었다. 이처럼 서인들의 남인 등용이 구색맞
추기에 불과했지만 어쨌든 사대부 사이의 화합을 상징적으로 보
여준 것으로써 많은 지지를 받았다.

그러나 반정 정권은 인조 2년(1624) '이괄의 난'이 발생함으로
써 그 취약성을 드러냈는데, 쿠데타 세력의 내부 분열인 이 사건
은 엉뚱하게도 북인들에게 가장 큰 타격을 주었다. 인조와 서인
정권은 서울을 버리고 도망가기 직전 감옥에 갇혀 있던 전 영의
정 기자헌 등 49명의 정치범을 이괄과 내통할 '우려'가 있다는
이유로 전격적으로 처형시켰기 때문이다. 이때 희생당한 대부분
의 정치범들은 북인이었는데, "다음날 아침 이원익이 이 소식을
듣고 놀라면서 '하룻밤 사이에 이렇게 많은 사람을 죽였는데 수
상(首相)의 자리에 있으면서 참여치 못했으니, 이제 나는 늙어
폐물이 되었구나' 하고 항상 혀를 찼다.(『연려실기술』인조조 기사
본말)"는 기록은 서인들이 북인의 재기를 얼마나 두려워했는지
를 잘 보여준다.

남이공(南以恭), 정온(鄭蘊) 등 폐모에 반대했던 북인 일부가
인조 때에도 정계에 남아 있기는 했지만 이미 정파로서의 기능
은 소멸된 상태였다. 그나마 이 세력도 효종, 현종 때 남인에 흡
수되고 말았으며, 경종 이후로는 남인과 운명을 같이해 정계에
서 완전히 축출되고 역사의 무대에서 사라졌다.

북인들은 조선의 여러 정당 중에서 가장 실제적인 일에 힘썼
던 정파였다. 광해군 때 보여준 전란복구 사업은 당쟁 때문에 피

우
리
역
사
의
수
수
께
끼
3

폐해진 조선 정치사에 새로운 가능성을 열어주었다. 그러나 실제적인 일에 힘썼던 북인들은 역설적으로 소모적인 정쟁에 정력을 낭비함으로써 명분론을 정계의 화두로 만들었고, 그 결과 스스로 세력을 약화시켜 끝내는 정계에서 축출되고 말았다. 북인의 역사적 과제는 성리학에 입각한 지나친 명분론을 완화하고 국가와 백성들에게 도움이 되는 실질적인 정책을 펴는 것이었고, 그것이 당시 조선 사회가 가장 필요로 했던 개혁이었다. 그러나 북인들은 현실을 무시한 일당독재 체제를 구축하려다 인조반정이란 역풍을 맞았고, 지지정파가 아무도 없는 정계에서 영원히 축출되고 말았던 것이다. 북인의 이런 정치 행적은 개혁의 시대를 사는 오늘날 우리에게 개혁의 명분과 현실, 그리고 정치의 작용과 반작용에 대한 무거운 질문을 던져준다.

조선 북벌군의 모순된 운명

나선이란 어디 있는고?

효종은 자신의 재위 10년을 북벌 준비에 바쳤다. 병자호란의 인질로 소현세자와 청나라 심양에 끌려가 만 8년 동안 지냈던 효종은 귀국 후 소현세자가 갑자기 세상을 떠나는 바람에 부왕 인조의 뒤를 이어 임금이 되었다. 즉위 후 효종은 인질 생활의 치욕을 잊지 않고 군사를 길러 청나라를 무찌르려는 북벌을 준비했다. 효종은 병조판서 원두표(元斗杓)와 이완(李浣)을 중심으로 북벌 준비를 하면서 특히 무사 선발에 힘을 기울였다. 그는 심양에 있을 때 청나라가 북경을 점령하러 가는 정명전(征明戰)에도 참가한 경험이 있었다. 그는 "오랑캐의 일은 누구보다 자신이 잘 안다"며 북벌 의지를 불태웠다. 그 결과 재위 6년(1655) 가을에는 한강의 노량진 백사장에서 1만 3천여 명의 정예 군사들이 열병식을 펼칠 수 있었다. 이 열병식은 "사대부와 일반 백성은 물론 서울 사대부가의 아녀자들까지 모여 인산인해를 이루었다"고 『조선왕조실록(朝鮮王朝實錄)』에 기록될 정도로 장관을 이루었다.

그러나 일부 문신들은 이 열병식을 "청과 분쟁거리가 된다"면서 군비 확장을 반대했다. 그래서 효종은 재위 10년 문신들의 대표였던 송시열에게 "정예 포병(砲兵) 10만 명을 길러 자식처럼 사랑해서 모두 결사적으로 싸우는 용감한 병사로 만든 다음, 기회를 봐서 오랑캐들이 예기치 못했을 때 곧장 쳐들어갈 계획이오"라고 설득하기도 했다. 효종이 재위 4년 제주도에 표류되어 온 네덜란드 사람 하멜(Hamel)을 훈련도감에 배속시켜 조총(鳥銃)을 제작하게 한 것도 좋은 소총을 만들어 북벌에 쓰려던 것이다. 효종의 이런 불굴의 노력으로 우수한 조총병이 양성되었다. 효종이 조총병을 양성한 것은 청나라와 싸우기 위한 것이었는데, 이들이 오히려 청나라를 도와 러시아와 싸워야 했

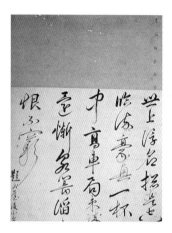

◉효종의 글씨. 효종은 북벌을 꿈꾸며 조총수를 양성했다.

다는 사실은 역사의 아이러니가 아닐 수 없다. 청조가 효종 5년(1654)과 9년(1658) 흑룡강 방면의 나선〔羅禪:Russian의 한역(漢譯)〕정벌을 위해 조선에 군사를 요청했기 때문이다.

러시아가 흑룡강 주변에 나타난 것은 1650년경이었다. 유럽 국가 중 가장 후진적이고 발전이 늦었던 러시아는 17세기 초 로마노프 왕조가 성립되면서 유럽 동북쪽에서 발전하기 시작했다. 시베리아 진출은 그 이전인 1580년대 코사크(Cossack)에 의하여 시작되었다. 예르마크(T.Yermark)가 우랄산맥을 넘어 시베리아

로 진출한 이래 탐험가, 모피 사냥꾼, 정치범, 기타 수형자들이
시베리아로 흘러들어 러시아인들은 1세기도 못되어 태평양 연
안까지 진출했다. 17세기 러시아의 시베리아 진출은 모피 자원
을 얻기 위한 것이었는데 당시 모피 자원은 러시아 정부의 유력
한 재원 중 하나로 국고 수입의 10퍼센트를 차지했다.

1643~1651년간에 포야르코프(V. Poyarkov), 하바로프(E.
Khavarov) 등의 원정대는 흑룡강까지 진출했는데 특히 하바로프
는 흑룡강 주위의 부락을 점령하고 우안(右岸)에 알바진
(Albazin) 성(城)을 건설하여 그들의 군사 기지로 삼았다.

만주를 선조의 발상지로 중시하던 청조는 러시아가 이 지역에
진출해 성을 쌓고 흑룡강 지류인 송화강(『북정일기』에는 厚通江
으로 표기되었음)에서 물자를 약탈하는 일이 자주 일어나자 대
책을 강구했다. 청조는 1652년 관리들을 보내 영고탑(寧古塔:寧
安)에 주둔하면서 관병을 관리하게 했으나 러시아군에게 거듭
패배했다. 청조는 1653년 사이
호달(沙爾虎達)을

◉ 만주 송화강 부근. 옛 부여의 왕성이 있던 곳
으로 추정된다. 이형구 제공.

영고탑 지방 앙방장경[昻邦章京:후에 장군(將軍)으로 개칭]으로 삼고, 다음해 명안달례(明安達禮)에게 북경수비대를 이끌고 가서 러시아군을 격퇴하라고 명했는데 이때 조선에 원병을 요청했다. 조선에 청병을 한 이유는 출동 거리와 보급선이 중국 관내(關內)보다 가깝다는 점과 조선의 우수한 조총술을 알고 있었기 때문이다.

조선은 인조 15년(1637) 청에 항복한 후 맺은 이른바 '정축년조약'에 의해 청국의 파병 요청을 거절할 수 없었다.

그 해(1654) 2월 초, 청은 조선에 사신을 보내 조창수(鳥槍手) 100인을 뽑아 회령부로 보내고 앙방장경의 지휘하에 나선정벌을 위해 3월 10일까지 영고탑에 도착하라고 요구했다. '나선'이란 이름을 처음 들은 효종은 청의 사신에게 "나선이란 어디 있는고?"라고 물었고, 사신은 "영고탑의 근처에 있는 별종(別種)입니다"라고 대답했다. 조선은 나선이 러시아라는 사실조차 모른 채 파병했던 것이다. 뒤에 효종은 조선출병군사령관의 귀환 보고를 통해 '나선'이 서양국이라는 사실을 처음 알게 되었다. 이에 조정에서는 함경북우후(北虞侯) 변급(邊岌)을 영장(領將)으로 삼아 '나선정벌군'을 파견하기로 결정했다.

제1차 나선정벌

1차 정벌군은 변급의 인솔로 3월 26일 두만강을 건넜다. 4월 16일 청병과 함께 영고탑으로 향해 27일 송화강에 이르렀고 28, 29일 러시아군과 접전하게 되었다. 이때 조선 파견군은 100명의 조총수, 20명의 화병(火兵), 30명의 수솔(隨率) 도합 150여 명의 인원과 마필 등으로 회령에서 영고탑까지 소비할 군량 열흘 분을 휴대했다.

양군의 군사 규모는 크게 차이 났다. 변급의 보고서에 따르면, 러시아군은 300석(石) 크기의 대선 13척, 소선 26척이 있었으며 병력은 400명 미만이었다. 이에 맞서 싸울 조청연합군은 대선 20척, 소선 140척에 병력은 1천 명 안팎으로 많았지만 대선이라고 해봐야 17명이 승선하는 작은 배에 불과했다. 이런 화력의 열세 때문에 청군은 러시아군을 만나는 족족 패전했던 것이다. 변급은 화력이 차이가 나는 선단끼리 맞붙어서는 승산이 없다는 생각에 '유붕(柳棚:통버드나무로 만든 방패)'을 만들어서 육지에 세우고, 이를 방패 삼아 러시아 함선에 집중사격을 가했다. 전에 경험하지 못했던 이 전법에 러시아군은 많은 부상자를 내고 5월 2일 퇴각하기 시작했다. 조청연합군은 퇴각하는 러시아군을 100여 리 추격해 호통(好通)에서 교전하는 등 여러 차례 접전을 벌였고, 결국 러시아군은 5월 5일 흑룡강을 거슬러 도망하고 말았다.

조선군은 막강한 러시아군을 맞아 한 명의 사상자도 없이 5월 16일 흑룡강에서 철군하여 6월 13일에는 영고탑으로 돌아와 21일 무사히 두만강을 넘어 귀국했다. 84일간의 원정을 승리로 마치고 돌아온 것이다.

1차 나선정벌은 조선 조총부대의 위력을 보여준 전투로 이후 러시아군들은 "머리 큰 사람(大頭人)이 두렵다!" 했을 정도였는데, 이것은 벙거지[전립(戰笠)]를 쓴 조선 군대의 위력을 보았기 때문이다.

나선과의 전투 다음해(1655), 청조는 명안달례로 하여금 송화강 깊숙이 들어온 나선을 몰아내고 호마이(呼瑪爾) 하구에 있는 그들의 근거지를 추격하게 했다. 1657년에는 사이호달이 출정하여 상견오흑(尙堅烏黑)에서 러시아와 싸웠다. 그러나 조선군이 빠진 청국군은 또다시 패했고 이듬해(1658)에 재차 조선의 출병을 요청했다.

제2차 나선정벌

효종 9년인 1658년 3월, 청국은 황제의 칙서를 조선에 보내 "조총수 200명을 선발해 5월 초순까지 영고탑에 도착하라"고 요구하고, 따로 예부의 공문을 보내 "식량의 현지 조달이 곤란하니 조선군의 식량은 스스로 준비하되 왕복 일자를 계산하여 운반하라"고 요구했다. 식량을 조달하는 것도 문제였지만 2천여 리가 넘는 목적지까지 운반하고 관리하는 것이 보통 일이 아니었음으로 효종은 응할 수 없다고 거부했으나 재차 회계(回啓)가 내려오자 따를 수밖에 없었다.

2차 출병에서는 함북병마우후 신류(申瀏)를 총병관으로 임명해 조총수 200명과 초관(哨官), 기고수(旗鼓手), 화정(火丁) 60여명 등 도합 260여 명에게 3개월분의 군량을 휴대하고 떠나게 했다. 5월 2일 두만강을 건넌 조선군은 5월 9일 영고탑에 도착했다. 5월 15일 조청연합군은 배로 송화강 어귀(현재의 의란)에 도착했다. 이곳에서 길림 선창(船廠)에서 제조된 대형 함선들을 기다렸다가 6월 5일 함선에 나누어 타고 송화강 본류로 나갔다.

드디어 6월 10일 흑룡강과 합류 지점에서 러시아 스테파노프(Stepanov)의 함대와 만나 격전을 벌이게 되었다. 청군 함대는 기함등 초대형선 4척, 대형선 36척, 중형선 12척 도합 52척으로 편

조가
선갑
의고
진도
실면
나.
라.

성되었으며 병력은 2천 500명 정도였다. 이에 대해 러시아측은 대형선 11척, 병력은 약 500명이었다. 조선출병군사령관 신류(申瀏)의 『북정일기(北征日記)』 6월 10일자를 통해 전투 장면을 살펴보자.

아침 일찍 열벌 마을을 출범하여 흑룡강 어귀를 지나 20여 리를 내려갔을 때 드디어 적의 선단과 맞부딪쳤다. 적선 11척이 흑룡강 한가운데에 닻을 내리고 있는 것을 보고 아군은 즉각 적선을 향해 달려들었다. 적선들은 곧 돛대를 세우고 10여 리를 후퇴하여 강가에 배를 모아 포진한 후 판옥 위에 올라서서 아군의 동정을 일일이 살폈다.

우리 전선이 번갈아 들락거리면서 적선과의 거리가 한 마장쯤이나 가까워졌을 때 일제히 대포를 쏘며 공격을 개시하자 적선들도 대포로 응수해 치열한 공방전이 거듭되었다. 이때 후영(後營), 전위(前衛), 중군(中軍)의 모든 전선이 일시에 쳐들어가 활과 총포를 무수히 쏘았다. 적병들이 숨돌릴 겨를 없이 총탄과 화살이 빗발치듯 떨어지니 배 위에서 총을 쏘던 적병들은 드디어 지탱할 수가 없어서 모두 배 안으로 들어가 숨거나 배를 버리고 강가의 풀숲으로

💿 『북정일기』.

우
리
역
사
의
수
수
께
끼
3

도망치거나 했다.

『북정일기』 6월 10일자

이처럼 전투는 조선군의 일방적인 승리로 끝나는 듯했다. 이 때까지 조선군은 사상자도 없었는데 청군사령관 사이호달의 사욕이 개입하면서 전세는 엉뚱하게 흘러갔다.

우리 전선들이 적선을 포위하고 쇠갈고랑이를 던져 끌어당긴 뒤 포수들이 적선에 올라가 불을 질러 태우려고 하자, (청군)대장은 불 태우지 말라고 긴급 명령을 내렸다. 한편 포수와 사수(射手)들이 강가의 풀숲에서 잠복한 적병을 향해 맹렬한 사격을 가하자 적병 역시 치열하게 응전하여 이 때문에 조선 군사와 청국 군사는 약간의 사상자를 내고 말았다. 만약 여세를 몰아 일시에 적선들을 불태웠다면 적병 중에 살아남은 자는 한 사람도 없었을 것이고 우리 또한 손실이 없었을 터인데, 대장이 재물이 탐나 불태우지 말라고 무모한 명령을 내린 것은 매우 유감스러운 처사였다. 적선에 올라탔던 포수와 사수들이 다시 원선(原船)으로 돌아와 계속 포위하고 있을 때 피아간의 거리는 불과 일 보 정도로 근접했으며, 이때 배 안에 은신한 적병들이 연속 사격을 가해와 우리는 적지 않은 사상자를 내게 되었다.

『북정일기』 6월 10일자

이 전투에서 러시아군은 선단 11척 중 10척이 불타고 1척이 도망가는 대참패를 당했다. 러시아군의 사령관 스테파노프의 부하 페트릴로프스키(Petrilovsky)의 보고서는 러시아군이 당한 참상을 잘 말해 주고 있다.

러시아 선대는 흑룡강 어귀에서 화승총과 대포로 무장한 47척의 청국선단과 조우했는데, 이 전투에서 대장 스테파노프와 카자흐 270명이 전사하고 차르에게 바칠 국고 소유의 담비 가죽 3천 80장, 대포 6문, 화약, 납, 군기(軍旗), 식량을 실은 배가 파괴되었으며 겨우 성상(聖像)을 실은 배 1척이 95명을 태우고 탈출했다.

이 전과는 조청연합군의 대승이지만 조선군사령관 신류의 말대로 청군사령관이 '재물이 탐나 불태우지 말라'는 무모한 명령을 내리지 않았다면 조선군은 한 명의 사상자도 없었을 것이다. 이 무모한 명령 때문에 조선군은 8명이 전사하고 25명이 부상을 당했으며 청군도 120여 명이 전사하고 200여 명이 부상당하는 큰 피해를 입었다. 지휘관의 사욕 때문에 희생된 병사들이었다. 청군의 군기가 이렇기 때문에 효종은 '오랑캐의 일은 누구보다 내가 제일 잘 알고 있다'며 북벌을 자신한 것인지도 모른다. 반면 조선군사령관 신류의 자세는 훌륭했다.

(청군)대장이 노획한 적선 한 척을 내주면서 전사한 조선 포수들을 화장(火葬)하라고 했으나, 나는 우리나라 풍속에는 본래 화장하는 법이 없으니 절대로 화장은 안 되며 만리이역(萬里異域)에서 죽어간 그들의 시체를 본국으로 실어갈 수 없을진대 부득이 본국의 법식대로 매장하겠다고 하니 그는 내 청을 들어주었다.

나는 흑룡강가의 약간 높은 언덕 위에 자리를 잡아 그들 일곱 사람(한 명은 나중에 사망)을 동향(同鄕)끼리 갈라 묻어주었다. 아아! 멀리 이국땅에 와서 모래벌 속에 묻힌 몸이 되었으니 참으로 측은한 마음 이를 데가 없구나. (청군)대장은 노획한 적선을 온통 수색하여 많은 재물을 앗아갔으며 또 여러 군사들이 얻은 전리품도 모조리 거두어갔다. 우리 조선 군사들의 노획품은 조총밖에 없었는데 이것도 모두 그에게 빼앗겼다.

『북정일기』 6월 11일자

승전 후 조선군은 송화강 어귀로 철수했으나 청측은 러시아의 재침을 우려해 다음해(1659) 봄까지 주둔하면서 이 지역을 지킬 것을 요구했다. 이에 조선군사령관 신류는 그 불가함을 조목조목 설명하며 반박한 끝에 겨우 11월 18일 영고탑을 떠나 12월 12일 회령으로 귀국할 수 있었다. 2차 정벌에서 보인 조선 조총군의 우수성이 나선정벌 승리의 결정적인 역할을 했다.

조선군의 자신감을 회복하다

나선정벌이 성공리에 종식됨으로써 흑룡강과 송화강 일대의 군사적 긴장 상태가 해소되었다. 이 출병은 조선 조총수의 위력을 만방에 과시했다. 조선출병군사령관 신류 장군은 『북정일기』를 작성해 나중에 조선군이 러시아군 및 청군과 싸울 때 참고가 되게 했는데, 이 책이 발견되면서 항간에 유포되었던 저자 불명의 『북행일록(北行日綠)』의 오류를 씻을 수 있었다.

『북정일기』는 한 무장이 국가를 위해 어떻게 임무를 수행해야 하는가를 잘 보여주었다. 객관적 적군인 청군을 도와 싸워야 했던 모순된 상황에서 조선의 국익을 최우선 과제로 삼으면서도 병사들의 안전 귀환에 최선을 다했던 그의 모습은 문무를 겸비한 참 인격을 보였다. 또한 『북정일기』에는 나라에 대한 충절과 부하에 대한 애틋한 자애가 절절히 기록되어 있어 마치 이 충무

ⓞ 만주의 봉화산. 효종이 기른 조선의 조총수는 만주 깊숙한 곳까지 진출해 러시아군
과 싸웠다.

공의『난중일기』를 대하는 듯하다.『북정일기』를 해제(解題)한
박태근(朴泰根) 선생은 "장군의 주저인『북정일기』를 보면 '자
기애(自己愛)'는 조금도 발견되지 않는다. 이것은 놀랄 만한 사
실이다. 원래 전기란 '자기애'가 가장 심하게 노출되는 것이 고
금의 통례였기 때문이다"라면서 신류 장군의 인격을 높이 평가
했다.

신류[1619(광해군 11)~1680(숙종 6)] 장군은 평산 신씨 시조인
장절공 신숭겸의 23대 손으로 경북 칠곡 사람인데, 장현광(張顯
光)의 문인으로 여러 차례 문과에 응시했으나 실패하자 무과로
돌려 급제했다. 혜산진첨절제사, 함경북도병마우후를 지냈으며,
나선정벌에서 승리한 후에는 김해부사, 경상좌도병마절도사를
거쳐 삼도수군통제사가 되었다. 그 후손들은 구한말까지 약 40여
명의 무과 출신자를 배출하여 세상에서는 이 충무공을 낳은 덕수

이씨 문중과 비견되는 무문(武門)으로 알아주어 '영남무반 제일가'로 불렸다.

불과 20여 년 전의 청나라의 군사들에게 삼전도의 치욕을 겪었던 조선군이 청군조차 연전연패한 러시아군을 상대로 승리를 거둔 것은 큰 의미가 있었다. 병자호란으로 추락했던 조선군은 자신감을 회복했다. 그 자신감은 비단 러시아에 대한 것뿐만 아니라 청나라에 대한 것이기도 했다. 나선정벌의 승전은 조선군에게 청군과도 싸워 이길 수 있다는 자신감을 회복하는 계기가 되었던 것이다. 만약 효종이 그렇게 일찍 세상을 떠나지 않고 이 조총수들이 북벌에 나섰다면 조선군은 커다란 전과를 올렸을 것이다.

『북정일기』는 2차 정벌에서 희생당해 흑룡강가의 높은 언덕 위에 육신의 안식처를 마련한 8명의 출신과 명단을 기록하고 있다. 길주의 윤계인 · 김대충, 부령의 김사림, 회령의 정계룡, 종성의 배명장, 유복, 온성의 이응생, 이충인이 그들인데, 이 전사자들은 고조선, 고구려, 발해의 옛혼이 되살아나기를 바라며 우리를 꾸짖고 있을지도 모른다.

4부

근·현대

망국과 분단,
통일과 만주를 생각하며

고종황제와 의친왕 탈출 사건

독립운동에 나서려던 왕족들

신한혁명단의 고종 망명 계획

패장은 말이 없다는 말처럼 그간 조선의 왕실, 즉 대한제국의 황실은 망국의 책임을 홀로 뒤집어쓴 채 말이 없었다. 물론 제국의 멸망에 황실은 가장 큰 책임을 져야 한다. 그러나 망국은 황실만의 책임이 아니라 황실을 정점으로 한 모든 지배층의 책임이다. 그러나 해방 이후에도 우리 역사는 망국에 이르게 한 다른 지배층은 아무 책임도 없다는 듯 황실에 모든 책임을 뒤집어씌우고 자신들은 빠져나갔다. 여기에는 현실 정치적인 필요성이 개재되어 있었다. 즉 국부(國父)를 자처하며 사실상 국왕 행세를 했던 이승만 초대 대통령의 황실죽이기에 망국 책임자들인 친일파들이 가세하면서 황실에만 책임을 묻게 된 것이다.

나라를 빼앗긴 후 황실은 가만히 앉아서 세월만 보냈던 것은 아니다. 고종황제와 그의 다섯 번째 아들 의친왕이 해외 망명을 시도했던 것이 이를 말해 준다. 이들의 망명이 성공했다면 우리 독

우리 역사의 수수께끼 3

립운동사는 달라졌을 것이 분명하다.

　고종이 해외로 망명했다면 식민지 통치 체제 전반이 흔들릴 수 있었다. 이른바 한일합방이 고종의 자의로 체결되었다는 일제의 주장이 허구라는 사실이 만천하에 드러났을 것이다. 그랬다면 세계 여론이 일본의 침략을 비판하는 쪽으로 형성됐을 것이고 국내에서도 걷잡을 수 없는 봉기가 일어났을 것이다. 그간 한국의 양반 지배층들은 봉기하는 대신 일제에 협력하는 이유를 황제의 명령 때문이라고 변명해 왔다. 황제가 합방을 추인했으며 일제에 협력할 것을 지시했기 때문에 일제와 싸우는 것은 황명 위반이라는 말이었다. 그러나 황제가 망명해 개전(開戰)의 조서(詔書)를 내릴 경우 이들은 싸우지 않을 수 없었다. 그럴 경우

◉ 고종의 어진.

불충에 해당하는 것은 물론 농촌 지역의 지배권을 내놓아야 했다. 황제의 개전 조서에도 봉기하지 않는 양반사대부에게 더 이상 농민들이 복종하지 않을 것이기 때문이다. 고종이 망명했다면 일제의 조선 통치는 일찍이 없었던 시련에 봉착했을 것이다.

　이런 점들 때문에 독립운동 세력들은 고종의 해외 망명을 추진했다. 그중 가장 먼저 고종의 해외 망명을 추진한 세력은 신한혁명단이다. 신한혁명단은 서북간도와 연해주는 물론 중국 상해와 북경 그리고 국내의 주요 민족운동자가 서로 연계하여 독립

ⓖ 이상설. 신한혁명단 본부
장이었던 그는 고종의 망
명을 추진했다.

군을 무장시키고 그를 바탕으로 독립전쟁을 추진하기 위한 목적으로 조직되었다. 또한 신한혁명단은 급변하는 국제 정세에 부응해 효과적인 독립운동을 전개하기로 결정했다. 이를 위해 1915년 3월 상해 영국 조계 내의 배달학원에서 이상설, 박은식, 신규식, 조성환, 유동열 등이 회합을 가졌다. 이들은 우선 제1차 세계대전의 추이를 검토한 결과 독일이 승전할 것으로 예상하고 이런 국제 정세를 가장 효과적으로 이용할 수 있는 독립 투쟁을 전개하기로 결정했다. 신한혁명단은 북경에 본부를 두고 본부장에 독립운동의 거두 이상설을 선임했는데, 특이한 점은 고종을 당수로 추대한 점이었다. 신한혁명단은 고종의 해외 망명을 가장 우선적으로 수행하기로 결정하고 여기에 전력을 집중했다.

북경 서단패루 김자순의 집에 본부를 차린 이상설, 유동열 등의 신한혁명단 지도부는 외교부장 성낙형에게 고종의 해외망명을 전력을 기울여 추진하라고 지시했다. 성낙형은 이에 따라 국내로 잠입했다. 그의 임무는 고종에게 당수직 수락을 응낙받아오는 것과 고종에게 중국 정부와 중한의방조약(中韓誼邦條約)을 체결하기 위한 신임장을 받아오는 것이었다. 일제의 한국 점령에 불쾌한 감정을 갖고 있던 중국은 고종의 신임장이 있으면 중한의방조약을 체결할 가능성이 있었다. 신한혁명단은 독일 정부의 보증 아래 중국 정부와 사전에 군사동맹을 체결하여 독립전쟁에 대비하기로 했다. 이는 국제 정세를 면밀히 분석한 데서 나온 전략으로 중국의 대총통인 위안스카이가 곧 제위에 오를 전

우리 역사의 수수께끼 3

망이었고 독일 역시 제정(帝政)이므로 고종이 가담할 경우 후원을 얻기 유리하다는 판단이었다.

신한혁명단 간부들이 1914년 7월 26일 내관 염덕신을 통해 덕수궁 함령전에서 관련 서류를 제출하자, 고종은 외교부장 성낙형의 알현을 허락했다. 이들은 고종뿐만 아니라 황실 인물 중 항일 의지가 가장 높았던 고종의 왕자 의친왕 이강(李堈)도 함께 망명시키려고 시도했다. 성낙형 등이 국내에 잠입해 고종 망명을 추진하는 동안 중국에서는 신한혁명단 간부들이 위안스카이 총통을 비롯한 중국의 주요 정객들과 교섭을 벌였다.

그러나 국제 정세는 신한혁명단의 예상과는 달리 흘러갔다. 제1차 세계대전은 독일을 중심으로 한 추축국이 아니라 일제가 가담한 연합국의 승리로 굳어져 가면서 일제의 지위만 높아졌다. 게다가 중국은 자국 내의 정쟁에 휘말려 일본과의 개전은 엄두도 못 낼 형편이었다. 설상가상으로 국내에 파견된 성낙형을 비롯해 김사준, 김사홍, 김승현 등 다수의 관련자들이 검거됨으로써 실패로 돌아갔다. 일제는 이 사건을 '보안법위반 사건'이라 불렀다.

이 사건 이후 일제는 고종을 더욱 철저하게 감시했다.

이회영의 고종 망명 작전

신한혁명단이 주도한 1914년의 고종 망명 기도 사건은 무위로 끝났으나 1918년에 다시 시도되었는데, 이번에는 이회영(李會榮)과 이시영(李始榮) 형제가 주도했다. 이회영 여섯 형제는 대한제국이 멸망하자 전 가산을 정리해 집단 망명했다. 서간도 삼원보에 자리잡은 이들은 안동 출신의 이상룡 등과 함께 만주 교민들을 위한 자치기관으로 경학사를 설립하여 산업을 장려하는 한편 신흥무관학교를 개설해 독립군 사관 양성에 힘썼다. 이는 이회영 등이 가담했던 비밀결사 신민회의 '해외 독립운동기지론'에 따라 설립된 것인데, 국내 사정 때문에 신민회의 지원금을 받을 수 없었고, 농사도 계속 실패하는 바람에 학교 운용 자금이 부족하게 되자 이회영은 국내로 잠입해 자금을 모았다. 이회영의 귀국 사실은 곧 종로경찰서에 탐지되어 일시 구류되었다. 석방된 후에 경찰의 감시를 받았으나 그는 은밀히 자금 모금을 계속했는데, 부유한 귀족이나 지방 부호들로 하여금 독립운동 자금을 내게 하기 위해서는 고종의 밀지가 가장 좋은 방법이라는 생각에서 궁중에 연락을 취했다. 이회영은 과거에 이상설과 함께 배후에서 고종과 연락하며 헤이그 밀사 파견에 관여한 일이 있으므로 이런 계획을 추진할 수 있었던 것이다.

이회영은 고종의 시종 이교영(李喬永)을 통해 고종에게 이런 뜻을 전달하고 홍증식(洪增植)을 통해 전 판서 민영달(閔泳達)에게도 연락했다. 1918년 가을 제1차 세계대전이 끝나갈 무렵 미국 대통령 윌슨이 주창한 민족자결주의가 전세계에 큰 영향력을 미치고 특히 식민지 백성들을 격동시키자, 이회영은 고종을 국외로 망명시키기로 결심했다. 고종이 망명해 한일합병이 자발적이 아니라 일본의 무력에 의해 강제로 이루어진 것이라는 사실을 전세계에 폭로하면 큰 효과가 있으리라고 판단한 것이다. 또한 고종이 망명하면 여러 갈래로 갈라져 있는 독립운동 진영을 결속시키는 효과도 있으리라고 판단했다.

이회영은 오세창, 한용운, 이상재 등 독립운동 계열의 지도자들과 은밀히 회합하는 한편 이교영을 통해 고종에게 망명 계획을 아뢰도록 했다. 고종황제는 뜻밖에도 이를 쾌히 승낙한다는 기별을 전해 왔다. 이때는 마침 영친왕 이은(李垠)과 일본 황실 방자(芳子) 사이의 결혼이 결정된 데 대해 고종황제가 크게 분노하던 시절이었다. 순종이 후사가 없는 판국에 황태자 영친왕이 일본 여성과 혼인하게 된다면 조선 왕실의 혈맥은 완전히 끊기는 판국이었다.

이회영은 홍증식을 데리고 재력이 있는 민영달을 찾아가 고종황제의 뜻을 전하며 의사를 타진했다. 그러자 민영달은 "황제의 뜻이 그러하시다면 신하된 나에게 무슨 이의가 있겠는가? 나는 분골쇄신하더라도 황제의 뒤를 따르겠다"하며 승낙했다. 민영달은 이회영과 북경에 고종의 행궁을 두기로 결정하고 행궁 구입 자금으로 5만원을 내놓았다. 이회영은 이 자

이회영(위)과 이시영(아래). 이회영은 고종의 측근 민영달에게서 5만 원을 받아 북경의 이시영에게 고종이 거처할 저택을 구하게 했다.

금을 이득년, 홍증식 두 사람에게 주어 북경에 머물고 있던 동생 이시영에게 전달하게 하고, 행궁의 구입과 수리를 부탁했다. 이때가 1918년 말 무렵이다. 이회영은 자신의 아들 규학과 고종의

외조카 조계진이 결혼하게 되어 자연스럽게 궁중과 긴밀한 연락을 취할 수 있었으므로 고종의 망명은 성사되는 듯했다.

그러나 이 망명 계획은 고종황제의 갑작스러운 붕어(崩御)로 무산되고 말았다. 고종의 급서에는 의문점이 많다. 당시 고종의 망명을 준비했던 사람들은 망명 계획을 눈치 챈 일제가 매국노 이완용, 윤덕영 등을 매수하여 고종황제를 독살한 것이라고 한결같이 증언했다.

고종을 독살한 장본인으로 두 인물이 지목되는데, 이왕직 장시국장이자 남작 작위를 받은 한창수와 어주도감(御廚都監) 한상학이 그들이다. 어주도감은 고종의 음식물을 제공하는 곳으로서 한상학의 가담은 고종에게 치명적이었는데, 특히 그는 이완용과 사돈 관계이기도 했다. 일제가 배후에서 독살을 기획하고 이완용, 윤덕영이 지휘했으며, 한창수와 한상학이 실행했다는 것이 고종독살설의 요체이다. 그리고 이는 충분한 근거가 있는 믿음이기도 했다.

항일 의지가 높았던 의친왕

고종이 사망한 후 독립운동가들이 주목한 황실 인사는 의친왕 이강이었다. 의친왕은 고종의 다섯째 아들로 귀인 덕수 장씨 소생이었다. 고종이 황제로 등극하면서 의친왕에 책봉되었다가 1910년 대한제국이 붕괴되고 고종황제가 이왕(李王)으로 강등되면서 그도 의친왕에서 이강 공(公)으로 직위가 깎였다.

일제는 황실 인사 중 누구보다 그를 주목했다. 정치적인 포부도 있었던데다가 항일 의지가 높았기 때문이다. 그래서 총독부

● 의친왕 이강의 글씨. 부여 낙화암 사비루의 현판이다. 백제의 멸망을 가슴 아파하는 왕족의 심경이 잘 드러나 있다.

에서는 내부적으로 그를 불령선인으로 지목하고 치밀하게 감시했다. 그는 속내를 감추기 위해 주색으로 소일했으나 일제의 감시는 집요했다. 일본 당국은 퇴위한 순종이나 황태자 영친왕보다도 의친왕을 더욱 위험스러운 인물이라 생각했다.

국내 활동에 발이 묶인 의친왕은 해외 망명을 계획했다. 그는 평소 뜻이 통하는 처남 김춘기(金春基)를 통해 임정 요원 강태동에게 연락해 먼저 상해로 탈출한 귀족 출신 김가진에게 망명의 뜻을 전했다. 김가진은 즉각 임정 요인 이종욱을 서울로 파견했다. 서울에 도착한 이종욱은 강태동의 소개로 의친왕의 처남 김춘기를 만났다.

김춘기는 의친왕의 상해 탈출을 위해서는 20만 원 정도의 자금이 필요하다고 말했다. 그런 거금을 마련할 길이 없었던 이종욱은 대동단의 힘을 빌리기로 하고 단장인 전협을 만났다. 그들은 이미 김가진 상해 탈출 사건을 계기로 지면이 있는 터였다. 이종욱은 의친왕의 탈출 계획을 전협에게 설명하고 도움을 청했다. 전협은 우선 의친왕을 직접 만나본 후 결정하기로 했다.

대동단원 이재호가 의친왕의 심복 정운복과 절친한 사이라는 것을 안 전협은 의친왕과의 만남을 주선해 달라고 부탁했다. 우여곡절 끝에 의친왕을 만난 전협은 "전하를 상해로 탈출시켜 상해 임시정부에 합세하게 함으로써 고종황제의 독살과 일본의 조선 병합이 부당함을 세상에 알리려 한다"고 말했다. 이때가 11월 9일 늦은 밤이었다.

의친왕은 망명 계획을 앞두고 조국 동포에게 남기는 마지막 말, '유고(諭告)'를 작성했다. 망명이 성공해 유고가 전파되면 일제는 물론 조선 백성들은 큰 충격을 받을 것이었다. 전협은 미리 준비해 두었던 헌옷으로 의친왕을 변복시키고 인력거에 태워 장의문 밖 세검정으로 향했다.

이곳에는 훗날 아나키스트가 되는 이을규가 여행증명서와 차표를 마련해두고 일행을 기다리고 있었다. 이때 의친왕은 그의 소실인 수인당 김흥인과 간호사 최효신을 데리고 가겠다고 말했다. 자신이 고종에게서 프랑스 채권증서 120만 원어치와 기타 중요 국가 문서를 받았는데, 그것이 지금 수인당 김씨에게 맡겨져 있다는 것이다.

전협은 위험을 무릅쓰고 수인당 김씨를 데려왔으나 그녀까지 상해로 데려갈 수는 없었다. 일제가 이미 의친왕이 사라진 사실을 알아차렸을지 모르는 판국에 사전 계획에 없는 여인을 대동하고 갈 수는 없었다. 여행증명서와 차표도 준비되지 않은 이들을 동행한다는 것은 체포를 자청하는 격이었다. 전협이 의친왕에게 이번에는 전하만 탈출하고 가까운 시일 안에 수인당과 최효신도 모셔오겠다고 굳게 약속하자 의친왕이 수락했다.

대동단의 탈출 계획은 정남용, 이을규가 의친왕을 모시고 국경을 탈출하되 정남용은 안동(현재의 단동)에서 하차해 귀경하고, 나머지는 이을규가 상해까지 수행하는 것이었다. 일단 안동까지만 가면 그곳에 영국인 쇼(C. L. Show)의 도움을 받을 수 있었다. 쇼는 영국에게 억압받던 아일랜드계로서 한국 독립운동을 동병상련의 처지로 지원한 인물인데, 이륭양행과 그 소속 배편을 갖고 있었다. 이륭양행은 쇼의 호의로 임시정부 교통국 안동지부의 역할을 수행하고 있었다.

1919년 11월 10일 11시 의친왕과 이을규 일행은 수색역에서 안동행 열차에 몸을 실었다. 이때 일제는 이미 의친왕의 신변에 유고가 생긴 것을 눈치 채고 있었다. 조선총독부 경무부장이던 지바는 이때의 경위를 이렇게 설명하고 있다.

제3부 경위반 주임이 훈시를 한참 하고 있는 중에 내게 다가와서

🌀 압록강 철교. 의친왕은 압록강 건너 안동(단동)에서 체포되었으나 일제는 국내에서 체포했다고 주장했다.

귓속말로 말하기를 어젯밤 이강공 전하가 공저를 탈출한 혐의가 있다고 보고해 왔습니다. 나는 드디어 중대사가 발생했다는 사실을 자각하고…… 아카이케 경무국장을 만나 이 사실을 알렸습니다. 이렇게 하여 조선 전토는 물론 일본, 만주, 시베리아, 상해에까지 수색 수배를 시급히 강구하도록 전보로 조치했던 것입니다. 그 사건 이래 다음날까지 온 힘을 기울여 대수사를 계속했으나 전하의 행방은 묘연 불명했습니다.

조선총독부 편찬, 『조선통치비화』

의친왕의 종적이 묘연해 일제가 전전긍긍하는 중에 한 가지 단서가 잡혔다. 명월관(明月館) 지점 주인인 황원균(黃元均)이 경찰에 자진 출두해 이강공의 행방을 찾는 것이라면 짚이는 바가 있다고 진술한 것이다. 그는 어젯밤 늦게 의친왕이 명월관에 왔다가 인력거를 타고 어디론가 가는 것을 목격했다고 진술했다. 단서를 잡은 일경은 의친왕을 태웠던 인력거 인부를 취조해 공평동에 있는 어느 집 문 근처까지 의친왕을 태웠드렸다는 사실을 알아냈다.

이런 와중에 친일 형사로 악명이 높았던 김태석은 이를 의친왕의 국외 망명 기도라고 단정 짓고 서울 근교, 특히 수색역에서 떠나는 열차를 탐지하게 하는 한편 신의주경찰서에 의친왕의 탈출을 막으라고 타전했다.

의친왕 일행은 안동현에 도착했을 때는 이미 일제의 삼엄한 수사망이 펼쳐져 있었다. 그들은 역 구내의 찻집으로 일단 몸을 숨겼지만 포위망을 벗어날 수는 없었다. 의친왕과 정남용은 현장에서 체포되고 이을규는 겨우 몸을 피해 역을 빠져나갔다. 의친왕은 서울로 압송되어 철통 같은 경계 속에서 총독관저 내의 녹천정에 유폐된 채 사건의 전말을 추궁받았다.

일제 경찰은 이 사건으로 이제까지 비밀에 싸였던 대동단의 정체를 알게 되었고 전협이 그 주모자임도 알아냈다. 결국 의친왕을 상해로 망명시켜 임시정부에 합류하려던 계획은 수포로 돌아가고 대동단 계열의 수많은 독립운동가들이 체포되어 옥고를 치렀다. 이후 의친왕은 더욱 일제의 심한 감시를 받아야 했다.

의친왕이 체포된 곳이 안동역이 아니라 신의주역이었다는 주장도 있다. 일제의 비밀 전문을 인용한 기록인데 그의 체포지를 '만주의 안동현'으로 적시한 것은 "조선왕실 보호법규상 왕족의 국내 여행에는 제한을 두지 않는다"는 조항이 있기 때문에 일제가 의친왕의 체포지를 국내가 아닌 국외로 위조했다는 것이다.

의친왕 망명 미수 사건은 일제에게 큰 충격을 주었다. 조선총독부에서 펴낸 『조선통치비화』에서 "치안 유지에 관련된 문제로 당시 내외에 엄청난 쇼크를 주었던 이강공 탈출 사건"이라고 지적할 정도였다. 앞의 경무부장 지바는 이 사건을 회고하며 다음과 같이 기록하고 있다.

전하께서 만의 하나라도 상해까지 탈출하시게 되었다면, 불온 조선인들은 기필코 전하를 받들어 독립운동에 더욱 기세를 올렸을 것이고, 이는 조선 통치상 커다란 동요를 가져왔을 것이며 세계 여론에도 큰 영향을 미쳤을 것이라고 생각되지만, 다행히도 위기일발 직전에 막을 수 있어서 무엇보다도 국가를 위해 다행스런 일이었다고 생각됩니다.

고종황제의 금괴 열두 개는 어디로 갔을까

고종의 독립운동 후원

고종황제는 일반적으로 우유부단한 인물로 평가받아 왔다. 열 강들 사이에서 줄타기 외교를 독립의 제일 방책으로 여기는 듯한 정치 행위 때문에 이런 평가를 받는 것은 사실이다. 그러나 이것은 자위(自衛)의 군사력을 갖지 못한 약소국 군주로서 불가피한 선택이기도 했다. 고종은 나라를 빼앗긴 이후 독립을 위해 갖은 수단을 다 사용했다. 그중에 주요한 것은 독립운동에 자금을 희사한 것이다.

헤이그 밀사 사건은 고종의 막후 지원으로 일어난 사건이었다. 1907년 네덜란드의 수도 헤이그에서 제2차 만국평화회의가 열리자 고종은 정사(正使) 이상설(李相卨), 부사(副使) 이준(李儁)·이위종(李瑋鍾) 등 3명의 밀사를 파견해 일제가 한국의 주권을 강제로 약탈했음을 폭로해 세계의 여론을 유리한 쪽으로 이끌려고 했다. 그러나 일본 대표 고무라 주타로(小村壽太郎)가

⊚ 만국평화회의의 세 특사. 이준, 이상설, 이위종.

이 정보를 사전에 입수해 방해 공작을 펴는 바람에 공식 대표로
회의에 참석하지 못했다. 대신 밀사들은 영국 언론인 W.T. 스테
드가 주관한 각국 신문 기자단의 국제회의에서 외국어에 능통한
이위종이 「한국의 호소(A Plea for Korea)」라는 주제로 연설해 한
국의 주권 회복을 지지하는 결의안이 채택되기도 했다. 그러나
회의 참석을 거부당한 이준이 울분으로 분사(憤死)한 데서 알
수 있듯이 회의에 공식 대표로 참석하는 데 실패함에 따라 실질
적인 성과는 없었다.

이 사건이 실패로 끝난 원인에 대해 황실 내부의 증언이 나오
고 있어 주목된다. 안천 교수의 『황실은 살아 있다』에는 황실 내
부의 이야기들이 폭넓게 실려 있는데, 얼마 전 작고한 고종황제
의 6촌 이면용의 증언도 그중 하나이다.

　당시 헤이그 비밀특사 파견은 을사강제조약이 무효임을 열강들
에게 알리려는 것으로서, 러시아 황제하고도 이미 내락되어 있는
상태에 있었지요. 러시아 황제가 주 헤이그 러시아 전권대사한테

친서를 보내 훈령을 전해 놓았고, 완전히 성공하게 각본이 짜여져 있어요.

고 이면용의 증언은 실제로 러시아 황제가 고종에게 대표를 파견하도록 친서를 보냈다는 점에서 사실과 부합된다.

당시 광무황제(고종)는 모든 것을 완벽하게 진행했는데, 다만 자금이 모자랐지요. 그래서 광무황제는 자결한 민영환 선생의 동생 민영찬을 불러 비밀히 3천 원을 구해 오라고 어명을 내렸어요. 그 당시 이 돈은 대단히 큰 돈이었는데, 민영찬이 이것을 구하려 애쓰다가 할 수 없이 무슨 돈인 줄도 모르고 총독에게 말해 광무황제에게 3천 원을 갖다 전달했지요. 그러나 총독은 3천 원을 주고는 왜 광무황제가 그런 거금이 필요한가에 대해 은밀히 뒷조사를 진행시켜 보니 헤이그에 특사가 파견되어 있었던 것이지요. 이에 총독은 일본에 긴급 전보를 쳤고, 일본 외무성은 급히 헤이그에 긴급 훈령을 내려 특사의 만국평화회의 입장을 차단시키게 되었던 것이지요.

고 이면용의 증언은 민영찬의 부주의 때문에 사건이 사전에 탄로났다는 것이다. 그러나 고종황제의 손자라는 이초남 선생은 조금 다른 증언을 남기고 있다.

당시 민영찬은 총독 몰래 3천 원을 빌려서 광무황제께 갖다 드렸죠. 그런데 그것이 들통이 나서 상해로 도주하게 되었고, 당시 상해에 있던 독립운동 조직과 합세를 했던 것입니다. 당시는 임정수립 이전으로서 망명정부 수립 준비를 하던 때였는데, 그것을 광무황제는 뒤에서 실제로 조종하고 있었습니다.

어느 증언이 맞는지는 좀더 검토해 보아야 하겠지만 두 증언 모두 고종이 헤이그 밀사 사건을 배후에서 조종했으며 자금 지원이 있었다는 데는 일치하고 있다.

최근 이현희 교수가 발굴해 공개한 『남가록(南柯錄)』도 고종의 이런 노력을 뒷받침해 주는 자료이다. 『남가록』은 고종과 순종의 측근 신하였던 정환덕이 남긴 기록으로 박성수 교수의 『조선의 부정부패 그 멸망에 이른 역사』에는 그 대강과 해설이 실려 있다. 『남가록』에는 당시의 궁중비사가 생생히 남아 있는데, 고종의 국권회복운동도 기록되어 있다. 이 기록에 의하면 을사조약문에는 고종의 수결(사인)도 없고 옥새의 날인도 없다. 따라서 을사조약은 문서로서의 효력이 없는 일개 종이 쪽지에 불과한 것이다.

또한 『남가록』에는 헤이그 밀사로 이상설, 이준, 이위종 이외에 김좌진, 남필우를 파견했으며 그들에게 친임장과 내탕금 2만원을 내주었다고 기록되어 있다. 다섯 명의 특사 중 김좌진과 남필우는 중도에 귀국한 것으로 되어 있는데 이것은 독립운동 와중에서 김좌진이 황실에 우호적인 자세를 취한 이유의 하나가 될 수 있다.

헐버트 박사에게 맡긴 자금

고종은 붕어(崩御) 당시부터 독살설이 파다했는데, 그 배경에 비자금이 관련되어 있다는 의혹이 있어 왔다. 헐버트(Homer Bezaleel Hulbert 1863~1949) 박사는 미국 출신의 선교사이자 언어학자이며 사학자로서 한국의 독립운동을 지원한 인물이다. 그는 고종의 밀서를 가지고 미국의 국무장관과 대통령을 만나려 하다가 실패했을 정도로 그가 굳게 신임하던 인물로서 만국평화회의가 열리는 헤이그에는 한국 대표단보다 먼저 도착해 『회의시보』에 대표단의 호소문을 싣게 했던 인물이다.

헐버트는 해방 후 한국에 보낸 편지에서 고종이 자신에게 막대한 비자금을 맡겼다고 증언했다.

> 헤이그 비밀특사 파견시에 막대한 내탕금을 해외 독립운동 자금으로 본인에게 맡긴 것이 있어서 상해 노중(露中)은행에 예금해 두었는데, 일제병탄 후 일제가 그것을 알고 전부 몰수했습니다. 이로 말미암아 고종의 뜻은 수포로 돌아갔는데, 이 사실은 고종황제와 본인만 아는 비밀로서 내가 세상을 떠나기 전에 기어이 결말을 지어야 하겠습니다. 그 당시 은행에 맡긴 모든 증서와 관계 서류는 지금도 내가 잘 보관하고 있습니다.
>
> 『황실은 살아 있다』 하권, 46쪽

헐버트 박사는 1949년 국빈 자격으로 한국을 방문했는데 그의 주요 방문 목적 중의 하나는 바로 이 자금을 찾는 것이었다. 그러나 한국에 왔을 당시 헐버트 박사는 만 여든여섯의 고령으로서 여독 때문인지 도착 즉시 병원에 입원하게 되었고 7일 만에 작고했다. 이로써 상해 노중은행에 예금했다는 고종의 내탕금의 비밀은 다시 묻혀지고 말았다.

이회영과 고종의 비자금을 연결 짓는 이야기도 여러 곳에서 전하고 있다. 그중 하나는 이증복(李曾馥)이 1958년 12월경 『연합신보』에 쓴 「고종황제와 우당선생」이란 글인데, 이는 이정규, 이관직의 『이회영 약전』 부록에도 실려 있다. 우당 이회영이 이상설, 이동녕과 상의해 러시아 하바로프스크에 한국사관학교를 설립하기로 하고 러시아 극동총독과 교섭한 결과 한인측에서 50만 환을 부담하라는 답이 왔다. 이회영은 이 자금을 마련하기 위해 1918년 여름 조선으로 들어와서 덕수궁에 유폐되어 있던 고종과 접촉하자 고종은 총신이자 부호였던 민영달에게 명하여 이회영에게 일금 50만 환을 전해 주었다. 그러나 이회영이 50만 환을 가지고 러시아로 돌아왔을 때는 이미 세계 정세가 변해 있었다. 러시아혁명으로 시베리아는 출병한 일본군이 점령했고 이회영 선생과 약속한 극동총독은 행방불명되었다. 그래서 이회영은 이 50만 환을 상해 임시정부를 만들고 김규식 박사를 파리강화회의에 파견하는 데 사용했다는 것이다.

『이회영 약전』의 본문에는 이회영과 고종이 접촉한 사실과 고종의 북경 망명 자금은 기록되어 있지만 러시아령의 사관학교 설립 자금건은 그다지 비중 있게 다루지 않았다는 점에서 그 신빙성을 높게 볼 수는 없다. 그러나 이는 고종의 비자금이 한국독립운동에 다양한 용도로 사용되었음을 나타내는 한 증언일 것이다.

한편 고종황제의 망명 계획도 이회영을 중심으로 이루어졌다. 위의 『우당 이회영 약전』에 의하면 이회영은 고종의 측근인 민영달과 협의하여 망명지로 중국의 북경으로 정하고 민영달로부터 5만 원을 받아 준비 작업에 착수했다. 이회영은 민영달이 내놓은 자금을 이득년, 홍증식 두 동지에게 주어 북경에 머물고 있던 동생 이시영에게 전달하게 하고 고종이 거처할 행궁을 임차해 수리하도록 부탁했다. 그러나 이 계획은 고종황제의 갑작스런 붕어로 실현되지 못하고 말았다.

고종황제의 독살 사건

고종의 망명 계획이 일제에 의해 탐지되면서 독살로 시해되었다는 소문은 당시 전국적으로 광범위하게 퍼져 있었다. 이 사건의 전말은 해방 후 독립운동가인 선우훈의 저술『사외비사(史外秘史) : 덕수궁의 비밀』이라는 책에 자세히 소개되었다. 그 내용은 고종의 7촌 조카인 이지용(李址鎔)의 증언에 바탕을 두고 있다.

첫째 고종이 독살로 시해당한 것은 해외 망명을 꾀하다가 그 계획이 누설되었고, 이에 일제의 사주에 의해 이완용 등에 의해 독살당한 것이라는 것이다. 이러한 기록은 이회영 약전이나 안천 교수의 저술 등 극소수 외에는 알려져 있지 않다. 일제가 관련자들의 입을 봉하고 철저한 보안을 유지한 때문일 것이다.

『사외비사(史外秘史) : 덕수궁의 비밀』에는 황실 소유의 금괴에 대해서도 증언하고 있다. 황실 소유의 금괴 85만 냥을 열두 개의 항아리에 나누어 황실 재정을 담당하던 이용익에게 시켜 비밀 장소에 매장했다는 것이다. 고종은 그 장소가 그려진 보물 지도를 이지용에게 맡기고 탈출을 기도했고, 탈출 직전에 시해당했다는 것이다. 『사외비사』는 고종의 시해에 대해 고종이 망명 자금 5천 원을 마련하던 중에 그 정보가 어주도감(御廚都監) 한상학(韓相鶴)에게 알려지자 한상학은 이를 사돈 관계인 이완용에게 알렸고, 이완용은 다시 이 사실을 총독부에 밀고했으며 일본에 건너가 천황 앞에서 고종을 시해할 것을 맹세하고 귀국하여 한상학과 함께 황제를 시해했다고 적고 있다.

이상이『사외비사』의 핵심 내용인데, 대원군의 친형 이최응의 손자 이지용이 일제로부터 백작의 작위를 받은 유명한 친일파라는 점 때문에 신뢰성에 문제를 제기하기도 하지만 당시의 인물

우리 역사의 수수께끼 3

ⓢ 고종의 만년 거처였던 덕수궁.

ⓢ 고종의 묘소인 홍릉. 경기도 남양주시에 있다.

들이 실명으로 등장하고 있다는 점은 유념할 필요가 있다.

고종의 독살 사건에는 이 외에도 어의 한상호, 이왕직 장시국장 한창수, 왕실의 사돈인 윤덕영 등이 관련된 것으로 사료들은 전하고 있는데, 이들은 서로 공모하여 사전에 황소만한 개를 1분 안에 죽일 수 있는 약을 시험하는 등 사전에 치밀한 계획을 짰다. 게다가 일제는 비밀이 샐까 두려워 고종을 시복했던 궁녀까지 살해하여 궁 밖으로 빼돌리는 만행까지 서슴지 않았다고 사료들은 전하고 있다.

금괴 85만 냥의 행방

독립운동가이기도 했던 선우훈의 『사외비사』에는 금괴 85만 냥이 한갓 해프닝으로 끝난다. 일제 경무국에서 소방관 20여 명을 동원해 금괴가 감추어졌다는 비밀 장소의 온돌을 파헤쳤으나 아무것도 발견하지 못한 결과 사건은 이지용의 사기 사건 정도로 막을 내렸다. 그러나 이 책은 몇 가지 점에서 아직까지 우리에게 많은 이야깃거리를 남기고 있다.

첫째로, 열두 개의 금항아리를 묻었다는 이용익은 당시의 황실 재정을 담당했던 내장원경으로 고종의 내탕금을 비밀리에 관장하고 있던 인물이다. 그는 후에 러시아에서 방랑생활을 하다가 얼어죽었다고 알려져 있었는데, 일설에는 고종의 밀명으로 러시아에서 모종의 임무를 수행하다가 블라디보스토크에서 암살당했다는 풍문이 자자했다. 이용익의 러시아행은 단순한 여행이 아니라 고종의 명령에 따른 재정적 사전 준비와 망명의 터전을 마련하기 위한 것이었다는 것이다.

우리 역사의 수수께끼 3

둘째로, 고종이 상해의 덕화(德華)은행 등 해외 은행에 비밀리에 예치한 자금이 있었다는 사실이 헐버트 박사나 의친왕 이강 관계 기록 등에 나타난다. 이러한 자금의 은닉 배후에는 황실 재정 관리 담당인 이용익이 있었다는 것이다. 이용익은 1907년 1월 러시아령 블라디보스토크에서 형의 아들이기도 했던 양자 이현재의 임종하에 54세를 일기로 사망했는데, 이현재는 훗날 일제가 빼앗아간 은행예금을 찾으려고 소송까지 전개했다. 이는 그가 부친에게 자금 이야기를 유언의 형태로 들었음을 시사해 주는데, 그의 손자 이종호(李鍾浩) 역시 독립운동에 전력한 것은 집안의 이러한 배경도 한몫했을 것이다.

셋째로, 만주 독립운동의 핵심적인 지도자였던 김좌진이 헤이그 특사의 한 사람이었고 그가 고종황제의 금괴에 대한 비밀을 아는 극소수의 인물이었다는 것도 새로운 사실이라 하겠다. 김좌진은 비서 정기용을 이지용에게 보내서 무엇인가를 독촉했고 이지용은 이러한 비밀을 털어놓으며 정기용, 선우훈, 김봉현, 박상목 등 5인과 결의형제를 맺으면서 고종의 유업을 달성하자는 맹세까지 했다고 한다. 그 유업이라는 것은 구체적으로 밝혀지지 않았으나 85만 냥어치의 금괴를 찾아 김좌진을 비롯한 독립군에게 전달하는 일이었으리라 짐작된다.

넷째로, 저자인 선우훈이 두 차례나 천진에서 안창호를 만나 금항아리 매장건을 상의하고, 가옥 매입을 위해 안창호의 주선에 의해 1만 5천 원의 자금까지 빌리게 되는 과정이 소상하게 기록되어 있다. 그러나 사건은 앞에서 말한 대로 한갓 해프닝으로 끝나고 말았다. 저자인 선우훈도 책의 말미에 "덕수궁 금항아리 열두 개는 어디에 있는가? 있는 것인가, 없는 것인가?"라며 아쉬운 여운을 남기고 있다.

『대동칠십일갑사』의 금괴 내용

이런 사실은 『사외비사』뿐만 아니라 『대동칠십일갑사(大東七十一甲史)』(이하 『갑사』)라는 책에도 실려 있다. 『갑사』는 71갑자 동안(약 4260년간)의 우리 역사를 기록한 책으로서 상제(上帝) 환인시대부터 일본 항복 조인 전말까지를 기록한 역사책이다. 저자는 간재문인(艮齋門人)이나 그와 가까운 인물로 보이는데, 표지에 '전북 부안군 부안읍'이란 기술이 있는 것으로 보아 그 지역과 관련 있는 것으로 추측된다. 『갑사』에는 말미 부록에 58쪽에 걸쳐 「광무황제 금옹(金瓮:금항아리) 12통(筒) 순금 저장 사실」(이하 금괴 사건)에 대해 기록하고 있는데, 그 주요 내용은 85만 냥의 금괴에 대한 고종의 비밀 조서, 광무황제 내장원경 이용익, 금옹 12통, 고종의 북경 탈출 계획과 한상학과 이완용의 내통과 조선총독부의 개입, 이완용과 한상학의 고종 시해와 상궁 폭살 사건 등이다.

이처럼 여러 자료에 고종의 비자금이 등장하는 것은 실제 그런 자금이 있었을 개연성을 높여준다. 또한 고종이 비자금인 내탕금을 갖고 있었다는 것은 주지의 사실이다. 그리고 고종의 비자금이 독립운동 진영에 전달되었다는 증언은 많다. 다만 독립운동 진영 못지않게 이 자금을 차단하고 강탈하는 데 더욱 많은 관심과 정력을 쏟은 것은 일제이고, 그래서 이 사건의 진상 역시 당시 일제의 고위간부들이 자세히 알고 있을 개연성이 많다.

일제는 관동대지진 때 왜 조선인을 학살했나

증오와 차별이 부른 의도된 비극

관동대지진과 조선인 집단학살

자경단과 200여 명의 군중이 물밀듯 쳐들어와 경찰서 앞에서 와글와글 떠들어댔다. "해치우자!" 누군가가 외치자 순경들과 교섭 중이던 대표자들은 가지고 온 엽총, 죽창, 일본도를 휘두르면서 경찰서 구내 뒤쪽 유치장에 함부로 뛰어들어가 흉기로 유치장을 부수고, 또 한 사람은 순경이 가지고 있는 열쇠를 빼앗아 유치장 문을 열고 입구도 부수어버렸다. 어쩔 줄 모르던 우리 조선인들은 밖으로 뛰어나가거나 유치장 지붕 위로 기어 올라갔지만 자경단원들은 사다리를 걸쳐놓고 쫓아가서 죽창과 일본도로 마구 찌르고 베고 치고 하는 한편 아래에서는 엽총으로 쏘아 순식간에 14명이 전부 죽고 말았다. 경찰로서도 별 도리가 없었다는 것이다(군마(群馬) 현 후지오카(藤岡) 경찰서에서 있었던 일).

최승만, 『2·8 독립선언과 관동진재의 실상과 사적 의의』

만주과 분단·통일과 망국을 생각하며

◉ 관동대지진 당시 거리에 널려진 조선인 시체.

1923년 9월 발생한 '관동대지진'으로 일본 관동 지역에 살던 수많은 일본인들과 조선인들이 다수 희생되었다. 지진은 일본인과 조선인을 구분하지 않았으나 지진에서 겨우 살아남은 조선인들은 가슴을 쓸어내릴 틈조차 없었다. 조선인들에게 비극은 이제 끝이 아니라 시작이었던 것이다. 느닷없이 일본인들이 조선인들을 상대로 조직적인 학살극을 벌인 것이다. 학살을 피해 경찰서로 피신했던 조선인들이 어떻게 죽어갔는지를 보여주는 이재민동포위문반(罹災民同胞慰問班)의 위의 조사 결과는 당시 조선인들이 겪어야 했던 생지옥을 잘 보여주고 있다. 도대체 조선인들은 왜 조직적으로 학살당해야 했을까? 일본인들은 왜 조선인들을 집단적으로 학살했을까?

1923년 9월 1일 오전 11시 58분, 일본 관동 지방을 휩쓸었던 대지진은 도쿄(東京), 요코하마(橫濱), 미우라(三浦) 반도 전역을 강타했다. 해안에는 거대한 해일이 일고 도시는 삽시간에 불바다가 되고 수많은 건물이 붕괴되고 수십만의 인명이 피해를 입었으며 몇백억 엔의 재산이 손실되었다. 전기와 수도는 물론 전신, 전화, 철도까지 모두 파괴되었고, 학교와 병원도 붕괴되어 이재민을 수용할 곳도, 치료할 곳도 없었다.

9월 12일까지 행방불명자는 무려 23만 1천 208명이었는데, 도쿄 시의 발표에 의하면 가옥 연소 41만 1천 호, 이재민이 154만 7천 명이나 되었다. 대부분의 사망자는 불에 타 죽은 사람들이었다. 목조 건물에 단수(斷水)까지 되는 바람에 불을 끌 방법이 없었

던 것이다. 『가호쿠신보(河北新報)』의 9월 5일과 6일자 기사는
도시가 생지옥으로 변한 모습을 생생하게 보도하고 있다.

> 교통기관은 전멸이고 도로도 갈라져 통행이 어려웠다. 식량과
> 음료수의 결핍은 극심하나 구제할 방법이 아무것도 없어서 살아남
> 은 사람들은 그저 하늘을 쳐다보며 아사를 기다릴 뿐이다……. 건
> 물은 불타서 철근이 드러난 가운데 청년단, 군인분회, 자경단원들
> 은 누구나 칼, 철봉, 몽둥이를 가지고 경호의 임무를 하고 있었다.

조선인 학살과 조선인들의 절규

그런데 경호의 임무를 하고 있던 '자경단원' 들이 갑자기 조선
인 사냥에 나서면서 사태는 엉뚱하게 전개되었다. 그 발단은 유
언비어에서 시작되었다.

> 조선인들은 기회만 있으면 폭동을 일으키려고 계획한 것인데 진
> 재가 돌발됨에 따라 예정의 계획을 변경하여 미리 준비했던 폭탄과
> 독약을 유용하여 제도(帝都:도쿄) 전멸을 꾀하고 있으므로 우물물
> 을 마시거나 과자를 먹는 것은 위험하다.
>
> 일본경시청, 『다이쇼 대진 화재지(大正大震火災誌)』

문제는 이러한 유언비어가 아무런 검증장치 없이 각종 신문에
까지 보도되면서 민심을 더욱 흥분시켰다는 점이다.

> 화재를 입지 않은 유일한 곳으로 남아 있는 우시고메구(牛込區)

는 2일 밤 불령선인의 방화와 우물의 독약 투하를 경계하기 위하여 청년단과 학생 유지들이 경찰관과 군대와 협력하여 밤을 새우면서 골목마다 줄을 치고 오고 가는 사람을 감시 조사하고 있었다. 흥분한 청년들은 각각 곤봉, 단도, 칼 등을 휴대했으며 소·중학생들은 곤봉을 가지고 살기가 충천하여 가옥의 주위를 경계했는데, 그 광경은 마치 재외 거류지의 의용병이 출동한 듯했다.

『도쿄일일신문』 16867호

이런 보도를 읽은 일본인들은 유언비어를 사실인 것처럼 믿게 되었고 조선인 학살극은 확대되어 갔다. 유언비어에 대한 신문의 보도는 점차 구체화되어, "백묵으로 모든 건물에 표를 하니까 뒤에서 달음질해서 오는 자가 폭탄을 던졌다느니, 계란 모양의 폭탄을 4~5개씩 허리띠 속에 넣고 다닌다느니, 다이너마이트 열두 개를 가진 자가 있다느니, 시부야(澁谷) 방면의 한 마을이 조선인들의 습격으로 전멸되었다느니, 불에 타지 않은 큰 건물에 폭탄을 던져 화재가 났다느니, 석유를 적신 솜을 막대기에 달아매가지고 불을 지른다느니, 타지 않고 남아 있는 집에 방화하러 다닌다느니 등등"의 말이 신문지상에 거리낌 없이 게재되었다.

이런 보도들은 조선인들에 대한 증오를 부추겼고, 조선인들은 영문도 모르고 참혹하게 죽어갔다.

🌀 일본 자경단에 끌려가는 조선인들.

아무리 일본 사람이 밉다 한들 다같이 큰 환난을 당한 때에 어떻게 불을 지르고 우물에 독약을 넣으며 폭탄을 던지는 것과 같은 일을 할 수 있었겠는가? 어떻게 폭탄을 얻을 수가 있으며 칼과 총은 다 어디서 구할 수 있는가 말이다.

최승만, 「2·8 독립선언과 관동진재의 실상과 사적 의의」

관동대지진 때 현장에 있었던 최승만 씨의 위의 주장처럼 재일조선인들이 지진을 이용해 폭동을 일으킨다는 것은 불가능한 일이었다. 그러나 이미 유언비어에 현혹된 일본인들은 이성을 잃었다.

…… 이런 상태였기 때문에 조선인은 말할 것도 없거니와 일본인을 조선인으로 잘못 보고 죽인 일이 도쿄 부근에서는 중대한 문제가 되었다. 그중에도 가장 곤란한 것은 동북(東北) 방면 사람들의 더듬는 말투 때문에 가끔 "이놈 이상하구나!" 할 때 와—하고 달려들게 되면 목숨은 그만 끊기고 마는 것이다. "일본인이었군!" 하여도 소용이 없게 된다. 이런 일이 많이 생기자 경찰에서는 일본인에게 머리띠(하치마키)를 하게 함으로써 알아볼 수 있도록 했다.

『가호쿠신보』 9월 7일자

일본인 중에도 발음이 조금 틀린 동북인들을 조선인들로 알고 무조건 죽이는 상황이었으니 조선인들이 겪어야 했던 참상이야 더 말할 것이 없을 것이다. 이때 얼마나 많은 조선인이 학살되었는지는 정확히 알 수 없다.

『독립신문』에서 특파원을 밀파해 조사한 바에 의하면 총 6천 661명이 일제 관헌과 자경단에 의해 학살되었다고 한다. 대지진

후 도쿄에 있던 한국기독청년회에서는 이재민동포위문반을 조직해 조사했는데, 이에 따르면 약 5천 명의 조선인이 학살되었으니 대략 5~6천 명이 학살된 것이다.

일본인들의 목격담과 유언비어의 진상

이는 조선인들의 일방적 주장이 아니라 현장을 목격한 일본인들도 증언을 남기고 있는 것이다. 가메이이도 경찰서(龜井戶署)에서 일하던 일본인 라마루야마(羅丸山) 씨의 목격담은 다음과 같다.

나는 86명의 조선 사람을 총과 칼로 마구 쏘고 베어 죽이는 것을 직접 보았다. 9월 2일 밤부터 9월 3일 오전까지 가메이이도 경찰서 연무장(演武場)에 수용되어 있는 조선 사람이 300여 명이었는데 그날 오후 1시경에 기병 1개 중대가 와서 동 경찰서를 감시하고 있었다. 그때부터 다무라(田村)라는 소위의 지휘 아래 모든 군인들이 연무장으로 들어오더니 조선인들을 세 사람 불러내어 연무장 입구에서 총살하기 시작했다. 그때 지휘자는 총소리가 들리면 부근의 사람들이 공포감을 갖게 될 터이니 총 대신 칼로 죽여버리라고 명령했다. 그뒤부터는 군인들이 일제히 칼을 빼어 83명을 한꺼번에 죽였다. 이때 임신한 부인도 한 사람 있었는데 그 부인의 배를 가를 때 배 가운데서 갓난아이가 튀어나왔다. 갓난아이가 우는 것을 보고 그 아이까지 찔러죽였다. 피살된 시체들은 다음날 새벽 2시 화물자동차에 싣고 어디론지 운반해 갔으며 그 외 사람들도 다 어떻게 되었는지 알 수 없다.

기타다이(北大)학생 스기야마 마타오(杉山又雄) 군의 목격담
도 있다.

9월 4일 다바타(田端)에서 탄 기차 안에서 한 남자가 나누어주는
고구마를 받지 않았다. 그때 누군가 말하기를 조선인은 고구마를
먹지 않는다는 말을 듣고 기차 안에 있던 이재민들은 그를 유심히
지켜보다가 그가 다음에 오는 차를 타고 도망치려는 것 같자 여러
사람들이 덤벼들어 함부로 치고 때려 죽어버렸다.

당시에는 이런 이야기도 떠돌았
다고 한다. 군인들이 밥만 먹지 생
선 반찬을 먹지 않으려 했다는 것
이다. 왜냐하면 도쿄만(東京灣)에
흘려버린 조선 사람의 시체를 파
먹은 물고기라서 싫다고 했다는
것이다.

그러나 학살극이 차차 진정되기
시작하면서 다른 이야기들이 나오
기 시작했다. 소방대 본부의 발표
에 의하면 당시 소방대가 불을 끈
곳이 23개소였으나 방화는 단 한

◉ 조선인 시체와 일본 군인.

건도 없었다는 것이다. 또 조선인들이 먼저 분필로 표식을 하면
뒷사람이 폭탄을 던졌다는 설에 대해서 알아본 결과 청소회사
인부의 심산표(心算標)였다는 것이다.

일본 경시총장은, "일찍이 없었던 참혹한 상태에 빠진 이재민
들이 불만과 황당한 일을 많이 겪던 중 조선인 폭행 소문이 돌자

만주국과 분단, 통일과
망각을 생각하며

거의 미친 사람같이 흥분했던 것이 사실이다. 한 가지 예로 조선인이 폭탄을 가지고 다닌다고 해서 붙들어 조사해 보았더니 폭탄이 아니라 사과였다는 것이다"라고 말했다.

이처럼 사태가 진정되면서 조선인들에 대한 각종 설은 모두 유언비어로 드러났다.

일본 해군성의 헌병대 보고서에는 다음과 같은 기록도 있다.

> 9월 4일 오전 고야스초(子安町) 우치야마 다이지(內山泰治) 씨 집 우물에 18세쯤 되는 흰 셔츠에 통 좁은 바지를 입은 남자와 조선옷을 입은 여자 두 명이 독약을 넣고 있다는 소문을 듣고 조사해 보니 여자 세 명이 쌀을 씻고 있는 것을 부근 사람이 잘못 보고 우물에 극약을 던진다고 떠들어댄 것으로 판명되었다.

이런 유언비어에 대해 수많은 조선인들이 현장에서 살해되는 광경을 지켜보았던 최승만 씨는 "터무니없는 말을 만들어 그렇게 죄 없는 사람을 무참하게 죽인 사람은 누군가. 그런 말을 덮어놓고 믿고 사람을 죽인 것도 나쁘지만 유언비어를 만들어 퍼트린 사람들이 더 나쁘다"라고 말했다. 그의 말처럼 '터무니없는 말을 믿고 죽인 사람도 나쁘지만' 더 나쁜 것은 '유언비어를 만들어 퍼트린 사람들', 즉 배후에서 이런 광란의 사태를 기획하고 조종한 음모가들이었다. 게다가 이런 음모를 통해 특정한 정치적 목적이나 이득을 달성하려 했다면 이것은 반인간적인 범죄행위에 다름 아닐 것이다. 이런 유언비어가 퍼지게 된 이유는 무엇일까?

유언비어의 조직자들

당시 조선인 학살 실태를 조사했던 조선이재민동포위문반위원회는 이런 유언비어의 출처를 내무성과 경시청 및 군부측 최고 간부 몇 사람이 비밀리에 모인 자리에서 나온 것으로 보고 있다. 식량 파동 등으로 정부에 극도의 불만을 가진 일본 민중들이 폭동을 일으킬 것을 방지하기 위해 조선인들을 희생양으로 삼았다는 것이다.

대진재 당시의 내무대신은 두 사람이었는데, 한 사람은 9월 2일까지 내무대신으로 있던 미즈노 렌타로(水野錬太郎)로 그는 일본의 미곡 파동으로 일어난 폭동을 겪은 인물이었으며 1919년의 3·1운동 때 조선총독부의 정무총감이었던 자이다. 또 한 사람은 그의 후임으로 내무대신이 된 고토 신페이(後藤新平)로 대만의 민정장관으로 있을 때 수천 명의 대만인들을 학살했던 인물이다. 두 사람은 모두 민중 폭동에 대한 두려움과 식민통치를 해본 경험이 있는 자들이다. 이런 인물이 대지진 당시 내무대신이었다는 것은 과연 우연의 일치일까?

대지진이 일어난 직후인 9월 1일 오후 경시청은 군대의 출병을 요청하는 동시에 계엄령 선포를 준비하고 있었다. 특기할 것은 내무대신 미즈노(水野)뿐만 아니라 경시총감 아카이케 아쓰시(赤池濃)도 전 조선총독부 경무국장으로서 조선에서 3·1운동을 겪었던 인물이라는 점이다. 이들은 대지진으로 황폐화된 민중의 공황심리와 공포, 분노를 다른 곳으로 돌릴 필요성을 느꼈다. 그래서 조선인을 희생양으로 삼아 대지진의 혼란을 수습하려 한 것이다. 그들은 9월 2일 도쿄와 가나가와(神奈川) 현의 각 경찰서와 경비대에게 "조선인이 폭동을 일으켰다"는 소문을 퍼뜨리도록 기획했다.

2일 오후부터 3일 사이에 내무성 경보국장(警保局長) 고토 후미오(後藤文夫)의 명의로 전국의 지방장관에게 보낸 전문은 이들의 조선인 사냥 기획설을 말해 주는 증거이다.

도쿄 부근의 진재(震災)를 이용해 조선인이 각지에서 방화하는 등 불령한 목적을 이루려 한다. 현재 도쿄 시내에는 폭탄을 소지하고 석유를 뿌리는 자가 있다. 도쿄에서는 이미 일부 계엄령을 실시했으므로 각지에서도 충분히 시찰하여 조선인의 행동을 엄밀히 단속해 주기 바란다.

이 전문이 조선총독부와 대만총독부에도 타전되었다는 점은 조선인 학살극이 일본 최고위층의 사전 기획에 의한 것이라는 사실을 말해 준다. 이처럼 의도적으로 조선인 폭동에 관한 소문이 전국으로 퍼져나가는 가운데 2일 오후 6시 긴급칙령으로 계엄령이 선포되었으며 5일에는 계엄사령부에 의해 '조선 문제에 관한 협정'이라는 것이 극비리에 결정되었다. 이는 "조선인의 폭행 사실을 적극 수사할 것, 풍설을 철저히 조사해 사실로 만들 것, 해외에는 적화(赤化) 조선인과 일본인이 배후에서 폭행을 선동한 사실을 선전하는 데 노력할 것" 등으로서 대지진을 이용해 조선인과 일본인 사회주의자들을 제거하려는 계획적 음모가 있었음을 말해 준다.

이와 같은 유언비어는 9월 2일부터 같은 시각에 각처에 계통적으로 일제히 전달된 것으로 판명되었다. 그래서 자경단이 조직되고 재향군인이나 청년단도 일제히 무기를 들고 죄 없는 조선인을 잔인하게 학살했던 것이다. 이런 대학살은 도쿄와 가나가와 현에서는 군대와 경찰이 중심이 되었고, 지바(千葉) 현·사이타마(埼玉) 현 등지에서는 자경단이 중심이 되어 이루어졌다.

특히 자경단은 죽창, 일본도, 곤봉, 철봉 등을 들고 도망치는 조선인들을 붙잡아 무차별 학살을 자행했으며, 심지어 경찰서 내로 도망친 조선인까지 좇아 들어가 학살했는데도 일본 경찰은 방조했다. 또한 일본 정부는 군대와 경찰의 학살은 모두 은폐하고 그 책임을 자경단으로 돌리는 데만 급급했다. 그뒤 일부 자경단원은 형식상 재판에 회부되기도 했으나 증거 불충분이라는 이유로 모두 석방되었다.

일본인 사회주의자와 무정부주의자들도 살해 대상

이런 의도된 학살극의 희생양이 된 것은 조선인뿐이 아니었다. 일본인 사회주의자와 아나키스트, 즉 무정부주의자들도 의도적 학살 대상이었다. 대지진이 일어났던 1920년대 전반 일본의 상황은 그다지 순조롭지 못했다. 밖으로는 한국과 중국의 민족해방운동이 격화되기 시작했으며, 안으로는 공황으로 인한 노동운동, 농민운동, 부락해방운동이 일본 사회의 저변을 뒤흔들면서 지배층을 위협하고 있었다.

일본 군부와 군국주의자들은 이를 진압하기 위해 '과격사회운동단속법'을 제정하려는 등 이 운동들에 대한 탄압을 준비하고 있었다. 그래서 일본 군부를 비롯한 군국주의자들은 대지진을 이용해 민중운동을 이끄는 지도자들을 제거하려 한 것이다. 일본의 유명한 무정부주의자 오스기 사카에(大杉榮)와 그의 가족, 동지들이 일본 헌병에 의해 무참히 학살당한 것이 이를 말해 준다.

　일본에서 이 대학살 사건이 문제가 된 것은 조선인들뿐 아니라 일본인들도 죽어갔기 때문이다. 조선인과 사회주의자, 무정부주의자뿐만 아니라 조선인으로 오인되어 죽은 일본인이 상당수에 이른다는 사실이 밝혀지면서 큰 사회 문제화되었다. 무정부주의자 오스기 사카에와 그 가족, 동지들이 살해당한 사건은 연일 언론에 보도되었고 급기야 국회에서도 학살에 대한 책임을 추궁하게 되었으며, 자유법조단에서는 진상 발표를 요구했다.

　그러나 일제가 더욱 두려움을 느낀 것은 대학살 사실이 조선에 전해지는 것이었다. 대지진 직후 조선인들의 귀국은 금지되었다. 조선인 대학살 소식이 전해지면 분노한 민중들이 봉기를 일으키지 않을까 우려해서였다. 조선총독 사이토 마코토(齊藤實)의 신문 발표는 당시 일본 정부의 반인간성과 사기성을 여실히 드러내는 좋은 자료이다.

> (조선인 학살)…… 사실의 진상 여하를 조사하고 있는데 지금까지로는 확실한 증거가 없으며 조선인 피해는 겨우 두 명뿐이고 일부 정보에 의하면 선량한 조선인 피해자도 있는 것 같다.
>
> 『호치신문(報知新聞)』 9월 21일자

　최소 5~6천 명이 살해당한 조선인 학살 사건에 대해 겨우 두 명의 피해 사실만을 알고 있다는 것이다. 그런데 이런 대학살극에 대해 우리 역시 해방 이후 지금까지 아무런 조치를 취한 것이 없다. 조선인 강제징용 문제와 위안부 문제뿐만 아니라 이 문제도 정부와 민간 모두가 나서 정확한 진상 조사와 명예 회복, 그리고 배상을 통해 이역만리에서 억울하게 죽어간 원혼들을 달래야 할 것이다. 그리고 일본 정부도 적극적으로 잘못된 과거사와 단절하려는 노력을 보여주어야 한다. 진정한 이웃이 되는 한일 관계는 바로 여기에서 시작될 것이다.

족보 왕국, 성씨를 둘러싼 수수께끼들

모두가 양반의 후예인 우리 사회의 초상

사라진 종성들

족보는 중국 후한(後漢)시대 왕실의 계보를 기록한 것이 그 시초로 여겨지고 있다. 우리나라에서는 고려시대부터 족보를 편찬한 것으로 알려지고 있는데, 현존하는 최고(最古)의 족보는 1476년에 발간된 안동 권씨(安東權氏)의 성화보(成化譜)이다. 족보는 중국에서 먼저 시작되었지만 현재 중국에서 족보를 갖고 있는 집안이 극히 드문 반면 우리나라는 족보 왕국이라 해도 과언이 아닐 정도로 족보 편찬이 활발하다.

우리 역사에서도 성씨의 발생은 왕가로부터 시작했다. 그러나 종성(宗姓: 왕가의 성씨) 중에는 없어진 성씨도 있다. 고구려와 백제의 종성이었던 고씨나 부여(扶餘)씨는 오늘날 현존하지 않는다. 반면 3성이 교대로 왕위를 이었던 신라는 박씨(모두 박혁거세를 시조로 모시고 있다), 월성(경주) 석씨(昔氏), 경주 김씨가 모두 현존한다.

이는 삼국 멸망 과정의 차이에서 비롯된다. 고구려와 백제는 나당연합군에 끝까지 저항하다가 멸망한 반면 신라는 스스로 고려에게 왕조를 바쳤던 것이다. 고려 태조 왕건은 신라 왕실의 권위를 이용하기 위해 신라의 마지막 경순왕에게 자신의 장녀 낙랑공주를 시집보내고, 경순왕의 백부 김억렴(金億廉)의 딸을 왕비로 맞이했다. 현재 경주 김씨는 경순왕의 셋째 아들 김명종〔金鳴鍾:경주군(慶州君)에 책봉한다〕을 경주 김씨의 대표적 지파인 영분공파(永芬公派)의 시조로 모시고 있는데, 친가는 김씨지만 외가는 왕씨 혈통이다.

반면 고려의 종성인 개성(송악) 왕씨는 이성계에게 나라를 바쳤지만 신라 왕실과는 달리 극심한 탄압을 받았다. 왕씨들은 심지어 옥(玉), 금(琴), 마(馬), 전(田), 전(全), 김(金) 씨 등 글자 속에 王(왕)자가 들어 있는 성으로 변성(變姓)해서 목숨을 부지해야 했다. 변성한 왕씨들은 정조 때에야 비로소 성을 되찾을 수 있었다.

왕씨들을 억압했던 전주 이씨들은 국망(國亡)에도 탄압받지 않았다. 자발적 합방(合邦)이라고 우기던 일제의 선전 대상으로 우대를 받았고, 그 결과 현재도 대성(大姓)으로 남아 있다. 다만 고종황제와 직접 혈통이 닿아 있던 황실은 억압과 감시와 회유를 당했고, 해방 이후에도 이승만 초대 대통령의 '왕실의 망국 책임론' 때문에 계속 억압을 받았다.

왕실 이외의 지배성씨들

왕가가 아닌 지배층의 성씨들은 임금이 성씨를 하사하는 사성

🌀 박혁거세 탄강지. 신라의 왕성들은 현재 모두 존속되고 있다.

(賜姓)에 의해 시작되는데, 고구려 시조 고주몽이 부여에서 남
하 도중 만난 세 명에게 각각 극(克)씨, 중실(仲室)씨, 소실(小
室)씨를 사성(賜姓)하는 것이 문헌상의 시초이다. 신라의 3대 유
리왕은 박혁거세를 추대한 육부(六部)의 촌장에게 이(李), 정
(鄭), 손(孫), 최(崔), 배(裵), 설(薛) 씨란 성을 내린다. 경주가
본관인 이들 6개 성씨는 모두 현존하는 데 반해 주몽이 사성한
세 성씨는 모두 없어졌다. 백제도 없어진 성씨가 많다. 『수서(隋
書)』 백제조에는 "(백제에는) 여덟 씨족의 대성이 있으니, 사씨
(沙氏), 연씨(燕氏), 협씨(劦氏), 해씨(解氏), 진씨(眞氏), 목씨
(木氏), 국씨(國氏), 백씨(苩氏)이다"라는 구절이 있는데, 연씨,
진씨, 국씨만이 한자(漢字)가 같은 채 존재할 뿐 나머지는 흔적
을 찾을 수 없다.

　이 성씨들의 흔적은 국내보다는 중국에서 찾는 것이 빠를지도
모른다. 백제 멸망 후 이 지배층들은 대거 당나라로 끌려갔기 때
문이다. 『삼국사기』에는 이때 의자왕과 태자 효(孝) 등 왕실과
대신 · 장수 88명과 백성 1만 2천 800명이 당나라로 끌려갔다고

우
리
역
사
의
수
수
께
끼
3

기록되어 있다.

　고려시대 왕가 이외의 지배 성씨들은 외척 가문들인데 이자연(李子淵) – 이호(李顥) – 이자겸(李資謙)으로 이어지는 인주 이씨는 80여 년 동안 다섯 명의 왕에게 아홉 명의 왕비를 들인 대표적인 외척 가문이다.

　고려 후기 충선왕은 즉위교서(1308)에서 왕가와 혼인할 수 있는 14가문을 당대 최고 명가로 적시했다. 경주 김씨, 언양(彦陽) 김씨, 정안(定安) 임(任)씨, 경원(인천·인주) 이씨, 안산(安山) 김씨, 철원(鐵原) 최씨, 해주(海州) 최씨, 공암(孔岩) 허(許)씨, 평강(平康) 채(蔡)씨, 청주 이씨, 당성(唐城) 홍(洪)씨, 황려(黃驪) 민(閔)씨, 파평 윤씨, 평양 조씨가 그들인데 흔히 권문세족이라고 불린다. 그러나 여기에는 안동 권씨와 안동 김씨 등이 빠져 일부 논란도 있다. 일부 사료에 '권세지가(權勢之家)', '호활지도(豪猾之徒)' 등 부정적으로 묘사된 이들 가문은 신흥사대부들에 의해 밀려났다. 그러나 조선 개창 후에도 가문들은 소멸되지 않았다. 전주 이씨들이 개성 왕씨만을 제거 대상으로 삼았기 때문에 이들은 조선에서도 명문가의 위치를 차지할 수 있었다.

조선의 문과 급제자와 당쟁기의 정치 명가들

　조선 초 학자 성현(成俔)이 『용재총화』에서 '옛날에 번창하다가 지금 쇠잔한 가문과 옛날에 한미하다가 지금 번창한' 75가문을 적을 정도로 조선의 지배 가문은 증가했다. 조선은 문과급제자 수가 많을수록 명문가 취급을 받았다. 에드워드 와그너와 송준호(宋俊浩) 교수에 따르면 문과급제자 1만 4천 600여 명 중 300

명 이상을 배출한 가문은 전주 이씨(844명), 안동 권씨(358명), 파평 윤씨(338명), 남양 홍씨(322명), 안동 김씨(309명)의 다섯 가문이었다. 청주 한씨, 밀양 박씨, 광산 김씨, 연안 이씨, 여흥 민씨, 경주 김씨, 한산 이씨 등은 200명 이상의 급제자를 배출했는데, 상위 50개 가문이 전체 합격자의 56퍼세트를 차지했고, 한 명만 배출한 가문도 319개나 된다.

이중 일곱 가문이 열 명 이상의 정승을 배출했는데, 전주 이씨가 22명으로 역시 1위, 동래 정씨가 16명으로 2위, (신)안동 김씨가 15명으로 3위이고, 그뒤를 청송 심씨 13명, 청주 한씨 12명, 파평 윤씨와 여흥 민씨 각 11명 등이 잇고 있다.

조선 후기 당쟁이 격화되면서 당파에 따른 명가가 등장하는데 조선 멸망 때까지 집권당이었던 노론은 안동 김씨, 연안 이씨, 광산 김씨 등이 핵심 가문이었다. 이 무렵은 한 씨족 내에서도 특정 지파에서 인재가 집중 배출될 때 명가로 평가받았는데, 연안 이씨 판사공파는 이단상(李端相)을 비롯해 이일상(李一相), 이은상(李殷相), 이익상(李翊相) 등 상(相) 자 돌림의 명사 여덟 명을 배출해 이른바 8상(相)으로 명성을 떨쳤다. 광산 김씨 사계파(沙溪派)의 김만기(金萬基:숙종비 인경왕후의 부친)는 김만중(金萬重:『구운몽』의 작가)과 형제 대제학이자 김춘택(金春澤), 김복택(金福澤) 등 택(澤) 자 돌림 명사 8택(澤)의 조부이기도 했다. 김춘택은 벼슬도 없는 백두(白頭)의 신분으로 남인 정권을 붕괴시키고 서인 정권을 등장시킨 갑술환국의 주역으로 유명하다.

조선 말기 세도정치 때에는 안동 김씨 중에서도 '장김(壯洞金氏)'이라고 불렸던 김상헌(金尙憲)의 직계 후손들이 정국을 좌우했다. 김상헌의 후손들은 세도정치 이전에도 김수항(金壽恒), 김수흥(金壽興) 등 이른바 5수(壽)와 김창집(金昌集), 김창협(金

昌協), 김창흡(金昌翕) 등의 6창(昌) 등을 배출했는데, 특이한 점은 영의정을 역임했던 김수항과 김창집이 모두 당쟁 와중에서 사형당했음에도 불구하고 김창집의 고손자(高孫子) 김조순(金祖淳:순조의 장인)이 기적처럼 재기해 세도정치의 문을 열었다는 점이다. 김조순 때에는 우의정 김달순(金達淳), 이조판서 김문순(金文淳), 형조판서 김희순(金羲淳) 등 순(淳) 자 돌림이 모든 요직을 독차지했고, 아들 대인 근(根) 자 항렬에 와서는 좌근(左根), 흥근(興根)이 영의정, 홍근(弘根)이 좌의정, 응근(應根)이 공조판서를 역임했으며, 다음 병(炳) 자 항렬에서는 병학(炳學), 병국(炳國), 병시(炳始)가 영의정, 병덕(炳德)이 좌의정, 병기(炳冀)가 이조판서를 역임하는 등 조정의 주요 벼슬을 집안의 사랑에서 주물렀다. 그러나 이들 가문은 비록 가문의 권세는 왕가를 능가한다는 명성을 누렸지만 명성황후의 친정인 여흥 민씨와 함께 조선 멸망의 주역으로 크게 비판받기도 했다.

노론의 상대당이었던 소론은 영조 중기 이후 권력에서 소외되었지만 이항복이 중시조인 백사파(白沙派)만은 조선말까지 살아남아 고종 때에도 이유원(李裕元)이 영의정을 지냈다. 나라가 망하자 이 가문의 이회영 여섯 형제는 전 가산을 팔아 독립운동에 나섰다가 이시영을 제외한 다섯 형제가 순국(殉國)하는 우리 역사상 보기 드문 노블레스 오블리주의 전형을 보여주기도 했다.

잉어와 자라를 먹지 않는 성씨들

우리나라는 세계에서 족보가 가장 발달한 나라답게 여러 성씨들과 관련된 사연들이 적지 않다. 그중에는 시조의 성이 뒤바뀐 경우도 없지 않다.

안동 권씨의 시조 권행(權幸)은 원래 신라 왕실의 후손인 경주 김씨였다. 후백제의 견훤(진훤)이 927년 경주에 침입해 경애왕을 죽이고 경순왕을 세우자 안동에 살던 김행은 경애왕을 위한 복수를 결심한다. 3년 후에 견훤의 후백제군과 왕건의 고려군이 안동 지역에서 대치했을 때 김행은 성주(城主) 김선평(金宣平:신 안동 김씨 시조)과 이 지역의 호족 장정필(張貞弼:안동 장씨 시조)과 함께 왕건에게 가담해 고창군 병산(지금의 안동시 와룡면)에서 견훤의 8천 대군을 함몰시키는 데 큰 공을 세운다. 이 전투로 후삼국의 주도권을 쥐게 된 왕건은 고창군을 안동부로 승격시키고 김행에게 "정세를 잘 판단해 권도를 잘 취했다(能炳機達權)"라고 칭찬하면서 권씨 성을 내린 것이 안동 권씨의 시작이다. 고려는 성종 2년(983)에 권행, 김선평, 장정필 세 명의 공을 기리기 위해 현재의 안동시 북문동에 삼태사묘를 세웠는데, 1000여 년이 지난 현재도 안동 권씨와 신 안동 김씨, 안동 장씨는 서로에게 호감을 갖고 있으니 선조들이 공통의 역사를 갖고 있다는 것이 이렇게 큰 인연으로 작용하는 것이다.

그래서인지 때로는 선조들과 관련된 특정 동식물을 기피하는 성씨도 있다. 파평 윤씨가 아직도 잉어를 먹지 않는 것이 그런 예이다. 파평 윤씨는 태조 왕건을 도와 고려 개국에 공을 세운 윤신달(尹莘達)을 시조로 삼는데 그의 어린 시절이 잉어와 관련이 있다. 경기도 파평(파주)에 살던 윤온 할머니가 파평산 기슭의 용연(龍淵)이란 연못에서 금궤짝을 주워 열어보니 한 아이가 누워 있었다. 아이의 어깨 위에는 붉은 사마귀가 돋아 있고 양쪽 겨드랑이에는 81개의 잉어 비늘이 나 있었으며, 또 발에는 황홀한 빛을 내는 일곱 개의 검은 점이 있었다. 이 아이가 훗날 윤온 할머니의 성을 따서 윤신달이 되기 때문에 잉어를 기휘하는 것이다.

파평 윤씨와 관련된 또 하나의 잉어 전설은 고구려 시조 고주몽의 전설에서 차용한 것으로 보이는데, 거란과 싸우던 윤신달의 5대손 윤관이 함흥 선덕진 광포(廣浦)에서 쫓겨 강가에 이르자 잉어들이 다리를 만들어주어 무사히 건널 수 있었다. 물론 거란군이 강가에 이르면 잉어들은 흩어졌다. 윤관이 영평(파평)백에 봉해짐으로써 파평을 본관으로 삼게 된 윤씨들은 잉어의 자손이자, 그에게 도움을 준 데 대한 보답의 뜻으로 잉어를 먹지 않는다.

자라를 먹지 않는 성씨도 있다. 연산군 때 갑자사화로 사형당한 이원(李黿)의 모친은 사육신 박팽년의 딸이었다. 그의 부친 이공린(李公麟)이 혼례날 밤 꿈에 늙은 첨지 여덟 명이 절하면서 "우리가 장차 솥에 삶겨서 죽게 되었는데, 만약 죽는 생명을 살려주시면 후하게 은혜를 갚겠습니다"라고 말했다. 놀라서 깨어보니 자라 여덟 마리를 막 국에 넣으려고 하므로 즉시 강물에 놓아보내라고 명령했다. 이때 한 마리가 달아나자 어린 종이 삽으로 잡으려다가 잘못해 자라목을 끊어 죽이고 말았다. 그날 밤에 첨지 일곱 명이 감사하다고 인사하는 꿈을 꾸었다. 결혼 후 이공린은 여덟 명의 아들을 낳았는데 이름을 오(鼇:자라), 귀(龜:자라), 원(黿:자라), 타(鼉:자라), 별(鼈:자라), 벽(鼊:자라), 경(鯨:고래), 곤(鯤:곤이)으로 지었다. 꿈의 상서로움을 기념해 자라나 물고기와 관련이 있는 맹(黽:맹꽁이), 귀(龜:거북), 어(魚:물고기)를 부수로 사용한 것이다. 이중 이원이 갑자사화 때 화를 입자 문중에서는 이원이 부친의 혼례날 어린 종에게 죽은 자라라고 해석했다. 이로써 꿈의 징험은 더욱 뚜렷해진 셈이 되었는데, 이긍익

망국과 통일과
만주를 생각하며 분단

(李肯翊)은 『연려실기술』에서 『부계기문』이란 책을 인용해 '지금도 이씨(경주)들은 자라를 먹지 않는다'고 적고 있다.

서로 통혼하지 않는 성씨들

우리나라에는 동성동본이 아니라 이성(異姓)임에도 서로 통혼하지 않는 성씨들이 있는데 김해 김씨, 김해 허씨, 인천(인주) 이씨가 그런 관계이다. 이들 성씨의 공동 조상이 가락국 시조 김수로왕과 저 멀리 아유타국(阿踰陁國)에서 온 왕비 허황옥(許黃玉)이기 때문이다.

김수로왕의 장자 거등왕(居登王)은 수로왕의 뒤를 이어 김해 김씨가 되었고 차자는 어머니의 성을 따 김해 허씨가 되었다. 조선시대 문적인 『금관고사급허성제문집(金官古事及許性齊文集)』에 따르면 허황후는 일곱 아들을 낳았는데 '장자 거등은 태자에 봉해졌고 차자는 어머니의 성을 좇아 허씨가 되었다'고 전하고 있다. 따라서 김해 김씨와 김해 허씨는 형제간이기 때문에 통혼하지 않는다. 인천(인주) 이씨는 무슨 까닭으로 이 대열에 합류했을까? 인천 이씨가 포함된 데는 신라 경덕왕 14년(755)에 당나라에 사신으로 갔던 허기(許寄)와 관련이 있다. 당나라에 간 허기는 안녹산의 난이 발생하자 당나라 현종을 따라 촉나라(蜀國)로 피난했는데, 난이 평정되자 당 현종으로부터 호종(扈從:임금을 뒤따랐다)의 공을 인정받아 당나라 종성인 이씨 성을 하사했다. 이후 허씨는 이씨와 복성을 사용하게 된다. 양천 허씨의 시조 허선문(許宣文)은 왕건이 견훤과 싸울 때 군량을 공급한 공으로 공암(양천)을 식읍으로 받았는데, 여기에서 허사문(許士文)을

우리 역사의 수수께끼 3

🌀 수로왕비 허황옥묘. 양천 허씨와 인천 이씨 등의 시조이다.

시조로 하는 태인 허씨가 갈라져 나왔고, 태인 허씨에서 다시 이
허겸(李許謙)을 시조로 하는 인천 이씨가 갈라져 나왔다. 이처럼
김해 김씨와 김해 허씨, 인천 이씨 등은 모두 같은 시조에서 갈
라진 한 핏줄이라는 이유로 서로 다른 성씨임에도 불구하고 가
락중앙종친회에 함께 소속되어 제사도 함께 모시고 통혼도 하지
않는다.

　반면 가문끼리 원수가 되어 통혼하지 않는 로미오와 줄리엣
같은 가문도 있다. 청송 심씨와 나주 박씨가 그런 예인데, 두 가
문의 은원에는 세종 때의 비극적인 사건이 개재되어 있다. 세종
비 소헌왕후 심씨의 부친 심온(沈溫)은 세종의 즉위 사실을 알
리기 위해 명나라에 사은사(謝恩使)로 갔다가 그를 전별하는 거
마(車馬)가 장안을 뒤덮었던 것이 상왕 태종의 심기를 건드려
역모로 몰렸다. 심온은 귀국길에 의주에서 체포되어 사형당했는

망국과 분단, 통일과 만주를 생각하며

데, 이 화를 좌상 박은(朴誾)의 무고 탓으로 돌려, '이후로는 박씨와 혼인하지 말라'고 유언했다. 이 때문에 조선시대에는 두 집안이 서로 혼인하지 않았는데, 사실상 심온을 죽인 인물은 박은이 아니라 태종이라는 점에서 이는 번지수를 잘못 찾은 것이다.

조선 중기까지는 서로 다른 당파끼리도 스스럼없이 혼인했지만 조선 후기 당쟁이 격화되면서 서로 다른 당파끼리는 결혼을 하지 않았다. 당파에 따라 옷고름 매는 방법까지 달라 멀리서 봐도 서로 무슨 당인지 알 수 있을 정도였다니 당쟁의 심각함을 알 수 있다.

희귀한 성씨들의 사연

1985년의 인구 조사(이하 조사)에 따르면 우리나라 성씨는 275성이고, 본관은 3천 349본인데, 김해 김씨(370만)가 선두이고 그 뒤를 밀양 박씨(270만)−전주 이씨(230만)−경주 김씨(150만)−경주 이씨(120만)가 잇고 있다. 본관별 인구수는 상위 150개 본만 공식적으로 인용하는데, 150위인 삭녕 최씨(3만 7천) 이하는 희귀 성씨로 분류된다. 희귀성씨는 귀화성씨가 많다.

1985년의 조사 때 120명이 확인된 개성 노씨(開城路氏)는 시조 노은경(路誾儆)이 원나라 한림 학자로서 고려 공민왕 때 노국 대장 공주를 호종해 와서 개성에 정착했는데, 개성 외에 대원, 북청, 태원(충주) 등을 본으로 삼고 있다. 연안 인씨(延安印氏)는 몽골계로서 인후(印侯)는 '후라타이'란 이름의 몽골인이었는데, 아들 인승단(印承旦)이 충목왕 때 연안부원군에 봉해져 본관으로 삼았고, 1985년의 조사에 따르면 120명이 있다.

강음 단씨(江陰段氏)의 시조 단희상은 임진왜란 때 명나라의 구원병으로 왔다가 귀화해 강음에 정착했고, 사성(賜姓) 김해 김씨의 시조 김충선(金忠善)은 거꾸로 임란 때 가토 기요마사(加藤淸正)의 부장으로 참전했다가 경상병마절도사 박진(朴晉)에게 귀순한 후 귀화했다. 김충선은 정유재란 때 공을 세워 정2품 자헌대부에 올랐고 선조로부터 성명을 하사받고 진주 목사 장춘점(張春點)의 딸을 아내로 맞아들였다. 현재 그의 후손들은 대구광역시 달성군(達城郡) 가창면(嘉昌面)에 많이 살고 있는데, 우록 김씨(友鹿金氏)로 불린 적도 있다. 1985년의 조사에서는 사성 김해 12만 5천여 명, 우록 130명으로 조사되어 사성 성씨치고는 숫자가 많은 편이다.

　화산 이씨(花山李氏)는 안남(安南:베트남)계 왕족이다. 고려 때 안남국이 트란 왕조에게 멸망하자 국왕 이천조(李天祚)의 둘째 왕자 이용상(李龍祥)은 고종 13년(1226) 황해도 옹진군 화산으로 이주했다. 고려 고종이 화산군에 봉하자 이를 본관으로 삼은 것이다.

　희귀 성씨에는 우리 역사상 중요한 사건들과 관련이 있는 성씨들이 있는데 밀양 대씨(密陽大氏)는 발해의 종성이다. 사료에는 걸걸중상(乞乞仲象)으로 나오는 시조 대중상(大仲象)과 그 아들 대조영(大祚榮)이 발해를 세웠다. 발해가 망한 후 그 후손이 경남 밀양에 정착해 밀양을 본관으로 삼았는데 대산(김해)과 밀양 두 본관이 있으며, 조사 때는 499명이 확인되었다.

　천녕 견씨(川寧堅氏)는 왕건이 후백제 견훤의 아들 신검을 토벌할 때 공을 세운 고려 개국 2등 공신 견권을 시조로 모시고 있다. 아자개를 시조로 모시는 견씨와 견훤을 시조로 모시는 견씨가 각각 본관이 다른데, 본관은 모두 여섯이지만 황간 견씨 405

명, 전주 견씨 511명 등 모두 합해 1천 985만에 불과하다.

천방지축마골피는 천계가 아니다

성씨에는 잘못된 상식도 많다. '천방지축마골피'를 천한 신분 성씨의 대표처럼 되어 있는 상식이 그것이다. '축씨'와 '골씨'는 1985년 조사 때의 275개 성씨 중에 존재하지도 않았다. 천씨는 '하늘 천(天)'자를 쓰는 경우와 '일천 천(千)'자를 쓰는 두 경우가 있는데, 하늘 천자를 쓰는 성씨는 밀양 등 다섯 개의 본관에 1천 300여 명 있는데, 조선 정조 때 진사시에 합격한 천명익이란 인물이 있다는 점에서 천계(賤系)라는 사실은 근거가 없다. 영양 천씨(潁陽千氏)는 원래 임진왜란 때 명나라에서 왔는데, 중시조 천만리는 귀화 후 조선 조정에서 자헌대부와 화산군에 책봉받았으니 이 역시 천계라는 것은 근거가 없다.

방씨도 대표격인 온양 방씨(溫陽方氏)의 경우 방운이 온수(온양)군에 봉해짐에 따라 온양을 본관으로 삼은 것이고, 남양 방씨(南陽房氏)는 고려 때 벽상공신 삼중대광보국을 역임한 방계홍을 1세 조상으로 하고 있으며, 개성 방씨(開城龐氏)도 고려 때 원나라 공주 노국대장공주를 따라온 원나라 벼슬아치 방두현을 시조로 삼고 있으니 천계라는 것은 근거가 없다. 지씨의 대표격인 충주 지씨(忠州池氏)는 시조 지경(池鏡)의 후손 지용수(龍壽)가 고려 공민왕 때 홍건적을 물리친 공으로 1등 공신에 책록된 인물이며, 조선시대 때는 문과급제자 열 명을 배출했으며, 일본 육사 출신의 독립군 장군 지청천(池靑天:일명 李靑天)도 있다. 이 역시 천계라는 것은 어불성설이다.

따라서 이런 통설은 호사가들이 악의적으로 만든 내용이 아무런 검증 없이 무차별적으로 사용됨으로써 많은 사람들에게 피해를 입힌 경우이다.

발음이 희귀한 성씨로는 귁씨가 있다. 조선시대 학자 이수광의 『지봉유설(芝峰類說)』에는 '순창에 귁씨가 있는데, 어디서 왔는지 알 수 없으며, 중국의 성이라고도 한다'는 기록이 있고, 실학자 이덕무의 『앙엽기(盎葉記)』에는 "선산에 귁씨촌이 있는데 선비가 많다"는 기록이 있는데, 1985년의 조사에 따르면 선산, 순창, 청주의 세 본관과 243명이 있다.

인구가 100명 이하인 극희귀 성씨들도 적지 않다. 예를 들면 사(謝)씨는 진주와 한산의 두 본관이 있는데, 조사 때 30명이 확인되었고, 애(艾)씨는 조사에 따르면 연풍, 전주, 한양의 세 본관에 66명, 탄(彈)씨는 진주, 해주의 두 본관에 94명이 있는데, 『증보문헌비고』 등에는 나타나지 않다가 1930년도 국세조사 때 처음으로 등장했다. 구한 말 무관학교 교관 중에 탄원기(彈元基)가 있는 것으로 보아 그 전부터 실재했던 것으로 짐작된다. 희천 편(扁)씨는 1985년의 조사에 따르면 68명이 있는데, 1930년 국세조사 때 처음 나타난 성씨로 충북 옥천에 1가구가 살고 있었다. 그 외에 1985년의 조사에 따르면 51명의 연안 단(單)씨와 36명의 한산 단(端)씨 등이 있다. 최근에 생긴 극희귀 귀화성씨에는 영도 하씨(影島河氏)가 있다. 미국 태생의 국제변호사이자 사업가인 로버트 할리가 1997년 8월 귀화하면서 성과 이름을 하일로 정해 생긴 성씨로서 한국인 부인 사이에 낳은 세 명의 자녀가 있다.

우리나라는 중인으로서 워낙 유명했던 일부 가문을 빼고는 모두가 족보상으로는 양반의 후예인 이상한 나라이다. 모두가 양반의 후예를 자처하면서도 "이 양반아!"라고 말하면 욕이 되는 그런 사회이다. 그러나 전통 시기에 양반의 숫자는 그리 많지 않았다. 일례로 대구부 같은 경우 1690년에 양반호의 구성비가 9.2퍼센트에 불과했으나 1729년에는 18.7퍼센트로 늘더니, 1783년에는 37.5퍼센트로 늘었다가 1858년에는 무려 70.3퍼센트가 양반호로 늘었다. 그러나 1858년 양반호의 인구 비율은 48.6퍼센트로 양민호보다는 낮은데 이는 솔거노비의 개별 인신에 대한 파악을 포함하고 있기 때문이다. 어쨌든 조선 후기로 갈수록 양반 숫자는 늘어나는데 이는 양반의 지위를 살 경우 군역에서 면제되기 때문에 각종 합법 또는 불법적인 방법으로 양반의 지위를 샀기 때문이다. 조선 후기가 되면 웬만한 재력이 있는 양민(良民)들은 거의 양반으로 신분을 상승한 반면 가난한 가호(家戶)들은 이들이 면제받은 몫까지 부담하면서 극도의 빈곤에 매달렸다. 조선 후기를 휩쓴 농민전쟁의 근본 원인이 여기에 있었던 것이다.

자신의 조상을 알고 존경하려고 하는 것은 좋은 일이지만, 그것이 지나쳐 조상을 미화하려고 하거나 타인에 대한 우월감으로 작용한다면 이는 전근대성의 산물일 뿐이다. 또한 과거를 기준으로 현재를 평가받으려 하는 것은 시대에 뒤떨어진 것이기도 하다.

김대성 엮음, 『금문의 비밀』, 컬처라인, 2002.

김병재, 『대동 71갑사』(필사본).

김성호, 『중국 진출 백제인의 해상 활동 천오백 년』, 맑은소리, 1996.

남문현, 『장영실과 자격루』, 서울대학교 출판부, 2002.

단국대학교 동양학연구소 편, 『박은식전서』, 1975.

단재 신채호 선생 기념사업회 편, 『단재 신채호 전집』, 1972.

酈道元 原作, 汪士鐸 圖 · 陳橋驛 校釋, 『水經注圖』.

문정창, 『백제사』, 인간사, 1988.

박성수, 『조선의 부정부패, 그 멸망에 이른 역사』, 규장각, 1999.

박성수, 「치우천왕과 민족사관」, 《치우연구》(1), 2001.

徐亮之, 『中國史前史話』.

서병국, 『발해 · 발해인』, 일념, 1990.

손진태, 『조선민족설화의 연구』, 을유문화사, 1948.

施宣圓 等 主編, 『千古之謎』, 中州古籍出版社, 1989.

신경섭, 「경극 독목관의 연개소문 무대의상 디자인 연구」(이화여대 박사학위 논문), 1997.

申瀏, 『北征日記』, 한국정신문화연구원, 1980.

신복룡, 『대동단실기』, 양영각, 1892.

엔닌, 신복룡 번역 · 주해, 『입당구법순례행기』, 정신세계사, 1991.

윤명철, 『바닷길은 문화의 고속도로였다』, 사계절, 2000.

이덕일, 『당쟁으로 보는 조선역사』, 석필, 1997.

이덕일, 『아나키스트 이회영과 젊은 그들』, 웅진, 2001.

이도학, 『살아있는 백제사』, 휴머니스트, 2003.

李培棟 主編, 『中國歷史之謎』, 上海辭書出版社, 1996.

이정규 · 이관직, 『우당 이회영 약전』, 을유문화사, 1985.

이중환, 『택리지』.

李炯錫, 『壬辰倭亂史(전3권)』, 임진왜란사간행위원회, 1974.

임승국 번역 · 주해, 『한단고기』, 정신세계사, 1986.

林惠祥, 『中國民族史』, 商務印書館.

趙德義 · 汪興明, 『中國 歷代 官稱辭典』, 團結出版社, 1999.

최승만, 『2 · 8독립선언과 關東震災의 實相과 史的 意義』, 2 · 8독립기념관설치위원회 발간.

최창조, 『한국의 풍수 사상』, 민음사, 1986.

한진서, 『해동역사 속』, 조선광문회.